완벽한
부모는
없다

Parenting: 14 Gospel Principles That Can Radically Change Your Family
by Paul David Tripp

Copyright ⓒ 2016 by Paul David Tripp
Published by Crossway
a publishing ministry of Good News Publishers
Wheaton, Illinois 60187, U.S.A.

This edition published by arrangement with Crossway through rMaeng2, Seoul, Republic of Korea.
All rights reserved.

This Korean Edition Copyright ⓒ 2017 by Word of Life Press, Seoul, Republic of Korea.

이 한국어판의 저작권은 알맹2 에이전시를 통하여 Crossway와 독점 계약한 생명의말씀사에 있습니다.
신 저작권법에 의하여 한국 내에서 보호받는 저작물이므로 무단 전재와 무단 복제를 금합니다.

완벽한 부모는 없다

ⓒ 생명의말씀사 2017

2017년 5월 2일 1판 1쇄 발행
2024년 12월 20일   10쇄 발행

펴낸이 | 김창영
펴낸곳 | 생명의말씀사

등록 | 1962. 1. 10. No.300-1962-1
주소 | 서울시 종로구 경희궁1길 6 (03176)
전화 | 02)738-6555(본사) · 02)3159-7979(영업)
팩스 | 02)739-3824(본사) · 080-022-8585(영업)

기획편집 | 임선희
디자인 | 조현진
인쇄 | 예원프린팅
제본 | 다온바인텍

ISBN 978-89-04-14145-6 (03230)

저작권자의 허락없이 이 책의 일부 또는 전체를
무단 복제, 전재, 발췌하면 저작권법에 의해 처벌을 받습니다.

힘겨운 자녀양육을 축복으로 바꾸는 원리

완벽한 부모는 없다

폴 트립 지음 | 김윤희 옮김

생명의말씀사

추천의 글

그동안 저는 교회에서, 학교에서 수많은 부모들을 만났습니다. 그들의 공통점은 신앙을 가지고 아이들을 양육하려는 열정이 뜨거우나, 불행하게도 어떻게 하는 것이 성경의 원리에 기초한 양육인지 헷갈릴 때가 종종 있다는 것입니다. 이 책을 읽은 후 저는 아내와 대화를 나누면서 우리 두 사람이 동일한 생각을 하고 있다는 것에 놀랐습니다. 아내가 말했습니다. "여보, 이 책에 제가 부모들에게 하고 싶은 내용이 고스란히 담겨 있네요!"

저자는 부모가 '자녀의 주인인지, 자녀양육에 하나님의 대사인지' 근본적인 질문을 던집니다. 그리고 부모가 양육자로 서야 할 14가지 원리를 제안하면서, 풍부한 예증과 그 양육의 상황들 속에서 자녀양육을 위탁받은 하나님의 대사로 부름받은 부모의 자리를 안내합니다.

이 책은 성경적인 자녀양육의 기초 위에서 실제적인 자녀양육을 제안하는 균형 잡힌 안내서입니다. 자녀양육을 안내받으려 따라가다가 부모가 먼저 하나님의 양육하시는 은혜를 맛보게 하는 책입니다. 성경적인 원리도 알고 싶고, 현실적인 자녀양육 안내도 필요한 부모들이 기다려온 책입니다.

성경적인 자녀양육에 깊은 열정을 가지고 갈증을 호소하는 모든 부모들의 일독을 권합니다.

– 이찬형 목사, 샘물중고등학교 교장

지금까지 나를 소개하는 말은 '한 가정의 가장, 두 아들의 아빠, 그리고 오랜 시간 청소년들과 함께한 청소년 사역자'였다. 그러나 이 책을 만난 후 "하나님 아버지께 사랑받고, 그분과 동행하는 하나님의 아들"로 수식어가 완전히 바뀌었다.

자녀가 커가고 사역에 더 열심을 낼수록 '가장, 아빠, 목사'로서의 부담과 염려, 그리고 두려움과 죄책감에 눌렸다. 그런 나에게 이 책은 사명의 발걸음을 잠시 멈추게 한다. 그리고 내 이름을 부르시는 하나님의 따뜻한 음성을 듣게 한다. 우리에게 부모라는 사명을 맡기시기 전에 먼저 자녀로 부르시고, 하나님 아버지의 선하심을 맛보아 알게 하시는 그 자유와 안식과 기쁨과 감사를 이 책을 통해 되찾게 되었다. 더 나아가 이 책은 하나님께서 우리에게 허락하신 부모됨이 어떤 사명인지 차근차근 깨닫고 누릴 수 있도록 안내해주고 있다. 고민 없이 답습했던 기독교적 자녀양육에 대해 다시 한 번 질문하게 하고, 그것이 몇 가지 성경구절에 국한되는 것이 아니라 온전하고 완전하신 하나님으로, 또 성경말씀 전체로 이루어진다는 것을 명확히 깨닫게 한다.

오늘도 치열한 양육전쟁에 눌려 있다면 이 책을 반드시 읽기 바란다. 어떠한 부모가 되어야겠다는 결심에 앞서 자녀 된 당신을 회복시키시는 하나님을 만나고, 그분과 동행하는 자신을 발견하게 될 것이다.

— 신종철 목사, 분당우리교회 교육 디렉터

"나는 폴 트립이 쓴 책을 모두 읽었다. 그의 말 한 마디 한 마디를 절대 허투로 넘길 수 없다."

― 앤 보스캠프(Ann Voskamp), 뉴욕타임스 베스트셀러 『천 개의 선물』 저자

"이 책은 내가 지난 1년간 읽었던 것 중 가장 의미 있었던 책이다. 이 책에는 양육서로는 보기 드물게 신학적이면서도 실용적인 조언이 담겨 있다. 수년 동안 사람들이 내게 양육에 대한 책을 써보라고 권했지만, 이 책을 읽은 후 나는 이보다 더 좋은 글은 쓸 수 없다고 확신하게 되었다. 이 책을 만나게 되어 너무 기쁘다. 그러나 한편으로는 이 책을 20년 전에 만났더라면 얼마나 좋았을까 생각해본다. 이 책을 읽은 후 내 마음은 두 가지 양상을 보였다. 한편에선 내가 부모로서 저질렀던 실수를 고백하며 울부짖었고, 다른 편에선 이 책이 주는 혜안으로 인해 더 나은 부모가 될 수 있다는 기쁨의 환호성을 질렀다."

― 프랜시스 챈(Francis Chan),
뉴욕타임스 베스트셀러 『크레이지 러브』와 『잊혀진 하나님』의 저자

"자녀양육은 진지한 연구가 필요하고, 진리에 충실해야 하며, 무엇보다 하나님의 말씀을 신중하게 적용해야 하는 주제다. 이런 요소들을 결합하는 힘이 폴 트립의 책 『완벽한 부모는 없다』에 담겨 있다. 이 책을 읽다 보면 당신의 가장 중요한 책임이 하나님의 창조섭리에 더 가까워지는 일임을 확인하게 될 것이다."

– 제임스 맥도널드(James MacDonald),
Harvest Bible Chapel 목사, 『버티컬 처치』 저자

"이 책을 강력히 추천한다. 폴 트립 책의 강점은 먼저 그리스도와 인간의 삶에 대한 큰 그림을 보여준 뒤 믿음을 통한 은혜의 삶이 무엇을 의미하는지에 대해 구체적인 모습을 그려가는 것이다. 그의 주장은 단순히 부모로서의 의무 그 이상이다. 예수 그리스도의 대사로서 아이들에게 보내진 특권에 관한 이야기다. 이 책은 예수님 안에서 누려야 할 은혜와 소망에 대해 이야기한다. 문화를 초월하여 모든 부모에게 도움이 될 것이다."

– 글로리아 퍼만(Gloria Furman),
『The Pastor's Wife』, 『Missional Motherhood』 저자

"폴 트립은 이 책을 통해 우리를 은혜와 진리로 인도하며, 복음의 정체성이 결국 우리가 해야 할 모든 일을 알려준다는 사실을 상기시킨다. 『완벽한 부모는 없다』는 이제 막 부모가 된 사람들에게는 참신한 혜안을 전해주고, 어려운 상황에 빠진 부모들에게는 희망을 안겨줄 것이다."

― 브랜든 헷메이커(Brandon Hatmaker),
Austin New Church 목사, 『Barefoot Church』 저자

"이 책과의 만남은 나에게 시의적절했다. 5세 미만의 아이가 4명이나 있는 우리 부부에게는 도움이 절실히 필요했기 때문이다! 아이들의 행동을 교정하는 방법에 대한 양육서는 쉽게 만날 수 있지만, 이 책처럼 잘못된 행동의 근본 원인인 마음을 이야기하는 양육서는 찾아보기 힘들다. 우리가 아이들의 마음을 깊이 들여다보고 복음을 올바르게 이해한다면, 하나님의 의도대로 부모의 역할을 감당할 수 있을 것이다. 폴 트립은 이 책에 간단하면서도 심오한 메시지를 담았다. 모든 부모가 지금 당장 이 책을 읽어보길 권한다. 그러면 그들의 양육에 축복의 길이 펼쳐질 것이다."

― 웹 심슨(Webb Simpson), 2012년 U.S. 오픈 챔피언 프로 골프 선수

"나는 완벽한 부모가 아니다. 어쩌면 당신도 그럴지 모르겠다. 그렇다면 이 책에 흠뻑 빠져보라. 트립의 책은 단순히 '완벽한 부모가 되는 방법'이 아닌 하나님과 당신의 관계, 또 자녀와 당신의 관계를 좀 더 큰 틀에서 바라볼 기회를 제공한다. 아내와 나는 항상 바쁜 부모였다. 그것이 어떤 뜻인지 감이 온다면 이 책은 당신에게 도전적이고 참신한 양육서가 될 것이고, 또 궁극적으로 당신의 양육 여정에 큰 축복이 될 것이다. 트립은 부모에게 일상의 양육이 얼마나 중요하고 도전적인 과제인지에 대해 신선한 충격을 준다. 자녀양육에는 큰 책임이 따른다. 모든 부모가 경외와 기쁨, 사랑의 마음으로 이 일을 감당하기 바란다!"

— 제이콥 타미(Jacob Tamme), 미식축구 선수

"폴 트립은 이 책을 통해 우리가 복음의 생명력과 하나님의 한결같은 은혜로 돌아가도록 끊임없이 격려하고 있다. 자녀양육은 인생의 가장 큰 도전 중 하나다. 폴은 우리에게 하나님과의 진정한 만남이 우리의 양육을 새롭게 변화시킬 수 있다고 충고한다."

— 토비맥(TobyMac), 힙합 뮤지션, 프로듀서 겸 작곡가

목차

추천의 글 04
시작하는 글 12

1. 자녀양육은 인간이 감당하는 가장 중요한 '소명'이다 26
   보물 사냥꾼 | 자녀양육의 중요성

2. 하나님의 '은혜'가 당신과 함께한다 44
   '능력'이 아닌 '은혜' | '진짜 당신'과 마주하기 | 당신도 아버지가 필요하다

3. '율법'의 기능과 한계를 분별해야 한다 62
   근본적이고 미묘한 실수 | 율법의 필요성 | 율법의 약점 | 죄와 율법의 중독 | 복음을 가르치라 | 은혜의 모델

4. 부모로서의 '무능'을 인정할 때 하나님의 역사하심이 시작된다 78
   부모를 위한 복음 | 세 가지 통제 수단 | 좋은 양육의 시작

5. 양육 방향은 부모의 '정체성'에 달려있다 94
   쉼표 없는 아이들 | 정체성 탐구 | 부모들이 빠지는 함정 | 병든 양육을 분별하는 법

6. 양육은 인생 전반에 걸친 '과정'이다 112
   영적 실명 상태 | 변화를 위한 3가지 전제 | 아버지의 길을 따라

7. 부모의 사명은 '잃어버린 자'를 사랑하고 구조하는 것이다 128
   '작심 3일' 양육법 | '잃어버린 자'의 의미 | 두 가지 거짓말 | 잃어버린 자에게 필요한 것

8. 온화하고, 아름답고, 인내하는 '권위'를 지녀야 한다 146
   치명적인 착각 | 예수 그리스도의 복음과 권위

9. '어리석음'이 자녀를 위험에 빠뜨린다 160
   자녀의 삶을 좌우하는 것 | '새 마음'을 주시는 은혜 | 거꾸로 뒤집한 세계관 | 어리석은 자를 위한 처방 | 하나님이 일하시는 방식

10. '성품' 관리보다 예배의 재정비가 필요하다 178
    기막힌 연결고리 | 은혜의 현장 | 성품과 예배의 연관성 | 무엇이 마음을 지배하는가?

11. 문제 행동의 근본 원인은 마음속에 있는 '우상'이다 194
    예배와의 전쟁 | 모든 사람이 매일 예배한다 | 하나님은 마음을 찾으신다 | 우리를 도우시는 분

12. 부모의 '통제'는 궁극적인 변화와 구원을 향해야 한다 212
    자녀에게 필요한 것 | 시편 51편의 지침

13. 자녀의 주인이신 하나님을 기억할 때 '인식'할 수 있다 232
    양육에 도움이 되는 성경구절 | 두 가지 약속 | 현실적인 위로

14. 자녀양육은 하나님의 '자비'를 나누는 평생의 사역이다 252
    자비의 선물 | 자비에 응답하라

시작하는 글

하나님의 대사

> 눈앞에 시끄럽고 어수선한 거실 풍경이 펼쳐진다. 빨래는 수북이 쌓여 있고, 냉장고를 열어보니 변변한 반찬 하나 없다. 짜증이 올라와 별것 아닌 일에 한바탕 싸움을 하고 내일 할 일을 머릿속에 떠올려보니 도저히 역부족이란 생각만 든다. 부부가 함께 오붓한 시간을 보낸 게 언제였는지 기억도 나지 않는다. 돈이라도 차곡차곡 모이면 좋으련만 지출이 저축을 추월한 건 벌써 한참 전이다. 가족 중 그 누구도 행복해 보이지 않는다. 또 그 누구도 당신의 수고를 인정하지 않는 것 같다. 그래서 오늘도 당신은 많이 지쳐 있다.

많은 사람이 해도 해도 끝이 보이지 않는 양육의 의무를 수행하다가 방향을 잃고 헤맨다. 사람들은 자녀를 위해 정말 많은 일을 한다. 물론 그중엔 자녀에게 정말 유익한 일들도 있다. 하지만 정작 왜 이런 일을 하고 있는지 그 이유를 모를 때가 많다. 고된 일상에 찌들어 살다보니 도대체 무엇을 위해 자녀를 양육하고 있는지, 자신의 교육이 어떤 방향으로 가고 있는지를 점검하지 못하는 것 같다. 사랑하는 자녀를 돌보는 일이 왜 실망과 짜증으로 귀결되었는지 그 이유도 알지 못한 채 자녀를 위해 매일 반복하는 일상이 별 볼 일 없는 일정 관리로 전락하고 말았다. 이처럼 의미 없는 의무감으로는 자녀에게 비전을 심어줄 수도, 인생의 신성한 의미와 목적을 찾게 해줄 수도 없다.

내가 세계 여러 곳을 다니며 양육에 대한 강의를 하며 느낀 것은 많은 부모들이 '전략'에 매달리고 있다는 것이다. 그들은 하나같이 어떤 전략이 자녀교육에 더 효과적인지 알고 싶어 했다. 그러나 지금 우리에게 필요한 것은 전략이 아니라 자녀양육에 관한 더 큰 그림, 즉 **세계관**의 확립이다. 다시 말해 하나님이 우리를 부모로 세우신 목적과 이유를 설명해 줄 가치관을 바로잡는 일이 선행되어야 한다.

당신이 만약 부모의 역할을 효과적으로 감당하고, 더 나아가 비전과 기쁨이 넘치는 부모가 되고 싶다면 당장 눈에 보이는 몇 가지 문제를 해결하는 전략에만 몰두해선 안 된다. 당신에게 필요한 것은 **복음에 기초한 자녀양육 철학**이다. 당신을 부모로 세우신 하나님의 뜻을 이해해야 비로소 당신의 땀방울이 의미를 갖게 될 것이고, 무엇보다 자녀양육에 대한 당신의 자세가 변할 것이다.

이상하게 들릴지 모르지만, 나는 크리스천 부모들의 양육 태도 중 가장 큰 문제점은 예수 그리스도의 복음에 기초하지 않은 가치관이라고 생각한다. 복음에 기초한 양육 원칙이 다소 급진적으로 들리거나 언뜻 납득이 안 될 수 있을 것이다. 양육 전략 책들이 쏟아지고 있는 현 상황에서 매우 낯설게 들릴 수 있다. 하지만 이것이야말로 부모의 본질적인 임무와 양육의 참된 의미를 알려줄 길라잡이가 될 것이다. 자녀양육의 가치관이 하나님과 세상, 당신과 당신의 자녀, 그리고 하나님의 은혜를 증언하는 복음에 근거할 때 비로소 기독교 양육의 기초를 세울 수 있고, 나아가 당신이 부모로서 가진 부담감과 중압감을 이전과는 다르게 이해할 기틀을 마련하게 될 것이다.

예전에 나는 양육에 관한 책 『위기의 십대 기회의 십대』(Age of Opportunity)를 출간했다. 그 책이 나온 후 다시는 자녀양육에 대한 책을 쓰지 않겠다고 말하고 다녔다. 그랬던 내가 지금 다시 펜을 잡은 이유는 사람들이 그 책을 어떻게 활용하는지 알아버렸기 때문이다. 독자들이 그 책을 10대 청소년들에게 어떻게 적용했는지 듣고 있노라면 가슴이 답답해졌다. '이게 아닌데…. 내가 했던 말은 그런 뜻이 아니었는데, 핵심은 그게 아닌데….'라는 말을 속으로 되뇌며 나는 '도대체 문제가 뭘까?' 생각했다. 그분들이 놓친 것은 내가 이야기한 양육법 이면에 존재하는 큰 그림, 바로 복음에 기초한 양육 철학이었다.

출판사의 격려에 힘입어 나는 다시 자녀양육에 대한 책을 쓰기로 결심했다. 이번에는 시중에 나와 있는 연령별 양육법 같은 뻔한 주제가 아니라 좀 다른 이야기를 할 것이다. 발달과정에 따른 전략이 아니라 그 전략의 기초와 본질을 이야기하는 시간이 될 것이다. 내가 앞서 출간했던 책의 전체적 방향성을 제시한다고 보면 되겠다. 당신이 부모로서 가져야 할 새로운 사고, 모든 부모에게 필요한 비전과 동기, 주님이 주시는 새 힘과 평안에 대한 이야기를 할 것이다.

구주 예수님이 당신을 부모로 세우고 감당케 하고자 하신 일이 무엇인지를 깨닫게 되는 시간이 되기 바란다.

양육의 길을 잃다

복음에 바탕을 둔 세계관 형성은 당신이 부모로서 어떤 사람인지 아는 것에서 시작된다. 당신의 이름이 무엇인지, 어디에 사는지 같은 외연적인 부분이 아니라 당신에게 하나님은 어떤 분이고, 인생과 자녀는 어떤 의미를 가지는지 짚어봄으로써 당신의 진정한 정체성을 밝혀내야 한다. '나는 누구인가?'에 대한 고민 없이는 하나님이 당신을 부모로 세우신 목적을 알 수 없다. 그 목적을 깨닫지 못했기 때문에 부모로서 하지 말아야 할 일을 하는 것이다.

자녀를 키우면서 혼란에 빠지거나 부모의 역할을 제대로 감당하지 못하는 경우 대부분은 자녀를 자기 **소유물**로 여기는 생각에서 비롯된다. 이런 마음이 겉으로 드러나지는 않지만 잠재의식 속에 깊이 자리해 양육 방향에 지대한 영향을 끼친다.

"이 아이들은 내 자녀야. 그러니까 내 방식대로 키우는 게 당연해."

물론 이렇게 대놓고 이야기하는 부모는 많지 않을 것이다. 하지만 우리 대부분은 이러한 관점으로 아이를 대한다. 그래서 부모는 필요 이상의 압박감과 의무감에 짓눌려 있고, 정신없이 돌아가는 일상 속에서 자녀양육의 진정한 의미를 잃게 되었는지 모른다. 자녀가 내 소유물이라는 생각 때문에 장기적으로 별 도움이 안 되는 근시안적 방법으로 문제들을 처리하고, 교육의 큰 목표를 향하기보다 일시적인 상황에 대응하는 방식으로 자녀를 양육하게 되었다. 한마디로 하나님께서 세우신 목적과 계획에서 완전히 벗어난 교육을 하게 된 것이다.

이와 같은 **주인 양육법**은 겉으로 보기에 명백히 이기적이거나 폭력적,

혹은 파괴적이라고 말하기 어려운 경우가 많다. 이것은 하나님께서 만드신 테두리를 벗어나게 만드는 아주 미묘한 생각과 동기의 변화이기 때문이다. 이 변화는 우리가 평소 대수롭지 않게 여기는 매우 사소한 일상에서 벌어진다. 그래서 어떤 사람들은 전혀 의식하지도 못한 채 넘어간다.

그러나 이 별 것 아닌 일들이 사실은 우리가 부모로서 어떤 위치에 있는지를 정확히 보여주는 결정적 순간이라는 것을 잊지 말아야 한다. 모든 일을 멈추고 온전히 아이에게 집중한 상태에서 양육이 이루어지는 경우는 거의 없다. 대부분은 빠르게 지나가는 일상에서, 제대로 알지도 못하고, 집중해서 문제를 들여다볼 겨를도 없는 순간에 양육에 관한 많은 결정을 내리고 그것을 실행하게 된다. 이런 무계획한 순간이 반복되고 이것이 결국 부모의 양육태도로 굳어지는 것이다.

사실 **주인 양육법** 밑바닥에는 부모의 **욕심**과 **보상심리**가 자리하고 있다. 부모가 자녀에게 바라는 미래를 자녀가 쟁취하기 바라고, 그 노고에 대한 보상을 기대하는 것이다(이 주제에 대해서는 나중에 좀 더 자세히 다룰 것이다). 상식적으로 이 생각이 완전히 틀렸다고 말하기는 어렵다. 그러나 그것이 하나님께서 우리에게 자녀를 허락하신 이유가 아니기 때문에 자녀를 소유물로 여기는 것에는 근본적으로 많은 문제가 있다.

하나님께서 애초에 의도하신 바람직한 양육의 출발은 "자녀는 부모인 나에게 속한 자가 아니다."라는 다소 급진적이고 겸손한 고백이다. 지구상에 존재하는 모든 아이는 그를 지으신 조물주의 것이다. 즉 당신의 자녀는 하나님의 소유다(시 127:3 참조). 하나님이 우리에게 자녀를 맡기신 이유는 우리로 하여금 그 아이가 하나님의 형상으로 성장하도록 돕게 하기 위함이다.

성경에서는 이 돕는 자의 명칭을 **대사**(ambassador)로 표현한다. 이것이야말로 하나님이 부모를 세우신 목적에 가장 적합한 이름이다.

대사가 해고되지 않으려면 어떻게 해야 할까? 자신을 대사로 임명한 이가 원하는 방식으로 그의 메시지를 정확히 전달해야 한다. 대사가 본인 뜻대로 생각하고 말하고 행동한다면 대사로서의 신분을 유지할 수 없을 것이다. 즉 그가 하는 모든 행동과 결정은 '임명자의 의도와 계획이 무엇인가?'에 따라 달라진다. 대사가 본분을 잊고 자신의 이익과 관점을 대변하거나 권력을 휘두른다면 그 자리를 박탈당하게 될 것이다.

부모는 처음부터 끝까지 대사의 업무를 담당하는 사람이다. 그래서 자신의 이익이나 욕심, 문화의 영향까지 배제해야 한다. 서로 다른 시간과 장소에서 자녀를 허락받은 전 세계의 모든 부모가 깨달아야 할 한 가지는 바로 자녀를 통해 이루고자 하시는 하나님의 뜻이다. 자녀에게 부모의 욕망을 투영해도, 그들에게 어떤 보상을 받으려고 해도 안 된다. 자녀 양육은 하나님의 은혜가 부모를 통해 자녀에게서 이루어지는 그분의 뜻이다. 이 사실을 망각하고 아이를 양육한다면 가장 먼저 자신이 진정한 그리스도인인지 의심해야 한다. 그 다음 그것이 진정한 의미의 교육인지 질문해야 한다. 자칫하면 이것은 주님의 뜻과 의도가 아니라 부모의 욕심을 위한 의지와 수단이 되기 때문이다.

사실 나도 당당하게 말할 입장은 아니다. 나야말로 군림하는 걸 좋아하고 소유욕도 강한 사람이다. 주님의 뜻이 하늘에서 이루어진 것처럼 땅에서 내 뜻이 이루어지길 바라는 인간이다! (지금은 모두 장성한) 네 명의 자녀가 마치 내 소유인 양 행동한 적이 한두 번이 아니다. 마치 정신분열증에 걸린 사람처럼 행동한 적도 많았다. 제정신이 아닌 사람처럼 아이들을 내 손에 넣고 흔들려 했고, 부모로서 해선 안 되는 선택도 많이 했다. 기쁘게 하나님의 법을 따르는 모범을 보이지 못하고, 하나님의 은혜를 몸소 보이는 것에도 부족했다. 믿음을 갖고 기다리기보다 두려움에 동요되기 일쑤였다. 당장 보이는 눈앞의 이득 때문에 보다 근본적인 변화에는 신경을 쓰지 않았다. 내가 누구인지 망각하고, 아무 의미도 없고 도움도 안 되는 일에 정신없이 매달렸다.

우리 모두 솔직해지자! 당신도 나와 사정이 비슷하지 않은가? 쉴 틈 없이 돌아가는 일상에 함몰되어 자신이 누구인지를 완전히 망각하고 하나님께서 우리에게 맡기신 아이들을 어떻게 돌봐야 하는지 깨닫지 못할 때가 있을 것이다. 마치 얼빠진 사람처럼 당신의 말과 행동이 하나님의 '대사'로 적합하지 않았던 순간도 많았을 것이다.

이런 상황을 생각해보자.

당신은 지금 막 '이웃 사랑'에 대한 말씀 묵상을 마치고 뿌듯한 기분으로 거실 소파에 앉았다. 아이패드에서 당신이 제일 좋아하는 앱을 열려고 하는데 거실 저편에서 싸우는 소리가 터져 나온다. 그 소리를 듣고 있자니 머리에서 뚜껑이 열리려고 한다. 아이패드를 창문에 던져버리고 싶지만 유리창도 아이패드도 다 박살날 걸 알기에 차마 그러지 못한다. 이 미친 싸움이 어서 끝나 조용히 당신만의 시간을 즐기고 싶다. 아이를 낳은 걸 후회할 정도는 아니지만, 적어도 이런 순간엔 저렇게 미친 듯이 싸우고 있는 애들이 당신의 자녀가 아니기를 바랄지도 모른다. 화가 치밀어 오르고, 이성을 잃어버리기 직전이다. 내가 누군지, 또 하나님께 어떤 소명을 받았는지도 잊었다. 감정을 조절하지 못하고 아이들에게 달려간다. 이 감정은 분명 사랑이 아니다. 당신을 자극한 것은 은혜가 아니라 눈에 거슬리는 아이들의 행동이다. 홧김에 아이들에게 고함을 지르고 불같이 화를 낸다. 입에서 나오는 대로 생각 없이 퍼붓는다. 아마도 당신은 나중에 아이들이 어떤 벌을 받게 될지 말할 것이다. 그런데도 말을 듣지 않으면 더 심하게 겁을 줄 것이다. 어쩌면 성숙한 어른이 해서는 안 될 말과 행동까지도 할지 모른다. 그렇게 당신은 아이들의 행동에 반응한다. 그러나 이것은 엄밀히 말해 교육이 아니다. 한바탕 전쟁을 치르고 다시 거실 소파에 앉아 아이패드를 열지만 아무것도 눈에 들어오지 않는다. '딱 한 번만이라도 아이들이 내 말에 고분고분 순종하게 하려면 도대체 어떻게 해야 하는 걸까?' 생각하며 감정을 추스르고 나면 아이들에게 미안한 마음이 든다. 그리고 그 죄책감에서 벗어나기 위해 그럴 만했다며 당신의 행동을 정당화한다.

　이런 상황을 겪어보지 않은 부모가 있을까? 아이들과 보낸 수많은 날들 중 후회스러웠던 때가 단 한 순간도 없는 부모는 아무도 없을 것이다. 대사 양육이 얼마나 어려운 일인지 겸허히 받아들이고 오직 하나님의 놀라운 은혜만으로 자녀를 양육할 수 있다는 것을 마음에 새겨야 한다.

　우리가 가진 죄의 본성은 우리가 자녀의 주인이라고 말한다. 기다리지 말고 재촉하라고 한다. 은혜에 의지하지 말고 체벌을 주는 것이 훨씬 효과적이라고 말한다. 우리 자신의 허물보다 아이의 죄와 약점, 실패를 더 빨리 찾아내게 한다. 훈계하기 좋아하면서 그들의 말에 귀 기울이지 않는다.

　종합해보면, 우리가 하나님으로부터 받은 대사의 소명을 감당하지 못하는 가장 큰 이유는 부모인 우리 자신에게 있다! 이 사실을 겸허히 인정하는 것이 '대사 양육'의 출발점이다.

주인인가, 대사인가?

어쩌면 당신은 "목사님, 나는 아이들을 소유물로 여기거나, 그렇게 대하지 않았어요. 그저 아이들의 삶 속에서 하나님을 섬기고 싶었을 뿐이에요. 물론 그게 어떤 건지 확실히 알지는 못하지만요."라고 말하고 싶을 것이다.

그렇다면 **주인 양육**과 **대사 양육**을 어떻게 구별할 수 있는지 알려주겠다. 무엇보다 명백하게 주인으로 양육하는 부모와 대사로 양육하는 부모의 행동 양식을 자세히 관찰해보는 게 도움이 될 것이다.

내 생각에 대부분의 부모는 주인으로서의 양육 방식과 대사로서의 양육 방식 사이에서 매일 치열한 전투를 벌인다. 하나님이 원하시는 것과 자신이 원하는 것 사이에서 갈등하는 것이다. 어떤 때는 성경에 기록된 하나님의 방식을 따르지만, 때론 주변 사람들이 괜찮다고 추천하는 교육 방식을 따라 하기도 한다. 아이가 고분고분 말만 잘 들으면 아무 문제없다고 생각하다가 어느 순간 양육이 영적 전쟁임을 실감하며 마음을 다잡기도 한다.

지금부터 주인 양육법과 대사 양육법이 실제로 어떻게 다른지 자세히 살펴보겠다.

이 두 양육 모델을 정확히 이해하기 위해 모든 부모가 나름의 가치관과 신념으로 확립한 네 가지 영역, 즉 정체성, 일, 성공, 명성의 개념 차이를 확인하려 한다. 이것이 부모에 대한 정의와 역할을 어떻게 이해하고 있는지 가장 잘 드러내기 때문이다.

1) 정체성 : 당신이 어떤 사람인지를 결정하는 가장 중요한 요소는 무엇인가?

주인

주인으로서의 부모는 자신의 정체성과 삶의 의미, 행복을 자녀에게서 찾으려 한다. 그래서 이들 자녀에게는 부모의 자존감을 지켜야 한다는 어마어마한 부담감이 생긴다. 하지만 양육을 통해 부모의 정체성을 찾는 것은 정말 미련한 짓이다. 모든 부모가 죄인을 양육하고 있다는 점을 차치하고라도 자녀에게서 정체성을 찾는 것처럼 비참한 일은 없다. 아이들의 내면은 온전한 상태가 아니다. 그들은 태어날 때부터 부모의 권위와 지혜, 지침에 반항하게 되어있는 죄인이다. 그런 자녀를 통해 자신의 정체성과 존재감을 찾으려 하면 자녀의 실패는 곧 부모의 실패가 되어버린다. 이들은 자녀의 반항을 의도적인 것이라 오해한다. 그래서 자녀에게 화를 내고 그들에게서 마음의 상처를 받는다. 분명한 것은 하나님께서 부모의 자존감을 북돋우기 위해 자녀를 허락하신 것이 아니라는 점이다.

대사

대사로서의 부모는 하나님께 명령 받은 자의 신분으로 양육에 임한다. 이 목적과 의미가 양육의 원동력이 된다. 이들은 자녀를 통해 정체성을 세우려 하지 않는다. 자신은 단지 주 예수 그리스도로부터 임명받은 대사임을 정확히 인식하고 있기 때문이다. 같은 이유로 자녀가 부모에게 도저히 줄 수 없는 것을 얻으려는 마음도 갖지 않는다. 이들은 진정한 의미의 생명과 안식을 발견했기 때문에 가족의 삶이 자신에게 생명을 불어넣어야 한다는 강박에서 벗어나 있다. 그래서 대사 양육에 꼭 필요한 이타심과 희생정신을 유감없이 발휘한다.

2) 일 : 당신이 하나님께 부여받은 사명은 무엇인가?

주인

이들은 부모가 자녀를 대단한 무언가로 만들어야 한다고 생각한다. 부모가 원하는 어떤 비전을 세우고, 자녀를 거기에 맞는 작품으로 만들기 위해 자신의 권력과 돈, 시간과 에너지를 쏟아붓는다.

나는 자녀의 미래를 결정하고 밀어붙이는 부모와 그 부담감 때문에 고통받고 있는 자녀들을 많이 상담했다. 이러한 부모의 큰 문제점은 자신이 꿈꾸는 비전대로 아이들을 만들어갈 수 있는 능력과 전략을 본인이 다 가지고 있다고 믿는 것이다.

대사

이들은 자신이 자신보다 훨씬 지혜롭고 위대하고 자비로우신 하나님을 대리하는 존재임을 정확히 알고 있다.

그래서 자기가 하는 일이 자녀를 새로운 존재로 만드는 게 아니라는 것을 인식한다.

이들은 자신에게 자녀를 바꿀 수 있는 힘이 없다는 것, 하나님의 지혜 없이는 자녀에게 가장 좋은 게 무엇인지 알 수 없다는 것을 겸허히 받아들인다.

그리고 자신은 그저 하나님의 손에서 쓰임받는 도구이며 그분의 영광과 지혜만이 자녀를 변화시킬 수 있는 근본적인 힘임을 고백한다. 또한 자신의 욕망과 욕심을 자녀에게 투영하지 않고 하나님의 은혜가 그들을 어떻게 변화시킬지 기대한다.

3) 성공 : 당신이 생각하는 성공의 기준은 무엇인가?

주인

이들은 성공적인 양육이 갖춰야 할 몇 가지 특정 지표가 있고, 이 기준에 도달해야만 자신의 양육이 성공한 것이라 생각한다. 이를테면 학교 성적, 운동 경기 성과, 음악적 특기, 사회성 등이 부모가 제대로 역할을 했는지를 보여주는 표준이다. 물론 이런 것이 중요하지 않다는 것은 아니다. 다만 이것이 성공적인 양육의 기준은 아니라는 점을 말하고 싶다. 좋은 부모 밑에서 항상 '잘 자란' 자녀가 나오는 것은 아니다.

부모는 사람들이 '잘 자란' 아이라고 평가하는 기준과 가치가 무엇인지를 냉정하게 짚어봐야 한다. 자녀가 자신의 바람대로 자라지 않았을 경우 스스로를 자책하는 부모를 많이 보았다. 하지만 이들이 정말로 자책해야 하는 것이 무엇인지 진지하게 생각해보아야 한다.

대사

이들은 자신이 자녀에게서 뭔가를 만들어낼 능력이 없다는 엄중한 진실을 그대로 받아들인다. 그래서 겉으로 드러난 몇 가지 결과나 지표를 성공의 잣대로 삼지 않는다.

성공적인 양육은 부모가 '무엇을 이루어냈느냐'가 아닌 '무엇을 했느냐'에 달려 있다. 바꿔 말해 부모가 '특정 목표를 성취했느냐'보다는 '하나님의 도구로 성실히 쓰임받았느냐'가 중요하다.

오직 그분만이 자녀에게서 선한 것을 만드실 수 있다. 부모에게는 그런 권능이 없다. 부모는 그저 그분의 손에 쓰임받는 성실한 도구 역할을 수행하기만 하면 된다.

4) 명성 : 사람들이 당신을 평가하는 기준은 무엇인가?

주인

이들은 자녀를 자신의 명예로 생각하려는 경향이 있다. 그래서 사람들 앞에서 자녀를 자랑하고, 그 옆에 있는 자신도 과시하려 한다.

자녀는 항상 부모의 자랑이 되어야 하기 때문에 자녀가 성장하면서 겪을 수밖에 없는 질풍노도의 시기를 몹시 힘들어한다.

이 시기의 아이들이 겪어야 하는 일보다 부모인 자신의 감정에 더 몰두한다.

이런 부모의 자녀들은 부모의 체면을 먼저 생각해야 하는 부담감 속에서 실망감과 창피함도 감내한다. 이들은 자녀가 하나님의 법을 어길 때가 아니라 부모의 체면을 구기거나 번잡스런 일이 생겼을 때 자녀를 꾸중한다.

대사

이들은 죄인(자녀)을 양육하다 보면 사람들에게 오해를 받을 때도 있고, 때로는 창피한 상황이 오는 것이 당연한 일이라고 생각한다. 또한 하나님으로부터 받은 사명을 겸허히 감당하는 것이 깔끔하게, 아무런 시행착오도 없이 이루어지지 않음을 인정한다.

자녀가 경건한 모습으로 온전히 잘 성장한다 하더라도 그것이 자신의 면류관이 아니라 주께서 영광 받으셔야 하는 일임을 너무도 잘 알고 있다. 왜냐면 이것은 처음부터 끝까지 하나님이 하신 일이기 때문이다.

이들은 그저 부모로서 그분의 도구로 쓰임받은 것에 감사한다.

자, 이제 주인으로서 짊어진 무거운 짐을 내려놓을 준비가 되었는가? 지금부터 우리 자녀들의 실소유주이신 하나님께로부터 받은 양육의 소명을 깨닫고 그분의 메시지와 방법, 인품으로 아이들을 돌보는 것이 무엇인지 경험해보지 않겠는가? 자녀를 무언가로 만들어야 한다는 강박에서 벗어나 자녀를 근본적으로 바꿀 수 있는 유일한 분의 도구로 쓰임받으며 마음의 평안을 누릴 준비가 되었는가?

그렇다면 이 책은 당신을 위한 것이다.

이 책이 고된 일상에 함몰된 당신의 눈을 뜨게 해줄 것이다. 당신은 자녀들의 삶과 영혼에 깊이 관여하시는 하나님의 계획에 도구로 초대받았다. 당신이 자녀들을 무언가로 만들어내려는 고집을 버린다면, 양육의 새로운 지평을 발견하게 될 것이다. 용서하고 구원하고 변화시키는 하나님의 은혜의 도구가 돼라.

다음 장부터는 자녀양육의 중요한 원칙이 될 은혜에 대해 알아볼 것이다. 독자들 중에는 양육에 지쳐 낙심과 좌절감에 빠진 사람도 있을 것이다. 지금까지 당신이 경험하지 못한 새롭고 더 좋은 양육의 길이 있다. 은혜가 이끄는 그 길로 함께 가보지 않겠는가?

1. 자녀양육은 인간이 감당하는 가장 중요한 '소명'이다

"한 사람의 영혼을 빚어가는
하나님의 도구로 사용되는 것보다
더 값진 일은 없다."

오늘따라 당신의 세 살배기 딸아이가 밥상머리에서 시위를 벌이고 있다. 어르기도 하고 달래도 보지만 콩은 절대 먹지 않겠노라며 억지를 부리는 바람에 완전히 지쳐버렸다. 그 조그맣고 동그란 콩이 뭐라고, 독을 먹으라는 것도 아닌데 대체 왜 이러는 걸까? 아이에게 밥을 먹이는 이 사소한 일이 왜 이리도 힘든 걸까?

당신 손에 들린 선생님의 메모를 보니 기가 막혀서 아무 말도 안 나온다. 지난 3주 동안 무려 다섯 차례에 걸쳐 이런 편지를 받았다. 이제 겨우 유치원생인 아들놈에게 생긴 일이다! 어떤 이유에서인지 아이는 쉬지 않고 떠들어댄다. 수업 시간에도, 선생님이 뭔가를 설명할 때도, 다른 아이들이 떠들 때는 물론이고 한시도 말하는 것을 멈추지 않는다. 점심을 먹을 때는 음식을 입에 가득 넣고 떠든다. 낮잠 시간도 예외가 아니다. 좋게 타일러 보려고 얘기를 시작하면 아이는 더 신이 나서 재잘거린다! 이제 당신의 마지막 희망은 초등학교 입학이다. 아이가 학교에 가면 이 문제가 좀 정리되지 않을까 하는 기대 말이다.

오늘은 정말로 안 풀리는 날이다. 당신을 향한 누군가의 음모가 아닐까 싶을 정도로 힘든 날이다. 누군가 일부러 당신을 애먹이려고 작정한 것 같다. 마치 반항아들로만 구성된 군대를 홀로 상대하는 기분이다. 인내심이 한계에 이르렀고 결국 아이들에게 당신의 밑바닥을 보여주고 말았다. 아이들을 향해 소리도 질러보고 엄청난 협박도 해

1. 자녀양육은 인간이 감당하는 가장 중요한 소명이다

보지만 상황은 좋아지지 않는다. 집안은 당신의 통제를 완전히 벗어난 것처럼 보인다. 살짝 죄책감이 느껴지기는 하지만 아이들이 없었던 단출했던 시절이 그리워진다.

손에 꼽을 만큼 괜찮았던 자녀와의 대화가 있었다. 당신이 지금까지 부모로서 했던 조언 중에 가장 맘에 들었던 대화다. 사실 이제 겨우 열한 살 먹은 아이가 이렇게 심오하고 철학적인 이야기를 하리라곤 상상조차 못했다. 그래서 지금 당신은 허를 찔린 기분이다. 시간이 멈춘 것 같았던 그 짧은 순간에 심도 깊은 대화가 진행되었다. 마음이 준비되어 있지 않았던 당신은 당황한 나머지 말을 더듬기도 했다. 이런 부모의 조언을 아이가 충분히 이해해서 현명한 판단을 내리는 데 도움이 되길 바랄 뿐이다. 그리고 앞으로도 이런 종류의 대화가 더 많이 오고가길 기대한다. 이번 일은 아이를 키우는 데 좀 더 신중을 기해야 한다는 신호가 울린 것이라 위안해본다.

딸아이가 엄마를 창피하게 여기는 것 같아 당신의 마음이 많이 아프다. 엄마 손을 잡고 쇼핑몰을 껑충껑충 뛰어다니고, 옷장에서 드레스를 꺼내 입고 엄마놀이를 하고, 부엌에서 음식을 만들고 있는 당신을 돕겠다며 그 옆을 지키고 섰던 딸아이가 말이다. 당신을 향해 환하게 웃으며 쪼르르 달려와 체조대회에서 수상한 메달을 뽐내던 그 아이는 이제 쇼핑몰 입구에서 엄마와 헤어지길 바란다. 하교할 때도 학교 바로 앞에서 기다리는 것을 싫어한다. 엄마가 학교에 꼭 와야 한다면 눈에 잘 띄지 않는 곳에서 기다리기를 원한다. 예전처럼 집에 친구들을 많이 데려오지도 않고, 간혹 친구들이 와도 방에 콕 틀어박혀 나오지 않는다. 예전처럼 아이가 당신에게 달려와 안기며 "엄마, 사랑해요!"라고 말해주길 기대하지만 이제 그런 일은 절대로 일어나지 않는다는 걸 당신도 잘 알고 있다.

가족과 함께 유쾌한 시간을 보내려고 아이들과 함께 영화관에 갔다. 분명 영화표에는 '재미있는 가족 코미디'라고 적혀 있는데 영화는 처음부터 끝까지 성적인 풍자로 가득하다. 영화 마지막이 어떻게 끝났는지 생각도 나지 않는다. 보는 내내 이걸 아이들에게 뭐라고 설명해야 할지, 이 상황을 어떻게 수습해야 할지 생각하느라 머릿속이 하얘졌다. '이런 얘기를 하는 게 상황을 더 복잡하게 만드는 것 아닐까?' '아이에게 성에 대한 이야기를 솔직하게 해줘도 되는 때일까?' '아이가 부모인 나와 이런 이야기를 할 준비가 되어 있을까?' '이런 얘기를 꼭 해야 한다면 언제, 어떻게 하는 게 좋을까?' 누군가 성교육에 대한 완벽한 대본이라도 써 줬으면 하는 마음이 든다.

대학에 입학한 아들의 기숙사에 마지막으로 짐을 옮겨주고 나오려는 순간 당신의 눈에 별 탈 없이 잘 자란 아들의 모습이 들어온다. 동시에 아직도 어리고 미숙한 사내아이의 모습이 보인다. 그를 보고 있노라면 대학생이라는 생각보다 무릎에 반창고를 붙인 코흘리개 여섯 살짜리 꼬마가 친구네 집에서 자겠다고 떼를 쓰던 모습이 떠오른다. 물론 고등학교 때도 특별히 사고를 친 적은 없다. 여자 친구 문제나 약물 중독에 빠진 적도 없고, 감옥에 간 것도 아니다. 아들은 단지 집을 떠나 새로운 지역으로 가기 원했고, 그래서 집에서 아주 멀리 떨어진 대학에 지원했다. 고등학교와 비교하면 학생이 2배나 많은, 게다가 여학생들과 함께 지내는 이 남녀 공용 기숙사가 정말 못마땅하다. 아들이 당신을 완전히 내팽개치기 전에 당장 짐을 챙겨서 아들과 함께 이 기숙사를 빠져나가고 싶다. 이 와중에 아들은 걱정하지 말라며 등을 떠민다. 하지만 그 말은 조금도 위로가 되지 않는다. 기숙사를 떠나기 전 아들과 함께 기도했지만, 머릿속은 여전히 엉망진창이다. 나중에 꼭 전화하라고 일러두었지만 전화하지 않을 것이라는 사실을 당신도 이미 알고 있다.

이제 막 대학을 졸업한 딸아이가 집으로 돌아왔다. 일자리를 찾는 동안 잠시 집에 머물겠다고 했다. 이미 독립시켰다고 생각했지만, 현실은 그렇지 않은 듯하다. 방을 정리하는 방식, 어떤 친구들과 어울리는지, 또 평소 어떻게 시간을 관리하는지를 보면 아직 제대로 된 성인이라고 말할 수 없을 것 같다. 당신의 마음은 복잡해진다. 아이들이 없는, 정돈되고 깔끔한 집에서 여유 있는 시간을 갖게 된 것이 기쁘면서도 한편으론 엄마였던 시절이 그립다. 딸과 함께 지내게 되었지만 이전과 같은 상황은 아니다. 딸아이가 성인으로서 사회에서 자리를 잡으려면 당신의 도움과 지도가 필요하다. 하지만 정작 딸아이는 그 사실을 모르고 있다. 평상시와 다름없이 생활하고 싶지만, 딸아이가 무사히 집으로 귀가하는 소리를 듣고서야 잠자리에 든다. 아이와 함께 있게 된 것에 감사하지만, 한편으로는 또다시 부모 노릇을 해야 하는 게 피곤하다.

후회가 밀려온다. 그러고 싶지 않지만 어쩔 수가 없다. 사실 그리 대단한 것도 아니다. 대수롭지 않게 저질렀던 과거의 작은 실수들이 당신을 뼈아프게 한다. 너무 바빠서 지키지 못했던 약속들, 아이의 말을 경청해야 할 순간에 소리를 질렀던 일, 아이들을 공정하지 못하게 대한 일, 같은 실수를 반복했던 일들이 기억난다. 학예회 때 집중하지 못하고 깜빡 졸았던 순간을 아이가 모르길 바란다. 말도 안 되게 위협했던 당신의 모습을 아이들이 기억하지 않기를 바란다. 차 안에서 싸우던 아이들을 밖으로 끌어내 당장 화해하지 않으면 차에 못 타게 하겠다고 겁박하던 때가 기억난다. 지혜롭게 기다리기보다 겁을 줘서 나쁜 행동을 멈추게 하는 것이 훨씬 쉽다고 생각했다. 이런 후회에서 자유롭고 싶지만, 그럴 수 없다.

이 모든 상황이 무엇을 말하고 있는가? 이 이야기들을 묶는 공통 주제는 무엇인가? 바로 인간이 감당하는 가장 중요한 일인 부모의 소명이다.

당신이 만약 양육이 가져올 파급 효과를 깨닫게 된다면 당장 모든 걸 내려놓고 도망가려 할지 모른다. 이 소명을 감당할 수 있다고 생각하는 것이 오히려 비정상일 만큼 이 일은 결코 만만치 않다.

어쩌면 당신은 이미 부모로서 준비된 사람이라고 착각하고 있을지 모른다. 하지만 그것은 마치 보잉 747 비행기 앞에 서서 당신이 원하기만 하면 그것을 들어 올릴 수 있다고 말하는 것과 같다. 이처럼 부모라는 임무가 인간에게 맡겨진 것 자체가 어쩌면 완벽하신 하나님의 실수일지 모른다.

그렇다면 하나님이 정말 우리에게 한 사람의 영혼을 빚어내는 신성한 일을 돕도록 허락하신 걸까? 정말 확실할까?

지금부터 하나님의 원대한 계획이 무엇인지, 또 그것이 부모인 우리에게 어떤 의미를 갖는지 자세히 살펴보자.

보물 사냥꾼

당신이 어떤 말을 하고 행동을 하든 그 선택은 당신의 마음속 깊이 내재된 가치관을 반영한다는 점을 이해해야 한다.

인간은 하나님의 형상대로 창조되었기에 본능대로만 살지 않는다. 인간을 움직이는 것은 가치다. 따라서 당신이 가장 중요하게 생각하는 것이 무엇이냐에 따라 당신의 말과 감정, 시간과 물질의 사용, 인간관계와 습관 등 모든 게 달라진다.

내가 만약 당신이 지난 두 달 동안 생활해온 모습을 보여주는 비디오를 시청한다면 당신이 정말 중요하게 생각하는 가치가 무엇인지 알 수 있지 않을까? 혹은 몇 달 동안 당신의 양육 방식을 지켜본다면 하나님께서 당신에게 주신 부모로서의 사명을 당신이 어떻게 생각하고 있는지 판단할 수 있지 않을까?

나의 전작 『행복한 부부를 만드는 6가지 사랑의 약속』(What Did You Expect?)에서 인간의 가치관을 논할 때 마태복음 6장 19-34절만큼 도움되는 구절이 또 없다고 언급한 바 있다(지금 이 책을 잠깐 덮고 성경을 펼쳐볼 것을 권한다). 이 구절에서 예수님은 인간이 중요하게 여기고 추구하는 것을 **보물**이라는 단어로 설명하신다.

어쩌면 우리 모두는 매일 아침 일어나 어딘가에 있을 보물을 찾아 열심히 땅을 파는 사냥꾼처럼 살고 있는지 모른다. 또 우리가 말하고 행동하는 방식은 우리의 삶이나 인간관계에서 중요한 것들을 얻어내기 위한 수단인지 모른다.

인정하기 싫겠지만 이 말을 꼭 해야겠다. 자녀양육은 당신이 최고의 가치로 여기는 보물이거나, 혹은 그렇지 않거나 둘 중 하나다. 그것의 여부는 당신의 일상 속 언행에서 잘 드러날 것이다. 내면의 깊은 곳에서 우리가 보물로 여기는 것들 중 가장 중요한 것이 무엇인지 겸손히 고백해야 한다.

세상에는 아름다운 것이 많다. 그중에는 하나님이 창조하신 것도 있고 인간이 만들어낸 것도 있다. 물질세계는 우리로 하여금 아름다움을 탐구하게 한다. 인간이 그렇게 창조되었기 때문이다. 하지만 그 물질세계가 우리의 마음을 장악하는 것은 하나님의 뜻이 아니다. 예를 들어 물질을 소유하는 것이 당신의 가장 즐거운 일이 되어버린다면 당신을 부모로 부르신 하나님의 명령을 수행하는 데 상당한 문제가 생긴다.

구체적으로 예를 들어보겠다.

부모가 물욕으로 가득 차서(집, 차, 가구, 예술품 수집 등) 물질을 소유하고 유지, 관리, 보존하는 일에만 급급한 사람은 정작 하나님께서 의도하신 방식대로 자녀를 돌볼 시간이 없을 것이다. 뿐만 아니라 재산을 지켜야 한다는 강박 때문에 무의식적으로 가정을 장식용 가구나 공예 박물관으로 둔갑시키고 아이들은 그것을 보존하는 사람으로 치부하게 될 것이다.

소파의 얼룩은 걱정하면서 정작 아들 영혼의 건강은 챙기지 못한다. 새로 장만한 자동차는 반짝반짝 윤이 나게 닦지만 딸의 마음이 상해 있다는 건 눈치 채지 못한다. 자녀의 친구들도 집에 못 오게 한다. 집이나 물건에 흠집을 낼지 모르기 때문이다.

혹 당신이 소유한 물질 때문에 양육에 쓸데없는 긴장과 갈등이 만들어지고 있지는 않은가?

성공에 대해서는 어떤가? 나는 창조주이신 하나님께서 인간의 내면에 성공에 대한 욕망을 심어주셨다고 생각한다. 그분처럼 인간도 무언가를 만들고 관리하고 행동하는 존재로 설계되었으니 말이다. 그래서 우리의 주변을 바꾸고 새로운 환경으로 나아갈 때 어떤 성과를 남기는 게 당연하다고 생각한다. 인간은 전략을 만들고 성취해가는 존재다. 때문에 성공은 인간에게 매우 중요한 의미를 지닌다.

사실 모든 인간은 성공하고 싶어 한다. 인생의 어떤 부분에서 성공하려는 동기가 없거나 성취 욕구가 없는 사람은 아마도 정서적으로나 영적으로 문제가 있을 것이다. 즉 물질에 대한 소유욕처럼 성공에 대한 욕망도 하나님이 지으신 인간의 성품 중 하나다. 그러나 이것이 당신의 마음을 장악하게 된다면 뭔가 크게 잘못되고 있는 것이다.

부모의 성공이 너무 중요한 나머지 수많은 아이들이 매일 잘 알지도 못하는 사람의 손에 맡겨진다. 부모는 아이를 돌보는 대신 보모를 고용한다. 자신의 경력과 재정에 미칠 장기적인 영향이 걱정되어 섣불리 직장을 떠나지 못하는 것이다.

물론 이것은 논란의 여지가 많은 문제다. 나에게는 부모가 자녀를 어린이집에 맡길 수밖에 없는 사정을 잘 알지도 못하면서 무조건 잘못됐다고 판단할 권리가 없다. 하지만 내가 안타깝게 여기는 점은 우리가 더 이상 이 문제를 고민조차 하지 않는다는 것이다.

인격이 형성되는 매우 중요한 시기조차 대부분의 시간을 부모와 함께 보내지 못하는 아이들이 많다는 사실에 마음이 무거워진다. 목에 '현관 열쇠'를 걸고 다니는 아이들을 당연시하는 세태가 아쉽다.

하루 일과를 마치고 지칠 대로 지친 부모가 어린이집에서 아이를 데려온다면 과연 온화하고 따뜻한 시선으로 아이를 바라볼 수 있을까? 부모의 일과가 얼마나 바쁜지를 따지는 게 아니다. 우리의 가치가 얼마나 뒤죽박죽으로 꼬여있는지 묻는 것이다.

아이들이 일하기 바쁜 아빠 얼굴도 제대로 보지 못하고 잠이 드는 경우가 얼마나 많은가? 이 아이들이 10대가 되면 오히려 아빠가 없는 것에 익숙해진다. 아빠의 관심이나 참여를 전혀 기대하지 않게 된다.

혹 성공에 대한 당신의 가치가 부모의 소명을 감당하는 데 영향을 주고 있지는 않은가?

지금부터 조금 더 불편한 이야기를 시작하겠다.

목회사역이 부모의 소명을 감당하는 데 방해가 되는 경우가 많다. 아마 이것이 가장 자기기만적인 보물에 대한 유혹이 아닐까 생각한다.

목사와 사모는 자녀양육에 시간을 쏟지 못하는 것에 대해 '주님의 일을 위해' 어쩔 수 없다고 정당화하는 경우가 아주, 아주 많다. 이들은 자녀를 제대로 돌볼 수 없는 와중에도 또 다른 강연과 단기선교, 심방이나 저녁 모임을 잡는다. 이렇게 사역으로 바쁘게 뛰어다니는 것이 성경에 기록된 가치라고 확신하기 때문에 하나님으로부터 받은 부모의 소명에 대한 중요성을 무시한다.

가슴 아픈 것은 이런 환경에서 자란 아이들이 가지고 있는 예수님의 이미지다. 그들은 예수님을 자신들로부터 엄마와 아빠를 자꾸 떼어 놓으려는 존재로 인식하게 된다. 이는 목회사역에 헌신한 부부가 열린 마음으로 함께 풀어가야 할 숙제라 생각한다.

목회자 부부를 위해 여러 가지 조언을 해주는 분들의 이야기를 들어보면 매우 흥미롭다. 그들은 사역과 부모의 소명 사이에는 어쩔 수 없는 긴장관계가 있다고 경고한다.

하지만 내 생각은 다르다.

두 가지를 명심해야 한다. 우선 신약성경은 이런 긴장관계를 절대로 염두에 두지 않는다. 목회자들이 사역과 부모의 소명 때문에 진퇴양난의 딜레마에 빠지게 될 것이라는 경고는 그 어느 곳에도 없다. 신약성경 그 어디에도 목회와 양육의 두 마리 토끼를 잡는 것이 불가능하다고 말하지 않는다. 오히려 가정을 잘 이끄는 것이 장로가 되는 자격 중 하나라고 말한다.

사역과 양육에 긴장관계가 생기는 것이 하나님의 허술한 계획 때문이라고 원망하고 싶겠지만 그렇지 않다. 우리가 목회를 통해 얻어내려는 그 무엇 때문에 가족에게 이롭지 못한 선택들을 계속하게 되는 것이다.

당신이 사역을 통해 자신의 정체성, 삶의 의미와 목적, 아침에 눈을 떠야 하는 이유, 그리고 내면의 평안을 얻고자 한다면 사역은 당신 개인의 구원을 위한 것으로 변질된 것이다. 그렇게 되면 교인들의 약속을 거절할 수 없게 되고, 바로 그 이유 때문에 자녀와의 관계를 위해 꼭 필요한 시간을 무시하게 된다.

한 가지 더 있다.

성경은 하나님이 사랑과 지혜가 넘치며 신실하시고 온유하신 분이기에 그분의 명령이 상충하도록 내버려 두시지 않았다고 증언한다. 즉 인간이 하나님의 어떤 명령을 따르기 위해 반드시 다른 명령을 어겨야 하는 경우는 없다.

하나님의 명령은 서로 경쟁관계에 놓인 요구사항이 아니다. 어떤 것이 더 가치 있고 다른 것은 그보다 덜 가치 있는 게 아니다.

하나님의 명령은 서로 다른 실이 엮여 있는 직물과 같다. 서로 조화롭게 공존하며 하나님을 기쁘시게 한다.

따라서 당신이 하나님의 어떤 명령에 순종하기 위해 다른 명령을 불순종하게 되어 벌을 받는 일은 없다.

하나님의 명령은 하나하나 완벽히 분리된다. 그 명령을 수행하는 과정에서 반드시 서로 충돌할 수밖에 없는 종류의 것이 아니다. 사역에 대한 당신의 열정 때문에 부모의 소명을 감당하는 데 시간과 에너지를 전혀 쓰지 않는다면 그 사역을 통해 당신이 얻으면 안 되는 것을 얻으려 하기 때문일 것이다.

혹 목회사역의 결정과 헌신이 당신이 부모의 소명을 성실히 감당하는 것을 어렵게 만들고 있는가?

정직하고 겸손하게 질문해보라. 어떤 결정을 해야 하는 순간에 당신의 마음속에서 양육의 가치와 갈등을 벌이는 다른 가치는 무엇인가? 매일 반복되는 일상에서 자녀양육이 하나님의 의도대로 가장 영광스럽고 중요한 일로 자리하고 있는가? 양육의 길을 방해하는 것은 무엇인가? 하나님께서 주신 소명을 감당할 더 새롭고 나은 선택은 어떤 것인가?

자녀양육의 중요성

모든 인간은 양육의 가치를 알고 그 가치를 실현하도록 지음받았다. 따라서 양육의 가치를 잃어버린다는 것은 온전한 인간성을 상실한 것과 같다.

자녀양육은 인간의 모든 사고와 언어, 욕망, 의사결정과 행동에 동기를 부여하는 핵심 가치다. 이것은 지금 이 순간에도 태어나고 있을 많은 생명에게 가장 필요한 가치관이다. 이와 같이 인간에게 가장 중요한 사명인 양육은 진정한 의미의 **거룩함**이다. 이것이 당신의 모든 일과 자녀에게 원하는 모든 소망의 최종 목표가 되어야 한다. 만약 이런 시각을 가지고 있지 않다면 당신은 양육을 제대로 이해하지 못하고 자녀에게 제대로 된 양육방향도 제시할 수 없게 된다. 이러한 양육의 가치는 자녀가 별 문제없이 잘 크는 시기에는 당신에게 진정한 만족을 줄 것이고 그렇지 않은 시기에는 끊임없이 동기를 부여하는 지지대가 될 것이다. 이것이 당신에게 주어진 부모의 임무를 엄청난 가치를 지닌 보물로 만드는 중심 과제다.

이스라엘아 들으라 우리 하나님 여호와는 오직 유일한 여호와이시니 너는 마음을 다하고 뜻을 다하고 힘을 다하여 네 하나님 여호와를 사랑하라 오늘 내가 네게 명하는 이 말씀을 너는 마음에 새기고 네 자녀에게 부지런히 가르치며 집에 앉았을 때에든지 길을 갈 때에든지 누워 있을 때에든지 일어날 때에든지 이 말씀을 강론할 것이며 너는 또 그것을 네 손목에 매어 기호를 삼으며 네 미간에 붙여 표로 삼고 또 네 집 문설주와 바깥 문에 기록할지니라(신 6:4-9).

후일에 네 아들이 네게 묻기를 우리 하나님 여호와께서 명령하신 증거와 규례와 법도가 무슨 뜻이냐 하거든 너는 네 아들에게 이르기를 우리가 옛적에 애굽에서 바로의 종이 되었더니 여호와께서 권능의 손으로 우리를 애굽에서 인도하여 내셨나니 곧 여호와께서 우리의 목전에서 크고 두려운 이적과 기사를 애굽과 바로와 그의 온 집에 베푸시고 우리 조상들에게 맹세하신 땅을 우리에게 주어 들어가게 하시려고 우리를 거기서 인도하여 내시고(신 6:20-23).

하나님께서 양육에 얼마나 큰 가치를 두시는지 간략하게 요약되어 있다. 짧지만 깊은 의미를 내포하는 구절이다.

하나님은 부모의 역할에 엄청난 가치를 두신다. 양육은 자녀가 **하나님을 알고 그분께 순종하도록** 가르치는 일이기 때문이다. 하나님은 당신이 이 사명을 가장 중요하게 여기고 또 지속적으로, 성실히 그 일을 감당하기 원하신다.

하지만 이것은 당신 스스로 할 수 있는 일이 아니다. 오직 하나님만이 하실 수 있다. 당신은 그분의 강력한 손에 쓰임받는 대체 불가능한 도구다. 인간됨의 근본은 하나님을 알고 그분께 순종하는 것이다.

살아있는 모든 존재의 마음을 지배하는 것은 바로 이 두 가지여야 한다. 다시 말해 당신의 자녀가 하나님을 알지 못한다면 하나님이 지으신 뜻에 부합하지 못한 삶을 살고 있는 것이다. 이는 모든 아이들의 마음에 깊이 새겨져야 할 필수적인 개념이다. 앞에 인용한 신명기 말씀에 부모의 임무가 잘 표현되어 있다.

자녀에게 하나님이 누구이신지를 가르치는 당신의 임무 수행에 교회가 어느 정도 도움이 될 수 있다. 하지만 부모의 역할을 대신할 수는 없다. 정부기관도 마찬가지다. 당신이 안전하게 사명을 감당할 수 있도록 사회적인 안전망을 제공하지만 부모를 대체할 수 있는 건 아니다.

그렇다면 학교는 어떨까? 학교 역시 보조적인 역할을 할 뿐 당신이 감당해야 하는 부모의 역할을 대신해주진 않는다.

하나님께서 자녀에게 부모를 허락하신 가장 중요한 이유는 그들이 하나님을 알도록 하기 위함이라는 것을 이제 분명히 알 것이다.

세상에 태어난 아이가 배워야 할 가장 중요한 주제는 하나님의 존재와 성품, 그리고 자신을 향한 하나님의 계획이다. 당신이 만약 이것을 확실히 깨닫고 있다면 인생에서 벌어지는 모든 일을 이해하고 해석하는 방식에 많은 변화가 생길 것이다.

하나님은 당신과 당신의 자녀를 물질세계에 두셨다. 이 물질세계는 지속적으로 하나님을 가리키지만 동시에 엄청난 문제가 산재해 있다.

당신의 자녀가 세상을 지으신 하나님을 바라보지 않고 삐뚤어진 시각으로 이 땅에서의 삶을 계획할 수 있다. 그러면 하나님이 창조하신 세계에서 지속적으로 하나님의 흔적을 보겠지만 그것이 가리키는 하나님의 현존과 영광은 알아차리지 못할 것이다.

만일 당신이 하나님을 알지 못한다면, 인간으로서 매우 불안정한 존재일 뿐이다. 당신은 당신 자신을 삶의 중심에 끼워 넣으려 할 것이고, 당신을 중심으로 세상이 돌아가게 할 것이다.

아이들이 하나님을 알지 못하면 어떻게 될까? 마치 자신이 하나님인 것처럼 행동할 것이다. 그래서 하나님께서 그들을 돕기 위해 대사로 보내신 부모의 도움을 완강히 거부하게 되는 것이다.

그뿐만이 아니다. 어떤 시점에 이르면 자신이 왜 규칙을 지켜야 하는지, 왜 특정 신념을 받아들여야 하는 것인지, 도대체 누가 자신을 부모에게 맡긴 것인지에 대해 질문하기 시작할 것이다. 안타깝게도 많은 부모가 거기에 적절한 대답을 해주지 않고 그저 "내가 시키는 대로 해." 혹은 "내 말 안 들으면 혼날 줄 알아."라고 말한다. 부모를 두려워하는 나이에는 이런 말이 먹히겠지만 머지않아 이런 말에 콧방귀도 뀌지 않을 날이 온다.

따라서 이런 식으로 자녀를 위협하는 것은 효과적이지 않다. 이 경우 당신이 자녀와 함께 있지 않은 순간에는 자녀가 옳은 판단을 할 아무런 동기가 없기 때문이다.

여기서 신명기 6장의 두 번째 단락을 읽어보는 것이 도움이 된다. 자녀가 지켜주기 바라는 모든 신념과 규칙은 하나님의 현존에 근거하는 것이고, 무엇보다 이 모든 것이 하나님의 은혜에 뿌리내리고 있다는 것을 잊지 말아야 한다.

여기서 조언을 하나 하겠다. 자녀에게 어떤 행동이나 신념을 지키라고 말할 때는 하나님의 구원사와 연결해서 이야기하라.

자녀가 어떤 규칙에 의문을 제기할 때 거드름을 피우듯 가슴을 쭉 내밀며 지키지 않으면 가만두지 않겠다는 식으로 하지 말고, 사랑 많으신 하나님께서 우리를 창조하시고 독생자 예수의 피로 우리를 구원하셨다는 이야기를 들려주면 아이는 무엇이 옳은지 알게 될 것이다.

자녀가 무엇이 옳고 그른지 헷갈려할 때 하나님의 법을 따르지 않으면 큰일 난다고 위협하는 대신, 하나님 은혜의 감미로운 음악으로 자녀를 감싸 안으라.

아이가 어떤 말씀이 옳은 것인지 고민할 때는 재판관으로서의 하나님을 이야기하지 말고, 우리의 연약함을 용서하고 힘 주시는 친구, 지혜를 주시는 조력자로 설명하라.

자녀에게 하나님의 인내와 자비, 그리고 사랑의 바람을 불어넣으라. 하나님께서는 우리를 돕고 은혜를 베푸시며 우리를 구원하는 데 그분의 권능을 기꺼이 사용하신다는 사실을 자주 말하라. 당신의 권위를 행사하려 하지 말고 하나님의 권능을 이야기하라. 또 하나님의 권능만을 이야기하지 말고 그분의 은혜를 짚어주라.

하나님이 실수로 당신을 선택하신 것이 아니다. 당신이 자녀의 영혼을 형성하는 도구로 사용되는 것이 하나님의 뜻이다. 하나님께서 당신의 눈을 뜨게 하시고 그분의 실존과 율법을 마음에 새겨주셨듯이 당신도 자녀에게 동일한 일을 하면 된다.

하나님의 계시(啓示)는 당신뿐 아니라 당신의 자녀를 위한 것이기도 하다. 하나님께서 당신을 용서하고 구원하여 변화시키고 은혜를 주셨기 때문에 당신이 자녀의 삶에서 하나님의 은혜와 용서를 전달하는 도구로 사용될 수 있는 것이다.

은혜를 선물로 받는다는 것은 그저 수동적으로 수령하는 것 이상의 의미를 지닌다. 은혜를 받은 사람은 일상생활에서 자신의 보호 아래 있는 사람에게 하나님의 은혜를 전달하는 도구로 사용된다. 하나님의 은혜 안에 거하면 그분이 원하시는 부모가 되는 데 필요한 모든 것을 공급받을 수 있다.

그러므로 다음과 같이 결론 내릴 수 있다.

하나님께서 당신을 만나주셨기 때문에 당신은 하나님의 영광과 은혜를 자녀에게 전할 준비가 되었다.

당신에게는 자녀에게 매일 매일 하나님의 이름과 영광을 말해줄 기회가 있다. 물이 보글보글 끓는 것, 나뭇잎에 색이 입혀지는 것, 아침에 뜨거운 태양이 떠오르는 것, 거친 폭풍이 이는 것, 저녁식사로 나온 스테이크의 풍미, 꿀벌이 만들어낸 꿀까지 하나님을 가리키지 않는 것은 없다. 이 모든 물리적 세계는 하나님이 이 세상을 창조하시고 간섭하시기 때문에 존재한다. 하나님께서 당신의 눈을 뜨게 하시고 그분의 존재와 영광을 보게 하셨다.

그러므로 이제 당신의 자녀들이 하나님을 향해 눈 뜨게 하라. 주위를 둘러보면 하나님을 이야기할 기회가 너무 많다. 하루도 그분의 이야기를 빼놓지 말라. 매일 하나님에 대해 이야기하는 것을 이상하게 여기지 말라. 피조물은 창조자인 하나님을 묘사하기 마련이다. 우리가 사물을 보며 그분을 생각하지 않는 것이 오히려 더 이상한 일이다. 이것은 단지 어린아이들에게만 필요한 것이 아니다. 10대 자녀들에게도 똑같이 하나님의 이야기를 들려주라. 인생에서 이보다 더 중요한 일은 없다. 이것이야말로 부모를 가장 가치 있게 만드는 일이다.

한 가지 덧붙이겠다. 이것은 이 책의 주제이기도 하다. 즉 하나님의 은혜가 가장 필요한 사람은 자신이라고 겸손히 고백하는 부모야말로 자녀에게 은혜를 가장 잘 베풀 수 있는 사람이다.

오늘, 당신의 자녀에게 이런 부모가 되어보는 건 어떨까?

2. 하나님의 '은혜'가 당신과 함께한다

"하나님은 당신의 필요를 먼저 채우시고,
그 후에 소명을 감당케 하신다.
결코 당신 홀로 내버려두지 않으신다."

많은 부모가 자녀양육에 특정 문제를 가지고 있다. 물론 대부분은 자신에게 그런 문제가 있는지 자각조차 못한다. 하지만 이것은 부모의 역할을 결정하는 데 큰 영향을 준다. 자녀를 보는 시각에도 영향을 준다. 또한 양육에 어려움이 닥칠 때 부모가 자녀에게 어떤 방식으로 대응할지를 결정한다. 이것은 당신의 매일 아침, 그리고 하루를 정리할 때, 혹은 기운이 빠지는 힘든 순간에 스스로에게 하는 다짐을 결정한다. 이것 때문에 당신은 부모로서 늘 준비가 안됐다고 여기며 '할 수 없다.' 혹은 '안 된다'는 생각에 빠지게 된다. 이제 와서 그만둘 수 없다는 걸 알지만 부모의 자리를 박차버리고 도망치고 싶게 만들기도 한다. 마음속 깊은 곳에서 절대 하지 말아야 한다고 생각하는 말과 행동을 하게 되는 원인이 되기도 한다.

많은 부모의 마음속에 조용히 자리 잡고 있는 이 치명적인 문제가 무엇일까?

많은 크리스천 부모의 삶 속에는 하나님의 은혜를 알고 그 은혜에 감사하는 것과 그 은혜에 의지하고 사는 것 사이에 심각한 괴리가 존재한다. 사실 이것이 내가 이 책을 쓰게 된 이유라고 말해도 무관할 것이다.

내가 이 책을 통해 말하고 싶은 것은 바로 **하나님께서 그의 아들 예수 그리스도를 통해 주신 은혜를 제대로 이해하는 것이 가장 효과적이고,**

사랑 넘치고, 믿을 만하고, 관대하고, 한결같은 양육의 길이라는 것이다. 누군가 이렇게 말할지 모르겠다. "목사님, 지금 저에게 필요한 건 신학이 아니라 실질적인 조언이에요. 성경말씀은 다 맞는 말이지만 제 양육에는 별로 도움이 안 돼요."

 잠시 마음의 문을 열고 내 이야기를 들어보라. 이것은 당신에게 가장 중요한 이야기가 될 것이다. 하나님의 은혜를 이해하는 것이야말로 당신 자신을 변화시키고 아이들과의 관계도 변화시킬 가장 중요한 화두다.

'능력'이 아닌 '은혜'

 많은 크리스천 부모가 하나님의 은혜를 이해하는 데 큰 문제를 안고 있기 때문에 양육에 임하면서 낙담하고 불안을 느낀다. 많은 부모가 **과거의 은혜**, 즉 예수님의 삶과 죽음, 부활로 인해 용서받은 은혜를 잘 알고 있다. 또한 **장래의 은혜**, 즉 하나님의 자녀로서 영원한 안식을 허락받았다는 것을 이해하고 있다. 문제는 **현재의 은혜**다. '이미 주신 은혜'(과거)와 '아직 도래하지 않은 은혜'(미래) 사이에 살고 있는 우리에게 주시는 지금 이 순간의 은혜 말이다. 많은 사람이 '하나님 은혜의 복음'이 우리의 깊은 한숨을 거두게 하는 것, 혹은 치밀어 오르는 분노를 다스리게 하는 것과는 아무 상관이 없다고 생각한다. 기본적인 것도 알지 못하는 자신의 무지와 잠깐의 쉼표도 없는 각박한 현실에 아무 영향을 줄 수 없다고 생각한다. 예배당에 나와 하나님 은혜에 대한 말씀을 듣고 찬송도 부르지만 부모로서 고민하는 문제들과 그 은혜를 연결하지 못한다. 사실 우리가 받는 것은 오직 은혜뿐인데 말이다.

다음의 사실을 명심하라. 당신은 하나님의 자녀다. 과거와 미래의 은혜도 당신의 것이지만 무엇보다 지금 이 순간 그분의 엄청난 은혜가 당신에게 주어졌다.

당신이 어디를 가든 그분의 은혜가 함께할 것이다. 가장 처참한 순간, 아무것도 할 수 없다고 느끼는 순간, 당신의 지혜가 바닥났다고 느끼는 순간에도 하나님의 은혜가 당신과 함께한다. 모든 기회를 날리고 터벅터벅 길을 걷는 순간에도 마지막까지 당신에게 남아 있는 것은 하나님의 은혜라는 사실을 잊지 말라. 아이가 너무 반항적이고 말을 듣지 않아 도대체 어떻게 해야 할지 모르는 순간에도 하나님의 은혜가 당신과 함께한다. 깊은 후회로 당신의 가슴이 미어지듯 아플 때도 그 마음을 어루만지는 것은 하나님의 은혜다. 당신이 어떤 상황에 놓인다 해도 매일 눈을 뜨고 잠들 수 있는 이유는 바로 하나님의 은혜다.

하나님이 인간에게 주신 가장 중요한 것이 무엇이냐고 묻는다면 나는 '하나님의 지혜의 율법'이라고 대답하지 않을 것이다. 대신 큰 소리로 "하나님의 은혜"라고 말할 것이다. 그 이유를 지금부터 자세히 설명하겠다.

다른 소명도 마찬가지겠지만, **하나님께서 당신을 부모로 부르신 까닭은 당신에게 그것을 감당할 만한 능력이 있어서가 아니다.** 성경을 자세히 들여다보면 하나님은 중요한 임무를 맡기실 때 능력자를 부르시지 않았다. 아브라함, 모세, 기드온, 다윗, 예수님의 제자들 모두 소명을 감당할 만한 능력을 가진 사람들이 아니었다. 따라서 '하나님의 소명을 감당할 만한 능력이 있는 사람'이라는 말은 맞지 않다. 즉 어딘가에 자녀양육의 무게를 감당할 만한 훌륭한 부모가 있고 하나님께서 그 사람을 찾아 소명을 주시는 게 아니라는 말이다.

하나님께서 인간을 창조하실 때 무엇이든 혼자서 다 할 수 있는 존재로 만드시지 않았다. 모든 인간은 하나님을 의지하도록 창조되었다. 그러므로 하나님께 의지할 수밖에 없는 것, 부모로서 무능하고 부덕하다고 느끼는 것을 인간의 약점으로 이해하지 말아야 한다.

당신이 그토록 부족함을 느끼는 이유는 인간이기 때문이다. 부모의 역할을 제대로 하기 위한 지혜와 자비, 인내와 끈기를 처음부터 지니고 태어나는 사람은 없다. 우리가 스스로 의로워질 수 없듯이, 이런 미덕을 가지고 태어난다는 것은 환상에 불과하다. 그러므로 부족함을 느끼더라도 너무 괴로워 말라. 그것은 인간으로서 너무도 당연한 것이다!

이제 당신의 마음속에 한 가지 의문이 들 것이다. 완벽하신 하나님께서 왜 부족한 우리에게 이토록 중요한 자녀양육의 임무를 맡기신 걸까?

그 이유를 제대로 이해하는 것이 중요하다. 하나님께서 부족한 우리에게 중요한 임무를 맡기신 이유는 우리의 완벽한 성공을 위함이 아니다. 그 임무를 수행하는 과정에서 우리가 하나님을 만나고, 사랑하고, 그분의 은혜에 의지하고, 하나님께 영광을 돌리는 삶을 살게 하시려는 것이다. 다시 말해 우리에게 이토록 중요한 임무를 맡기신 이유는 그 일을 통해 하나님께 영광을 돌리기 위함이다.

하나님께서 우리를 간섭하시는 이유는 부모의 역할을 고민 없이 쉽고 예측 가능한 일로 만드시기 위해서가 아니라 이 불가능에 가까운 일을 감당함으로써 우리가 더욱 하나님을 찾고 그분의 도움을 구하게 하시기 위함이다.

이 부족함은 하나님께서 자녀를 돌볼 자격이 없는 사람에게 그 일을 실수로 맡겼기 때문에 생겨난 것이 아니다. 오히려 당신의 부족함은 하나님의 계획이다. 그분은 자신의 부족함을 인정하고 하나님께 무릎 꿇는 사람을 최고의 부모로 여기신다. 하나님은 당신이 부모의 모든 능력을 완벽히 갖추기를 원하시는 게 아니다. 당신의 부족함에도 불구하고 기꺼이 소명을 받아들이기 원하신다. 그러면 하나님은 당신의 연약함을 들어 쓰실 것이고 당신을 변화시키실 것이다. 그리고 당신 자녀의 삶과 마음 속에 아름다운 일들을 이루어가실 것이다.

덧붙이고 싶은 것은 스스로 부족함 없는 사람이라 여기는 부모 밑에서 성장하고 싶어 하는 아이들은 존재하지 않는다는 것이다.

소위 '능력 있는' 부모는 자부심과 자신감이 넘친다. 자신의 능력을 확신하기 때문에 성급하게 자신의 판단을 과신하는 경향이 있다. 그래서 아이를 이해하고 기다려주지 않는다. 자녀도 자신과 똑같이 능력 있는 사람이 되기를 바라기 때문에 자녀에게서 약점이 노출되면 노발대발한다. 율법을 지키는 것에서 많은 자부심을 느끼기에 자녀에게 은혜를 베풀기보다 많은 규칙을 준다. 또 자녀의 입장에서 문제를 이해하려 하기보다는 성급하게 판단하고 정죄하려 든다.

뿐만 아니라 자녀가 사람들 앞에서 자신의 능력을 과시할 수 있는 트로피가 되어주길 바란다. 이렇게 자신의 약점을 부정하는 사람과 잘 지내기는 참으로 어렵다. 이들은 연약한 사람을 이해하지도, 기다려주지도, 사랑하지도 않기 때문이다. 따라서 당신의 부족함은 양육의 걸림돌이 아니다. 하나님께서는 자신의 결점을 겸손히 고백하고 그분의 도움을 구하는 자를 만나주신다. 당신이 만일 당신의 기대치에 한참 못 미치는 자녀와 관계가 매끄럽지 못하다면, 부모의 능력을 이런 식으로 재단하는 잘못된 기준 때문이다.

또한 '능력 있는' 부모는 자녀가 여전히 부모의 많은 도움을 필요로 한다는 사실에 속상해한다! 잘못을 고치는 데 힘들어하는 자녀를 보면 속에서 천불이 올라온다. 사실 그 아이는 모든 인간이 그렇듯 부모의 보살핌이 필요한 것뿐인데 말이다.

아이의 그런 모습을 지켜볼 때 이렇게 생각해보는 건 어떨까? 당신이 하나님 아버지의 보살핌이 항상 필요한 존재이듯 내 아이에게도 내가 꼭 필요하다고 말이다. 하나님이 당신을 따뜻하게 보듬어주시듯 당신도 자녀가 약할 때 그를 따뜻하게 감싸주어야 한다.

하나님은 결코 공급 없이 소명을 주시지 않는다. 인생의 그 어떤 길도 그분과 동행하지 않는 곳은 없다. 하나님께서 어떤 일을 명하신다는 것은 그 일을 위해 필요한 것들을 채워주신다는 이야기다. 성경의 모든 이야기가 그렇듯 말이다. 하나님이 독생자를 이 땅에 보내주신 이유도 바로 여기에 있다. 예수님은 흠결이 없으신 분이지만, 성경에 등장하는 많은 사람은 어떤 면에서든 모두가 약점을 가지고 있다. 그런 점에서 성경은 다른 주제의 여러 이야기가 묶였다기보다 하나의 주제가 여러 편으로 나누어져 있다고 보는 게 맞을 듯하다. 한마디로 성경은 하나님께서 부족한 사람들을 만나주시고 그들에게 어마어마한 은혜를 베푸셨다는 이야기다.

이것이 자녀양육과 어떤 관계가 있을까?

당신이 하나님의 자녀라면 하나님은 절대로 당신을 그냥 내버려두지 않으실 것이다. 이것이 양육의 핵심이다! 그분의 자녀인 당신은 인간의 부족한 지혜와 능력의 한계에서 벗어나지 못해 어쩔 줄 모르는 존재가 아니다. 당신이 매일 매 순간 기억해야 할 것은 바로 이것이다. 부모인 당신에게 주신 하나님의 위대하고 놀라운 선물은 바로 하나님 자체다! 하나님은 당신이 얼마나 어려운 숙제를 하고 있는지 아신다. 또 당신이 대체 어디서부터 어떻게 뭘 해야 할지 모르는 순간과 수없이 마주한다는 사실도 이해하신다. 그래서 당신이 가끔 부모의 자리라는 엄청난 부담감에서 도망치고 싶어 한다는 것도 납득하신다. 아이들이 당신을 몹시 괴롭히고 있다는 것을 하나님께서 모르실 리 있겠는가? 당신이 부모로서 겪어야 할 모든 어려움을 당신보다 더 잘 알고 계신다. 그런 당신에게 힘이 되는 것은 오직 하나님밖에 없다는 사실을 아시기에 당신에게 친히 그분을 허락하시는 것이다.

에베소서 3장 20-21절을 자세히 읽어보자. "우리 가운데서 역사하시는 능력대로 우리가 구하거나 생각하는 모든 것에 더 넘치도록 능히 하실 이에게 교회 안에서와 그리스도 예수 안에서 영광이 대대로 영원무궁하기를 원하노라 아멘."

여기에 우리가 부모의 역할을 할 수 있게 만드는 구원이 있다. 바로 하나님께서 우리 안에 계신다는 것이다! 사도 바울은 우리가 이 놀라운 사실을 깨닫기 전까지 우리의 정체성과 소명을 제대로 이해할 수 없다고 말했다. 하나님은 우리가 감당해야 할 사명이 얼마나 엄청난 것인지, 그것을 감당하기에 우리가 얼마나 턱없이 연약한 존재인지 아신다. 우리를 도와줄 분은 오직 하나님뿐이라는 사실도 알고 계신다. 하나님은 그분의 놀라운 은혜로 친히 우리의 마음을 여시고 우리 안에 거하신다. 이러한 사실을 부모로서 어떻게 이해하고 받아들여야 할까? 하나님은 당신이 이해할 수 없을 정도로 많은 일을 하실 수 있고, 완벽한 지혜와 무한한 힘을 가지고 계시다. 그런 분이 당신 안에 거하신다.

이것이 무엇을 의미할까? 당신이 매일 아침 지친 몸을 일으켜 힘든 하루를 시작할 때도, 시간에 쫓기는 바쁜 아침에 아이들과 말다툼을 할 때도 하나님은 당신과 함께 계신다. 아이들에게 중요한 얘기를 꺼내야 하는 순간에도 당신과 함께 계신다. 당신의 눈앞에서 버릇없는 행동을 하는 아이들의 모습을 바라봐야 할 때도 당신과 함께 계신다. 피곤과 후회가 가득한 채 잠자리에 들 때도 당신 곁에 하나님이 계신다. 하나님은 당신에게 그분과의 동행을 선물해주셨다. 그분은 당신 안에 계시며 결코 당신을 떠나시지 않는다. 당신이 부모의 사명을 모두 감당할 때까지 나 몰라라 내버려두시지 않는다.

크리스천 부모인 당신의 특별함은 무엇인가? 당신은 세상에서 가장 좋은 것을 가졌고, 그래서 희망이 있다. 당신의 모든 순간에 하나님이 함께하신다. 이보다 더 좋은 게 있을까? 문제는 당신이 이 사실을 삶의 모든 순간에 기억해내느냐다.

'진짜 당신'과 마주하기

하나님의 은혜로 당신은 부모로서 당신이 어떤 사람인지 정확히 보게 된다.

처음 양육의 길로 접어들었을 때 나는 자부심이 강하고 독선적인 사람이었다. 나는 실제의 나보다 스스로를 훨씬 분별력 있고 어른스러운 사람이라고 생각했다. 하나님의 의로운 법을 항상 잘 지키고 있다고 믿었다. 처음엔 나의 이런 독선적 성향이 아이들과의 관계에서, 특히 아이들의 약점과 실패를 다룰 때 부정적인 영향을 끼친다는 사실을 알지 못했다. 당신이 만약 하나님의 율법을 한 치의 모자람도 없이 완벽하게 지켜야 한다는 생각에 **빠져** 있다면(물론 이렇게 생각하는 사람이 그리 많지는 않을 것이다) 주변 사람들도 똑같이 그렇게 해야 한다고 생각하게 된다. 독선적인 사람은 자신이 지켜야 한다고 믿는 수준에 다다르지 못하는 사람을 쉽게 판단하고 정죄하는 경향이 강하다.

여기서 잠깐 하나님이 우리 삶에서 어떻게 일하시는지 살펴볼 필요가 있다. 무엇보다 그분은 결혼과 자녀양육을 통해 우리의 진짜 모습을 깨닫게 하신다. 양육을 통해서 우리는 자신의 진짜 생각, 태도, 욕심을 알게 된다. 나도 내가 그런 저급한 생각을 가지고 있을 리 없다고 부정했지만, 뚜껑을 열어보니 그런 사람이었다. 솔직히 하나님께서 실오라기 하나 걸치지 않은 진짜 내 모습, 천박한 내 모습을 보게 하실 땐 화도 나고 짜증도 났다. 하나님의 수준에 한참 못 미치는, 그래서 아직도 갈 길이 먼 진짜 내 모습과 마주한다는 건 그리 즐거운 일이 아니었다.

하지만 하나님의 은혜를 경험하면서 내가 겸손히 고백할 수밖에 없었던 결론은 다음과 같다. 즉 **나는 내 아이들과 조금도 다르지 않다.** 당신도 마찬가지일 것이다. 나의 자녀들이 고민하는 문제 대부분이 나의 고민과 크게 다르지 않다(돈, 인간관계, 주관이 부족한 것, 세상에 쉽게 현혹되는 것, 미묘한 우상 숭배 등).

이 사실을 인정한 뒤 양육이 조금 바뀌었다. '내가 맞고 너는 틀렸다'는 식으로 격노하는 것이 아니라 '내가 그렇듯 너도 하나님의 은혜가 간절히 필요한 죄인이다.'라는 심정으로 아이들을 바라보게 되었다.

사실 하나님께서 자녀에게 부모를 보내신 뜻은 부모를 통해 그분의 보이지 않는 은혜를 체험케 하려 하심이다. 때문에 자신도 여전히 하나님의 은혜가 필요한, 부족한 인간임을 고백하는 부모는 아이들에게도 은혜를 베풀기 위해 노력한다.

하나님의 은혜는 당신의 약점을 감춰야 한다고 말하지 않는다. 기독교 신앙은 결코 현실을 부정하거나 감추라고 말하지 않는다. 현실 부정으로 얻어지는 만족과 평화도 한동안은 지속되겠지만, 그것은 결코 성경에서 이야기하는 기독교 신앙이 아니다. 성경에는 고상한 얘기만 기록되어 있지 않다. 타락한 세상에서 벌어지는 온갖 추악한 피 흘림과 더러움, 고통과 죽음을 여과 없이 보여준다. 하지만 그런 타락에서 끝나지 않고 예수님의 삶과 죽음, 부활로 말미암은 구원을 보여줌으로써 인류에게 가장 큰 희망을 준다.

이 사실이 부모인 우리에게 어떤 의미가 될까? 하나님은 당신이 위대한 사람처럼 행동하기 원하시는 게 아니다. 말씀을 통해 당신의 진짜 마음을 들여다보고 그 주변에 찌든 때처럼 끼어 있는 잘못을 하나님께 고백하기 원하신다.

이런 고백에 용기를 내야 하는 이유를 설명하겠다. 당신은 자신이 부모로서 어떤 사람인지 아는 데 두려움을 느낄 이유가 없다. 주변 사람들이 당신을 어떻게 평가할지 겁낼 필요도 없다. 완벽하지 않은 모습이 드러나는 것을 주저하지 말라. 부모로서 당신의 허물과 약점은 이미 예수님의 피로 모두 덮어졌다.

실제보다 의로운 척하는 엄마 아빠의 모습은 양육에 아무 도움이 되지 않는다. 자녀는 진짜 당신의 모습을 곧 알게 될 것이다. 당신의 영적인 약점과 성격적 결함이 모두 드러나는데도 당신이 그것을 무조건 감추고 부정한다면 아이들 입장에선 매우 억울할 것이다.

부모가 아이들에게 잘못한 일이 있을 때 빨리 사과하고 그 잘못을 시인하면 아이들은 그런 부모를 더 사랑하게 된다. 또 자신이 뭔가 잘못했거나 실패했을 때 부모에게 그 문제를 털어놓아야겠다는 생각을 하게 된다. 겸손히 자신의 잘못을 고백하는 부모는 자녀에게도 똑같은 영향을 미쳐 아이들도 그렇게 하게 만든다. 결과적으로 부모와 자녀는 구원자이신 예수님의 사랑과 은혜를 더 많이 이야기하는 기회를 갖게 된다.

하나님의 은혜는 당신을 당신 자신으로부터 해방시킨다. 자녀를 양육하다가 짜증이 나고, 불쾌하고, 지겹고, 씁쓸해지고, 모욕감을 느끼고, 기쁨이 소멸되는 것을 느낄 때 당신에게 가장 필요한 게 뭘까? 자녀로부터 해방되는 것일까? 아니다. 그 순간 당신은 당신 자신으로부터 해방되어야 한다.

여기 물이 한 통 있다고 생각해보자. 내가 이 통을 세게 흔들면 물이 밖으로 후드득 떨어질 것이다. 당신에게 "물이 왜 밖으로 새어 나왔나요?"라고 물으면 당신은 "당신이 그 통을 세게 흔들었으니까요."라고 대답할 것이다. 굉장히 논리적인 것처럼 들린다. 하지만 그 대답은 반은 틀리고 반은 맞다. 물이 흘러나온 이유는 그 통에 '물'이 들어 있었기 때문이다. 만약 내가 우유를 넣고 흔들었다면, 그 안에서 결코 물이 새어나오지 않았을 것이다. 마찬가지로 부모의 마음속에는 죄와 허물, 어리석음과 반항심, 좌절이 마구 뒤섞여 있다는 사실, 그래서 그런 부족한 말과 행동과 태도가 튀어나온다는 것을 겸허히 인정해야 한다. 즉 그 모든 것은 이미 우리 마음속에 있던 것들이다.

이것이 무엇을 의미할까? 부모인 우리의 가장 큰 난제는 자녀가 아니라 바로 우리 자신이라는 것이다. 어리석은 말과 행동을 하게 된 원인은 자녀가 아니라 우리 자신이다. 잘못된 행동의 원인은 우리 마음속에 있었다. 자녀는 그저 우리의 본 모습을 나오게 만든 하나의 계기였을 뿐이다. 우리에게 가장 필요한 건 자녀의 압박에서 벗어나는 것이 아니라 우리 자신의 죄로부터 해방되는 것이다. 이 해방은 오직 예수 그리스도만 하실 수 있다. 우리 스스로는 죄에서 해방될 수 없다.

당신이 자신의 나쁜 말과 행동, 태도를 모두 자녀의 잘못으로 치부하는 것은 자녀 입장에서 매우 억울한 일이다. 나아가 당신이 진정으로 변화시키고 용서하시는 예수님의 은혜를 구하지 않는 더 큰 문제가 발생한다. 자녀를 핑계 삼는 당신은 부모로서 더 이상 성장할 수 없게 될 것이고, 계속해서 같은 잘못을 반복하는 오류를 저지르게 될 것이다. 당신이 만약 자녀양육의 가장 큰 걸림돌이 바로 당신의 죄라는 사실을 고백한다면 당신 자신과 양육에 아주 좋은 일들이 많아질 것이다.

당신도 아버지가 필요하다

하나님의 은혜는 부모인 당신을 성장시키고 변화시킨다. 앞에서도 잠깐 언급했지만 자녀양육은 '이미' 이루어진 회심과 '아직' 오지 않은 영생 사이에서 이루어지는 것이다. 즉 모든 부모는 성화(sanctification)의 과정에 놓여있다.

여기서 우리가 꼭 기억해야 할 것은 예수 그리스도의 크신 은혜로 말미암아 죄의 파괴력이 약화되었지만, 우리 안에는 여전히 죄가 존재한다는 사실이다. 따라서 하나님은 우리가 이 죄에 갇히지 않게 하려고 열심히 노력하신다. 그분은 우리 삶의 모든 희로애락을 사용하신다. 삶의 압박감과 부담, 골칫거리와 유혹, 기쁨과 기회를 통해 우리를 성장시키고 변화시키신다.

이것이 얼마나 아름다운 일인지 상상해보라. 당신이 자녀를 양육하는 매 순간 하나님 아버지께서 당신을 돌보신다. 당신이 사랑과 희망의 눈으로 자녀들과 대면할 때 자녀들은 자신에게 부족한 점이 무엇인지, 그것을 어떻게 바꾸어갈 것인지 말할 것이다. 하나님 아버지께서도 당신을 사랑스럽게 대면해주실 것이다. 당신이 자녀가 옳은 길을 가기 바라듯 하나님 아버지께서도 당신 안에 선한 희망이 자라도록 보살피신다. 자녀들이 어리석은 선택을 할 때 당신이 나서서 그들을 보호하듯 하나님 아버지께서도 당신을 보호하신다.

여기서 반드시 기억할 것이 있다. 당신이 자녀를 잘 키우기 위해 노력하듯 하나님 아버지께서도 우리 모두를 잘 길러내기 위해 애쓰신다. 자녀들처럼 우리도 조금 더 자라고 성숙해져야 한다. 우리 역시 아버지 하나님의 보호를 떠나도 될 만큼 충분히 장성하지 못했다. 우리에게도 넘어지는 순간에 일으켜 세워줄 부모가 필요하다.

하나님께서 당신에게 자녀를 맡기신 이유는 그들의 삶 속에서 하나님의 사역을 이루어가는 것에 그치지 않는다. 그분은 자녀의 삶을 통해 당신의 삶을 주관하기 원하신다. 당신에게 여전히 하나님 아버지의 돌보심이 필요하다는 사실을 인정하는 부모가 되는 건 어떨까? 감사하게도 성경은 이렇게 약속한다. "아버지가 자식을 긍휼히 여김같이 여호와께서는 자기를 경외하는 자를 긍휼히 여기시나니"(시 103:13).

하나님의 은혜는 당신을 온유하게 만드신다. 당신이 자녀에게 하는 말과 생각, 행동에 온유함이 묻어나는가? 당신의 자녀가 당신을 표현하는 단어 중에 '온유함'이 포함되는가? 당신의 양육은 온유하게 기다리는 편인가, 아니면 조급하고 거칠게 밀어붙이는가? 당신의 말과 행동이 당신의 진짜 마음을 반영한다는 사실을 명심하라. 당신의 말과 행동은 당신이 상대하는 사람이 누구인지를 가리키기보다 당신의 진짜 모습을 드러낸다.

많은 부모가 딱딱하게 굳어버린 마음으로 아이들을 대하는 것 같다. '딱딱하게 굳은 마음'을 다음과 같이 상상해보라. 내가 돌멩이를 손에 쥐고 꽉 눌렀다고 하자. 그러면 무슨 일이 일어나는가? 아무 일도 일어나지 않는다. 돌멩이는 너무 딱딱해서, 즉 유연하지 않아서 그 모양이 쉽게 변하지 않는다. 손으로 아무리 눌러도 절대로 그 모양이 변하지 않을 것이다. 마찬가지로 딱딱하게 굳은 마음을 지닌 부모는 자신이 항상 옳고, 문제가 없다고 생각한다. 때문에 더 이상 변화하거나 성장하려 하지 않는다. 결국 잘못된 양육 패턴을 계속 반복하면서 자녀와 불필요한 긴장 관계를 만든다. 자녀에게는 변화를 강요하면서 부모인 자신에게는 다른 잣대를 적용하기 때문이다. 예컨대 자녀에게 소리 지르지 말라고 하면서 소리를 지르는 식이다. 부모도 소리 지르지 말아야 할 순간에 실수를 저질렀다는 사실을 반성하지 않고 자녀에게만 잘못된 행동을 고치도록 명령한다. 싸우지 말라고 요구하면서 별로 중요하지 않은 일로 자녀와 말다툼을 벌인다. 다른 사람들에게 상냥하게 굴라고 말하면서 자녀에게 말하고 행동할 땐 퉁명스럽게 쏘아붙이기 일쑤다. "내 행동이 아니라 내가 하는 말만 들어."라고 말하는 부모를 어느 자녀가 존경하겠는가? 모순 가득한 행동으로 자녀에게만 올바름을 강요한다면 부모와 자녀의 관계가 원만할 수 없을 것이다.

하나님은 은혜의 방망이로 우리의 마음을 부드럽게 만드신다. 자녀의 삶 속에서 이루시려는 사역에 방해가 되지 않고 그분의 도구로 사용될 수 있게 우리를 다듬어주신다.

당신이 자녀를 양육하면서 여러 어려움과 마주하게 된다면 그것은 하나님이 당신을 잊고 뭔가 다른 일에 집중하고 계신다는 뜻이 아니다. 사랑 많으시고 신실하신 하나님 아버지로 말미암아 우리의 마음이 부드러워질 기회라는 뜻이다. 당신에게 맡겨진 아이들의 삶을 변화시키기 위해서 하나님은 당신의 마음을 온화하게 만드실 것이다.

하나님의 은혜는 당신을 후회라는 감옥에서 해방시키신다. 하나님의 은혜 중 가장 멋진 일은 언제나 당신의 새 출발을 반기신다는 사실이다. 많은 부모가 '만약에'와 '…해야만'이라는 논리에 갇혀있다. 당신은 부모로서 많은 실수를 거듭할 것이다. 당신은 여전히 배우고 성장하는 과정이다. 첫째보다는 막내를 통해 양육의 더 많은 것을 이해하게 될 것이다. 당신이 자녀를 양육하면서 과거에 했던 말과 행동을 생각하면 부끄러움으로 얼굴이 달아오를 것이다. 당신이 부모님을 보면서 '절대로 저러지 말아야지.'라고 다짐했던 일들을 똑같이 하고 있을 것이다. 아이가 자라게 되면 양육 초기에 저지른 뼈아픈 실수가 생각날 것이다. 어쩌면 당신은 '이 사실을 좀 더 빨리 알았더라면' 하는 아쉬움을 버리지 못할 수도 있다. 당신이 겸손한 사람이 아니라 해도, 지난날에 대해 어느 정도의 후회가 남아 있을 것이다.

하지만 그 모든 게 사실이라도 후회 속에 사는 것은 매우 위험하다는 것을 기억해야 한다. 물론 겸손한 사람에게는 언제나 후회가 있기 마련이다. 하지만 후회하는 삶은 당신의 확신을 갉아 먹는다. 당신을 소심하게 만들고 용기를 빼앗아 버린다. 당신의 희망을 상쇄하거나 완전히 빼앗아가 버린다. 후회는 당신을 과거 속에서 살게 만든다. 잘못된 일들을 떠올리는 과정에서 당신이 꼭 기억해야 하는 것들을 잊게 한다. 즉 후회는 당신이 예수 그리스도의 십자가를 잊게 만든다. 십자가에 달린 예수님께서 우리의 모든 죄와 허물을 감당하셨다. 그분이 흘리신 피로 인하여 우리의 과거, 현재, 미래의 죄가 완전히 용서받았다. 이제 우리는 실패와 좌절 속에서도 그분 앞에 나아가 용서받을 수 있다. 그러므로 후회는 그분의 발 앞에 내려놓고, 새롭고 더 나은 길을 찾아 하나님께서 명령하신 부모의 사명을 감당해야 한다.

여기서 중요한 것은 당신이 과거에 자녀를 양육하면서 저지른 실수들을 기억하느냐 그렇지 않느냐가 아니다. 하나님의 소명을 감당하는 현재 그러한 기억이 감정적으로나 영적으로 당신을 방해하고 있다는 것이 문제다.

하나님의 은혜는 당신이 과거의 실수를 통해 성장하고, 실수를 겸허히 인정하며, 그분으로부터 진정한 용서를 받고, 모든 부끄러움과 죄책감을 내려놓고, 새로운 희망과 용기를 얻어 기쁨으로 하나님의 명령을 수행해 나가길 바라신다. 과거에서 헤어나지 못하는 부모가 아니라 지금 여기, 바로 이 순간을 살아가는 당신이 되기를 바라신다.

하나님은 당신을 '부모'라는 이름으로 부르셨다. 당신이 이 소명을 감당하는 데 필요한 것들을 하나님께서 어떤 식으로 채워주실까?

하나님은 당신에게 그분 자체를 선물해주셨다. 그분의 놀랍고 지혜로운 은혜를 비처럼 내려주셨다. 그 은혜가 당신을 용서하고, 구원하고, 변화시키며, 새로운 힘을 주실 것이다.

집 안에 당신과 아이만 있다고 생각하지 말라. 당신이 거실과 방을 오갈 때 하나님께서 당신과 함께 걸으신다. 자동차를 타고 아이와 쇼핑몰로 이동하면서 여러 가지 생각과 고민에 빠질 때도 그분이 함께하신다. 사춘기 자녀의 잘못을 꾸짖기 위해 아이의 방문을 열려는 순간 당신 곁에 하나님이 계신다. 하루를 무사히 마치고 새로운 내일을 준비하며 잠이 드는 순간에도 그분이 함께하신다. 해가 아직 떠오르지 않은 이른 아침, 잠에서 깨어나기도 전에 이미 지쳐버린 당신 옆에 하나님이 계신다.

당신을 부모로 부르시고 중요한 사역을 맡기신 바로 그분이 당신과 함께하신다. 그래서 당신에게 희망이 있다. 물론 벼랑 끝에 서 있는 기분을 느낄 때가 많을 것이다. 하지만 구세주가 내려주신 동아줄은 절대 끊어지지 않는다는 것을 믿고 두려움과 좌절을 이겨내라. 그분은 결코 당신을 홀로 내버려두지 않으신다!

3. '율법'의 기능과 한계를 분별해야 한다

"자녀에겐 하나님의 법이 필요하다.
하지만 은혜에 속한 것을
율법으로 성취할 수 없다."

그들은 크게 낙심했다. 하나님이 주신 소명대로 잘 살았다고 생각했다. 하나님이 주신 권위를 신실하게 이행했다. 규칙을 명확히 제시하고, 그것을 위반했을 때 받게 될 처벌도 분명히 가르쳤다. 그리고 꾸준히 실천했다. 장소와 상황에 결코 타협하지 않았다. 자녀에게 반복해서 설명했다. 부모로서의 행동은 하나님 명령에 따른 것이고, 이것을 재차 자녀에게 확인시켰다. 나이가 들어도 누군가의 규칙에 순종해야 한다고 말이다. 그런데 지금은 그럴 필요가 있었을까 질문한다. 무엇이 잘못된 것인지 질문하며 괴로워한다.

> 조쉬는 열여섯 살이었고 극도로 반항적이었다. 그는 세상과 그 안에 있는 모든 것을 사랑하는 것 같았다. 그에게 규칙은 순종하는 것이 아니라 대응해야 할 도전이었기에 모든 규율을 비웃으며 대적했다. 엄마와 아빠 모두를 미워하는 것처럼 행동했다. 부모에게 상처 주는 말도 많이 했다. 어서 빨리 집을 떠나 원하는 대로 살 거라고 수없이 말했다. 그땐 부모가 어떤 참견도 할 수 없을 거라고 했다. 정말로 그는 악을 사랑하고 선을 미워하는 사람이 되어가는 것 같았다.
>
> 조쉬의 방 앞에 있는 의자는 엄마가 매일 저녁 아이가 몰래 집을 빠져나가지 않도록 감시하는 장소였다. 바로 그 의자에 앉아서 조쉬의 엄마는 지난 몇 년간의 이야기를 들려주었다. 그녀는 조쉬가 지금처럼 화난 아이가 아니라 모든 사람에게 사랑받던 시

3. 율법의 기능과 한계를 분별해야 한다

절을 떠올렸다. 엄마는 실망스럽고, 창피하고, 무기력해졌다. 아들에게 많이 지쳐 있었고 솔직히 그가 얼른 집을 떠나 어떻게든 자신의 인생을 꾸려가길 바랐다.

제시카는 전형적인 세 살짜리 꼬마다. 쉴 새 없이 바쁘게 돌아다니고, 사는 게 노는 것처럼 행복하고, 그런 즐거움을 위해 매일 아침 일찍 눈을 뜬다. 샐리는 그런 딸의 꽁무니를 쫓아다니며 집 안 구석구석을 헤매는 데 점점 지쳐가고 있었다. 그녀는 제시카가 말을 잘 듣지 않는다고 생각했다. 그래서 몇 달 전부터 숫자를 세기 시작했다. "제시카, 옷장에서 당장 나와. 하나, 둘, 셋…." 그렇게 셋을 다 세고 나면 한바탕 시끌벅적해진다. 그 다음은 말 안 해도 알 것이다. 그러나 제시카는 그런 상황이 여러 번 반복되었는데도 아무 변화를 보이지 않았다. 그래서 지금은 다섯까지 세고 있다. 아직도 제시카는 별 반응이 없다. 셋을 세며 겁을 주어도 효과가 없다. 사실 제시카는 짓궂은 장난을 더 많이 하고 싶다는 욕구를 갖게 되었다. 엄마의 인내력을 더 시험할 수 있다는 걸 배운 것이다. 샐리는 "셋"으로 겁을 주는 일에도 지쳤고, 숫자를 셀수록 화가 나고 좌절감만 더 느꼈다. 아무리 숫자를 세도 소용이 없었다. 어떻게 해야 할지 길을 잃었다.

프랭크와 메리는 딸 엠마를 걱정하고 있다. 그녀를 다루기 어려워서가 아니라 오히려 너무 친절하고 공손하기 때문이다. 엠마는 이상적인 청소년기를 보냈다. 고등학교 생활을 너무 잘했고, 2학년 때 이미 좋은 대학에서 장학금 제안도 받았다. 교회 활동에도 적극적으로 참여했고, 해비타트(Habitat for Humanity)에서 자원봉사 활동도 했다. 겉으로 보기엔 모든 게 좋아 보였다.
하지만 프랭크와 메리는 문제를 발견했다. 시간이 흐를수록 엠마는 페이스북, 인스타그램, 트위터에 많은 시간을 보내기 시작했다. 대중 스타들과 젊은 배우들의 사생활에 집착했다. 매일 시시콜콜한 인터넷 기사를 빠짐없이 읽고, 패션에도 심취해서 외모에 신경을 쓰기 시작했다. 남자 친구가 없다는 사실을 받아들일 수 없다며 점점 외모를 치장하는 데 시간을 쏟았다. 한 번도 신앙을 거부하지 않았던 딸이 이젠 그것을 별로 중요하게 생각하지 않았다. 아이돌에 열광하면서 그것이 우상 숭배라는 사실도 모르는 것 같았다. 프랭크와 메리는 딸을 잃어버리고 있다는 느낌을 받으면서도 어떻게 해야 할지 몰랐다. 엠마는 반항적이지 않았고, 학업에도 충실했고, 집에서도 규율을 잘 따랐다. 프랭크와 메리가 엠마를 불러 자신들의 의견을 이야기할 때마다, 딸은 아빠와 엄마 생각이 너무 구식이라며 아무 일도 없을 거라고 안심시켰다. 하지만 부모는 엠마가 대중문화에 완전히 빠져들었다고 믿었다. 어떤 규칙이나 말로도 딸을 돌이킬 수 없을 것 같아 보였다.

롭은 조용한 아이였다. 혼자서 많은 시간을 보냈지만 그건 그리 큰 문제가 아니었다. 스케이트보드 타기를 좋아하지만 규칙이 많은 스포츠에는 관심이 없었다. 부모로서 양육하기에 별로 어렵지 않은 아이였다. 단지 속내를 잘 드러내지 않는 것만 제외하면 말이다. 롭이 마음을 열고 그의 생각을 자유롭게 이야기하도록 하는 것은 어려웠다. 나이를 먹을수록 부모는 롭이 어떤 아이인지 모르겠다고 생각했다. 고등학교 3학년이 되면서 한 친구와 매우 친하게 지내기 시작했다. 어디를 가든 늘 함께 붙어 다녔다. 서로의 집을 방문해 주말을 함께 보내는 경우도 많아졌다.
몇 주 전부터 롭의 엄마는 아들에게 무슨 일이 생긴 게 아닌지 궁금해졌다. 예전과 달라 보여서 무슨 일이 있는지 물어보았지만 아무 일 없다고 했다. 하지만 롭의 아빠가 출장을 갔을 때, 엄마는 그를 추궁해서 무슨 일이 있는지 꼬치꼬치 캐물었다. 롭은 한동안 버티더니 엄마가 포기하는 기색을 보이지 않자 평소와는 다른 모습으로 자신의 감정을 쏟아놓기 시작했다. "사랑하는 사람이 생겼어요." 엄마는 "그래, 괜찮아. 이상한 일 아니고, 두려워할 필요도 없어."라고 말했다. 그러자 롭이 말을 계속 이어

3. 율법의 기능과 한계를 분별해야 한다 65

갔다. "네이트(학교 친구)를 사랑해요." 엄마는 감정을 억누르며 말했다. "네이트를 '사랑'한다는 게 무슨 말이야?" 롭이 설명했다. "엄마, 저 동성애자예요. 엄마와 아빠가 저를 미워하시겠지만 사실이에요. 전 동성애자예요. 누구도, 그 어떤 것도 이 사실을 바꿀 수 없어요." 그 말을 하고 롭은 방을 뛰쳐나갔다.

롭의 아빠와 엄마는 그럼에도 불구하고 여전히 아들을 사랑한다고 했지만, 오래 지나지 않아 롭에게 새로운 규칙을 주기 시작했다. 자동차 열쇠를 압수하고, 네이트를 만나지 못하게 했다. 컴퓨터에는 웹 필터링을 설치하고, 집에 있을 때 늘 방문을 열어 놓으라고 지시했다. 그리고 귀가시간을 앞당겼다. 날이 갈수록 롭은 우울해졌고, 성난 아이로 변해갔다. 롭과 네이트는 부모의 눈을 피해 함께 지낼 수 있는 방법을 찾기 시작했다.

근본적이고 미묘한 실수

이 모든 이야기에 공통된 주제가 있다. 바로 사랑으로 자녀를 잘 양육하려는 부모가 겪는 실수다.

혹 눈치챘는가?

모든 부모가 확신하는 신념이 있다. 모든 부모가 잘 알고 있다. 자녀가 성장하고, 성숙하고, 변화해야 한다는 사실 말이다.

당신도 그러할 것이다. 부모의 역할은 자녀가 올바른 성품(순종, 공경, 정직, 적극성 등)을 기를 수 있도록 도와주는 것이다. 그래서 자꾸 무언가에 의지해서 자녀를 바꾸려고 한다.

만일 자녀를 바꿀 수 있는 장치가 있다면 그것을 적극 사용하려 할 것이다. 그런 확신 때문에 상황에 관계없이 모든 자녀에게 지속적으로 그

장치를 들이댄다. 당신이 확신하는 그 장치는 변화의 목적뿐 아니라 상황을 파악하고 자녀를 평가할 잣대로도 사용된다.

잠시 당신의 양육을 점검해보라.

내가 6주 동안 당신의 자녀양육 모습을 관찰했다고 가정해보자. 마지막 날에 당신이 어떻게 자녀를 평가하고 변화를 유도하며, 또 당신이 확실히 믿고 의존하는 핵심 장치는 무엇이라고 결론 내릴 것 같은가?

성급하게 답변하지 말고, 지난 몇 주 동안 자녀에게 했던 일들을 떠올려보라.

앞에서 묘사한 부모들과 똑같은 실수를 저지르지 않았는가? 변화를 위해 사용한 핵심 장치들이 별 효과가 없었는가? 확실한 증거가 있는데도 그 사실을 직시하지 못한 것 아닌가? 더 좋고 새로운 방법이 있다고 생각하면서, 그것을 시도조차 해보지 않은 것 아닌가?

나는 다음과 같이 확신한다.

많은 훌륭한 크리스천 부모들이 자녀의 삶에서 오직 하나님의 강력한 은혜로만 성취될 수 있는 것들을 율법으로 이루려 한다. 이 사실을 숙고해보고, 당신이 부모로서 하는 모든 일에 적용하기 바란다.

만약 규율로 자녀의 마음과 삶을 변화시킬 수 있다면, 그것으로 자녀가 죄에서 벗어나 순종과 신앙의 마음을 갖게 될 수 있다면 예수님은 결코 이 땅에 오실 필요가 없었을 것이다. 변화의 힘을 믿고 맡기는 것이 일상과 그 외의 모든 영역의 자녀양육에 영향을 줄 것이고, 궁극적으로 자녀가 집을 떠날 때 어떤 사람이 될지를 결정하게 될 것이다.

지금부터 이것을 좀 더 자세히 설명해보겠다.

율법의 필요성

사도 바울의 기록을 확인해보자. "그런즉 우리가 무슨 말을 하리요 율법이 죄냐 그럴 수 없느니라 율법으로 말미암지 않고는 내가 죄를 알지 못하였으니 곧 율법이 탐내지 말라 하지 아니하였더라면 내가 탐심을 알지 못하였으리라"(롬 7:7).

태어나면서부터 자녀들에게는 절대적으로 하나님의 율법이 필요하다. 진리와 거짓, 선과 악, 옳고 그른 것을 구별할 수 없는 어리석은 자로 태어났기 때문에 하나님의 율법만이 줄 수 있는 **지혜의 은혜**가 필요하다. 하나님의 율법을 떠난 인간은 생각과 바람, 말과 행동을 어떻게 수행해야 할지 모른다.

마찬가지로 우리의 자녀도 스스로의 생각과 바람으로 자신을 다스릴 수 없다. 달리기를 할 때 따라가야 할 경주로가 있듯이, 그 안에 머물도록 정해주는 경계선이 필요한 것과 같은 이치다.

이처럼 하나님은 놀라운 은혜로 우리에게 율법을 주셔서 선과 악을 분별할 수 있게 하셨다. 하지만 율법의 가르침은 나름의 목적이 있다. 바로 자기 자신을 지키게 하는 것이다.

모든 사람은 이 세상에 죄인으로 태어난다. 그들 자체가 이미 위험한 존재이며 하나님의 율법으로 인한 보호가 필요하다. 따라서 가르침과 지혜를 통해 스스로를 보호하게 하는 하나님의 율법은 선하다.

하나님의 율법이 좋은 또 다른 이유가 있다. 바로 **각성의 은혜**를 준다는 점이다.

율법이 없었다면 우리는 자신이 죄인이며 하나님의 보호하심과 지혜,

용서와 구원을 받아야 한다는 사실을 몰랐을 것이다. 널빤지에 자를 대어보기 전까지 그 길이를 알 수 없는 것과 같은 이치다.

자녀에게 가장 위험한 것 중 하나는 영적 필요에 대한 무지다. 자신이 누구인지 정확히 모르는 아이는 부모의 지혜와 가르침, 훈육과 충고를 받아들이지 않는다.

왜일까? 필요를 모르기 때문이다. 율법은 우리의 행동뿐 아니라 마음까지도 잘 드러낸다. 하나님의 율법은 인간을 최종적으로 평가하는 좋은 기준이기 때문에 그 율법에 정기적으로 자신의 모습을 비추어보고 점검하는 것이 좋다.

율법의 약점

당신의 자녀는 하나님의 율법이 필요하다. 그러나 은혜에 속한 것을 율법이 하도록 요구하는 것은 위험한 일이다. 다수의 크리스천 부모들이 무의식적으로 그렇게 하고 있다는 점이 우려스럽다. 그것은 기독교 양육을 철저한 율법수호자, 경찰관, 검사, 판사, 간수의 일쯤으로 전락시키는 것이다. 그런 부모에게 양육은 처벌과 위협을 동반한 규칙의 총체다.

물론 자녀에겐 규율이 필요하고 그들의 행동을 바로잡아 줄 규칙이 주어져야 한다. 하지만 그것으로 충분하지 않다. 만일 율법을 알고 수행하는 것이 전부라면 앞에서도 말한 것처럼 예수님의 삶과 죽음, 부활이 필요하지 않을 것이다.

예수님이 이 땅에 오신 것은 인간의 최고 딜레마인 죄를 율법이 완전하게 해결할 수 없기 때문이다. 잊지 말라. 자녀에게 가장 위험한 것은 외부의 악이 아니라 그들 안에 있는 죄다. 전인적 존재가 되는 데 있어서 무엇보다 큰 위협이 바로 이 죄다.

부모가 반드시 이해해야 할 것은 자녀가 죄를 깨닫게 하는 데는 율법이 큰 역할을 하지만 자녀를 죄에서 구원하는 데는 어떤 능력도 없다는 것이다. 율법은 죄의 사슬에서 자녀를 해방시킬 수 없다. 마음을 새롭게 해주지 않는다. 율법으로는 부모가 자녀에게 기대하는 영속적인 변화를 가져다 줄 수도 없다. 율법은 자녀를 해방하고, 구속하고, 회복시킬 수 없다. 그것이야말로 자녀에게 꼭 필요한 것인데 말이다. 때문에 당신이 자녀의 삶에서 변화의 도구가 되려면 율법 이상의 것이 필요하다.

여기서 지적하고 넘어가야 할 것이 있다. 우리가 자녀에 대한 희망을 율법에 걸 뿐 아니라 하나님의 완벽한 율법을 차선책으로 사용하려 한다는 점이다.

어찌된 영문인지 하나님의 율법이 우리의 법을 대신하고 있다. 서글프게도 그 법은 확신과 통제, 평화와 성공, 명성을 갈망하면서 만들어낸 것이다. 그래서 자녀에게 이기적으로 짜증을 내고 분노 섞인 요구들을 쏟아 놓게 된다. 마치 매일 잡일을 도와주고 우리 삶을 편리하게 만들어주는 하인을 대하듯 한다. 자녀는 우리를 위해 주어진 것이 아니라 하나님과 그들 자신을 위해 창조된 것인데 말이다.

우리는 자녀가 하나님의 율법을 어겨서가 아니라 우리가 세운 법(우리가 원하는 것)을 가로막고 있기 때문에 화를 낸다. 지난 몇 달 동안 당신이 가졌던 분노가 진정 하나님의 법과 상관이 있었는지 생각해보라. 율법에 종속되어 하나님의 대사 역할을 잘 수행하지 못한 적도 있지만, 우리 욕망대로 율법을 교체함으로써 자녀에게 하지 말아야 할 일들을 저지른 경우가 많을 것이다. 하지만 절망할 필요가 없다. 자녀들과 우리 자신을 위한 더 새롭고 좋은 방법이 존재하기 때문이다.

죄와 율법의 중독

주일에 하나님의 은혜를 찬양하는 부모들이 주중에는 그 은혜를 까맣게 잊고 자녀를 양육하고 있다는 사실은 충격적이다. 하나님의 은혜가 개입하지 않으면 당신의 자녀는 마땅히 되어야 할 존재가 될 수 없고, 마땅히 해야 할 일들을 수행할 수 없다.

기억하라. 그들 안에 있는 죄가 모든 것을 망친다는 사실을. 죄 때문에 부모의 가르침과 권위를 거부하는 것이다. 죄 때문에 형제자매와 계속 다투는 것이다. 죄가 자녀의 학업을 방해하는 것이다. 죄 때문에 상처와 파멸을 가져오는 것에 유혹되는 것이다. 죄 때문에 벅찬 요구를 하고 물질에 탐닉하고 투덜거리는 것이다. 죄 때문에 자신이 세상의 중심인 것처럼 행동하며 모든 일이 자기 뜻대로 이루어지길 바라는 것이다. 죄 때문에 부모, 형제자매, 친구에게 상처 주는 말을 서슴지 않는다. 죄 때문에 양육이 어렵고 힘들고 맥 빠지는 일이 된다.

율법으로는 매일 발생하는 이러한 혼란에서 자녀를 구원할 수 없다. 세상에 태어날 때부터 자녀에게는 하나님의 구원과 용서, 변화의 은혜가 절대적으로 필요하다.

부모와 자녀의 유일한 희망은 하나님의 은혜다. 부모로서 당신은 자녀의 삶에서 하나님의 율법을 집행하는 것뿐 아니라 하나님 은혜의 연속성을 보여주고 가르쳐야 할 소명을 받았다.

하지만 기억할 것이 있다. 자녀만큼이나 당신에게도 하나님의 은혜가 필요하다.

하나님의 대사로 사용되려면 당신은 충만한 은혜를 통해 스스로의 속박에서 벗어나야 한다. 편안함, 쾌락, 성공, 통제처럼 우리가 세운 법의 중독에서 벗어나야 한다. 자녀의 죄가 좋은 양육을 가로막는 것이 아니다. 우리의 바람, 욕구와 욕망으로 가득 찬 법을 만들고, 그것을 지키게 할 목적으로 자녀를 양육함으로써 하나님 나라의 목적에 복종하지 못하게 하는 것이 문제다.

나는 세상에서 가장 맛있는 계피빵을 만들 수 있다. 미안하지만 누구도 의심할 수 없는, 틀림없는 사실이다. 가족 휴가를 갈 때 내가 꼭 하는 일이기도 하다. 빵을 만들기 시작하면 나는 그 다음에 무슨 일이 일어날지 예측할 수 있다. 맛있는 계피향 때문에 아이들이 잠에서 깨어나 거실로 나올 것이고 고개를 숙여 인사하며 이렇게 말할 것이다. "우리는 정말 축복받았어! 계피빵을 만들어 주는 아빠가 있잖아."

어느 이른 아침에 혼자 일어나 계피빵을 만들었다. 곧 있을 기쁨의 향연을 상상하면서 말이다. 마침내 오븐에 반죽을 올렸다. 온 집 안에 맛있는 향기가 가득 차기 시작했다. 나는 의자에 앉아 거실을 내려다보면서 곧 있을 감탄과 존경을 기대했다.

그런데 아들 녀석 하나가 일어나더니 칭찬은커녕 다음과 같이 황당한 말을 한다. "아빠, 제가 아침으로 다른 음식을 만들어도 될까요?" 나는 이렇게 말하고 싶었다. "엉뚱한 녀석, 물론 안 되지! 도대체 왜?"

하지만 며느리가 (우리 집안의 침입자) 아침 식사로 단 음식 먹는 것을 좋아하지 않기 때문에 달걀 스크램블을 만들겠다는 말에 뭐라 딱히 대꾸할 말이 없었다. 달걀? 아니 웬 달걀? 죽은 배아를 요리하겠다는 것인가!

화를 내면 안 된다는 걸 알면서도 그러지 못했다. 내 감정을 상하게 하려고 일부러 그런 게 아니라는 걸 알지만 그래도 무척 화가 났다. 드디어 식구들이 아침 식사를 시작했다. 식탁에는 계피향이 그윽한 빵 접시가 놓여 있었다. 나는 확신했다. 분명 한 입은 먹어볼 거라고 말이다. 하지만 며느리는 손도 대지 않았다. 달걀 요리만 먹는 모습이 눈에 몹시 거슬렸다. 달걀 스크램블이 부드럽기는 하지만, 계속 쩝쩝대며 먹는 모습에 짜증이 올라왔다. 내가 만든 천상의 요리를 거부하고 달걀만 먹다니!

왜 이런 일이 벌어진 것인지 생각해보자. 하나님의 존재와 법이 사라져버렸다. 나에게 모든 초점이 맞추어져 있었다. 자녀에게 내 주장, 내 만족, 내가 듣고 싶었던 칭찬만을 강요한 것이다.

내가 이 이야기를 통해 전달하고 싶은 점은 우리가 자녀를 대할 때 하나님이 그들에게 원하시는 바가 아닌, 우리 자신의 바람을 암묵적으로 강요한다는 것이다.

우리 마음이 만든 율법에 고착되어서, 자녀와 대면할 때 하나님의 법을 어기는 잘못을 범하고 있다. 이러한 의미에서 우리도 자녀와 똑같다. 그 누구도 예외 없이 사람은 자신의 죄악에서 벗어나야 한다.

복음을 가르치라

주일에 듣는 '설교'처럼 아이들을 가르치라는 것이 아니다. 매일 매 순간 자녀에게 예수님의 임재와 약속, 능력과 은혜를 가르칠 기회를 포착해야 한다. 바로 여기서 은혜를 통한 양육의 임무가 시작된다. 자녀의 깊은 영적 필요가 채워지는 것은 부모의 걱정에서 출발하지 않는다. 당신이 부모로서 부족한 사람임을 깊이 깨닫고 인정하는 것에서부터 시작된다. 하나님의 구원의 능력과 은혜 없이는 하나님이 원하시는 사람이 되고, 그분이 원하시는 것을 할 수 있기를 기도하지 않을 것이다. 그 사실을 고백하면 하나님의 구원에 감사하고 기뻐하게 된다. 또 그 진심 어린 감사로 말미암아 하나님의 도움을 간구하도록 자녀를 북돋아 줄 수 있게 된다.

부모로서 우리는 양육의 **모든 일에서 자녀가 하나님의 존재와 은혜의 약속을 바라보도록** 도와야 한다. 모든 대화가 그 기회다. 자연의 아름다움을 가르쳐주는 것도, 훈육으로 잘못을 고쳐주는 일도 그 기회다. 자녀가 서로 싸울 때도, 학교에서 경험하는 성공과 실패도 그 기회다. 가정예배, 생일, 휴일, 사춘기, 잠들기 전의 대화, 영화를 본 후에 나누는 대화 모두가 그 기회다.

자녀에게 하나님의 은혜가 꼭 필요하다는 것을 말해줄 기회는 늘 있다. 예수님이 어떻게 그런 필요를 채워주시는지 설명할 기회도 충분하다. 하나님의 계획 안에서 보면 좋은 일, 아름다운 일, 어려운 일, 슬픈 일, 기쁜 일 모두가 은혜로 만물을 주관하시는 하나님을 가리키는 기회가 되기 때문이다. 문제는 당신이 매일의 양육 과정에서 그 기회들을 계속해서 발견하고 붙잡을 수 있느냐다.

자녀가 어떻게 행동하기 원하는가? 단순히 순종하기만을 바라는가? 당신의 보호를 벗어날 때까지만 그들의 행동을 규제하길 바라는가? 자녀가 당신이 시키는 대로 행동하고 겉으로 당신의 체면을 구기지 않길 원하는가? 아니면 그 이상을 원하는가? 자녀가 늘 하나님이 계획하신 대로 살아가고, 마음으로 하나님을 경외하며, 그분 안에서 기쁨으로 살기 원하는가?

당신의 마음속 깊은 곳에선 이미 원하는 대로 자녀를 만들어갈 수 없다는 사실을 알고 있다. 조금만 주의를 기울이면 유창한 연설과 지침서, 그 어떤 최상의 신앙훈련으로도 자녀의 마음을 통제할 수 없다는 사실을 깨닫게 된다.

그러므로 이제 하나님만이 자녀의 마음과 삶을 주관하실 수 있다는 사실을 인정하고 내려놓아야 한다. 당신의 마음을 하나님의 은혜에 복종시키고, 자녀가 그 은혜를 바라보도록 인도해야 한다. 어쩌면 이렇게 말할지 모르겠다. "알겠습니다. 그런데 실제로 어떻게 해야 할지 모르겠네요." 염려 마라. 이제부터 알게 될 거다. 이 책이 그 질문에 답을 줄 수 있어 기쁘다.

은혜의 모델

양육에 임하는 나의 모습이 어떠했는지 잘 알고 있다. 아마 당신도 마찬가지일 것이다. 하나님의 임재와 성품, 그리고 그분의 계획을 보여주어야 할 대사로 부름받았지만 나는 너무 부족했다. 자녀를 대할 때 자주 화냈고, 참을성을 잃고 정죄하며 큰 목소리로 꾸중하는 아버지의 모습으로 하나님을 대변했다. 입으로는 하나님의 은혜를 가르쳤지만 행동에서는 은혜가 부족한 모습을 보이는 모순을 매일 반복했다. 정말 놀라울 정도로 인내하시는 하나님의 은혜를 보여주는 데 줄곧 실패했다. 아이들에게 최선을 다했지만 잘못된 방법을 사용했다. "그런 짓을 하다니 믿을 수 없구나." "너를 위해 최선을 다했는데 결국 넌 이렇게 돌려주는 거니?" "내가 한 번 더 이 계단을 올라가면 무슨 일이 일어날지 모른다. 각오해라." "식사하는 동안만이라도 좀 조용히 하자! 정신없다."

어떤 자녀도 이런 말을 듣고 다음과 같이 이야기하지 않을 것이다. "우리 부모님은 정말 자상하고 사랑이 넘치셔. 이런 분과는 마음을 나눌 수 있을 것 같아. 이런 말을 많이 들을 수 있으면 좋겠어. 이분이 내 부모라는 게 정말 감사해. 내 마음을 깊이 들여다볼 수 있게 해주시거든."

어른이든 아이든 그 어떤 사람도 면전에서 듣는 성난 고함 소리를 유익한 경험으로 받아들이고 열심히 본받으려 하지 않을 것이다. 그곳을 피하거나 어서 끝이 났으면, 하는 생각이 간절할 것이다.

만약 하나님께서 부모를 자녀에게 보내신 이유가 그들에게 꼭 필요한 하나님의 은혜를 체험하게 하는 것이라면, 우리는 단순히 은혜를 가르치는 데 머무는 것이 아니라 자녀들 앞에서 매일 그 은혜의 모델로 살아가야 한다. 그런 면에서 이 글을 쓰고 있는 나도 어리둥절하다. 왜냐하면 나와 당신의 직관에 반대되는 내용이기 때문이다.

부모로서 우린 길을 잃어버렸고, 우리 방식을 고집하고, 하나님의 계획을 망각하고 있다. 위대하신 하나님 아버지의 훌륭한 대사가 되려면 우리가 먼저 그 하나님의 양육을 경험해야 한다.

또한 자녀에게 하나님의 은혜를 베풀기 위해서는 우리가 먼저 하나님의 돌보심이 필요한 자녀임을 고백해야 한다. 자녀를 인내해야 할 일이 있다면, 먼저 우리에게 인내심이 필요하다는 사실을 고백해야 한다. 용서를 베풀어야 한다면, 먼저 우리에게 용서의 은혜가 필요하다는 사실을 시인해야 한다. 끈기를 보여야 한다면 하늘에 계신 아버지도 우리를 결코 포기하지 않으신다는 희망을 겸허하게 인정해야 한다. 자녀가 매일 예수님께 달려가도록 가르치고 싶다면, 우리가 먼저 그렇게 살아야 한다. 자녀가 그들 마음과 손으로 지은 죄에 슬퍼하기 원한다면, 부모인 우리가 먼저 우리 죄를 애통해야 한다.

이제 알겠는가? 우리도 자녀들처럼 매일 하나님의 양육이 필요한 존재임을 기꺼이 고백할 때 하나님의 은혜가 필요한 우리 자녀들을 그분의 은혜로 인도할 수 있다.

4. 부모로서의 '무능'을 인정할 때 하나님의 역사하심이 시작된다

"당신이 할 수 없다는 것을
깨닫는 것이
좋은 양육의 핵심이다."

어느 공공장소였다. 당신이 그곳에 있었다면 하던 일을 멈출 수밖에 없었을 것이다. 그러한 광경이 같은 날 몇 번이나 되풀이되었던 것처럼 보였다. 부모의 의도는 좋은 것이었겠지만, 방법은 분명히 잘못되어 있었다.

그날 쇼핑몰에서 그 엄마가 왜 그렇게 행동해야 했는지 모르는 바가 아니다. 나도 처음 양육을 시작할 때 똑같은 신념을 갖고 있었다. 그 엄마는 다른 부모도 동일한 상황에서는 어쩔 수 없을 것이라고 굳게 믿으며 그렇게 행동했을 것이다. 그녀의 동기를 의심하는 게 아니다. 내가 문제라고 생각하는 것이 바로 이 점이다. 이미 많은 부모가 믿고 있는 어떤 신념에 이끌려 행동했다는 것, 그리고 그 방법이 매우 잘못된 것이라는 점이다.

그녀는 주위의 시선에 아랑곳하지 않고 어린 아들을 비난하고 협박하며 소리 질렀다. 그녀의 표정은 단호했고 목소리는 매우 컸다. 자신의 말이 아들을 바꿀 수 있을 것이라 믿었다. 다시는 감히 같은 행동을 반복하지 않을 거라고 생각하는 듯했다. 따끔하게 혼내면 아이가 변할 것이라 믿었을 것이다. 자신의 얼굴 바로 앞에 있는 엄마의 화난 모습을 보며 어린아이는 조용히 눈물을 흘렸다. 아이는 엄마의 말을 듣는 동시에 그녀의 주체할 수 없는 분노도 함께 느꼈을 것이다. 확실한 건 아이가 엄마의 분노를 기억할 것이라는 점이다. 그 분노가 아이에게 얼마나 도움이 될지 모르겠다. 그녀는 아직도 화가 풀리지 않은 듯 아들의 손을 낚아채서 질질 끌고 갔다.

이 엄마가 아들을 사랑할까? 나는 그럴 것이라 생각한다. 문제는 그녀가 작동하지 않는 양육방식을 계속 들이밀고 있다는 것이다.

부모를 위한 복음

지금부터 다룰 내용이 앞의 이야기와 어떤 상관이 있는지 궁금할 것이다. 엄마가 아들에게 분노 섞인 위협을 쏟아놓는 이유는 자신에게 존재하지 않는 힘을 사용하려 하기 때문이다.

내가 들어본 부모들의 신념을 나열해보면 다음과 같다. "어떻게든 자녀가 신앙을 갖게 해야지." "끝장을 봐서라도 자녀를 잘 훈련시킬 거야." "부모인 내가 해야 하는 일은 자녀가 똑바로 행동하게 만드는 거지." "내가 할 수 있는 일이 딱 하나 있다면 그건 자녀를 똑바로 살게 가르쳐서 세상에 내보내는 거야." "애를 충분히 설득하면 다시는 그런 짓을 안 하겠지."

이 모든 말에는 자녀가 변해야 한다는 사고가 전제되어 있다. 부모가 깊은 관심으로 자녀의 변화를 바라는 것은 바람직한 일이다. 그 변화를 위한 열정 또한 좋은 것이다. 그렇다면 이런 신념이 지닌 모순은 무엇일까? 그건 바로 부모가 가지고 있지 않은 능력을 당연히 지닌 것으로 전제한다는 사실이다. 이런 근거 없는 믿음 때문에 양육에서 많은 문제를 만나게 된다.

당신이 만약 하나님이 원하시는 모습의 부모가 되어 그분의 명령을 이행하려 한다면 반드시 고백해야 할 것이 있다. 이 고백을 하면 자녀를 대하는 태도가 달라질 것이다. 그것은 바로 **당신은 자녀를 바꿀 어떤 능력도 가지고 있지 않다**는 사실이다.

예수 그리스도의 복음에 근거하여 다시 한 번 생각해보자. 예수님의 복음은 가장 믿을 만한 양육의 가이드라인이자 성경의 핵심 주제다. 어느 누구도 다른 사람 안에 영속적인 변화를 창조해낼 수 없다. 그럴 수 있다면 그분이 오실 이유가 없었을 것이다! 예수님의 성육신, 삶과 죽음, 부활이 증명하는 것은 인간에게 누군가를 변화시킬 능력이 없다는 것이다. 하나님께서 그토록 극단적이고 세밀한 역사적 사건을 계획하셔서 최적의 시간에 자기 아들을 보내시고 우리가 스스로 할 수 없는 것을 대신하게 하신 이유는 다른 방법이 존재하지 않았기 때문이다.

양육은 자녀를 변화시키기 위해 당신의 능력을 사용하는 것이 아니다. 진정한 양육은 하나님께서 자녀에게 행하실 변화의 사역을 겸손히 받아들이고 믿음으로 동참하는 것이다. 이 점을 반드시 이해해야 한다. 하나님은 당신에게 변화 사역을 위한 **권위**를 주셨다. 하지만 변화를 일으키게 하는 **능력**을 주시지는 않았다. 그런데 우리는 변화시키는 능력을 지니고 있다는 망상에 자주 사로잡힌다. 좀 더 크게 얘기하고, 좀 더 바짝 다가서서, 좀 더 무섭게 위협하고, 좀 더 심한 처벌을 주면 자녀가 변화될 거라고 생각한다. 기대한 변화가 일어나지 않으면 더욱 강하게 대응한다.

물론 협박과 보상을 통해 아주 잠시 자녀를 변하게 할 수 있다. 순간적으로 그들의 환심을 사거나 두려움을 줄 수 있다. 일시적으로는 자녀의 행동을 통제할 수도 있다. 그러나 자녀가 영구적으로 변화하고 삶의 열매를 맺으려면 마음에서 변화가 일어나야 한다. 행동의 변화는 내면의 변화와 발맞춰 일어난다. 즉 속이 변해야 겉모양이 바뀐다. 양육을 통해 우리가 다루는 문제는 행동의 변화 그 이상이다. 우리가 계속 마주해야 할 문제는 마음의 변화이며, 우리에게는 그 누구의 마음도 변화시킬 능력이 없다(이 문제를 다음 장에서 더욱 상세히 알아보겠다).

요컨대 만약 당신이 가지고 있지 않은 능력을 소유하고 있다 생각한다면 부모로서 하지 말아야 할 일들을 하게 되고, 결과적으로 꼭 해야 할 일들을 하지 못하는 실패를 경험하게 될 것이다. 자녀를 바꾸는 것이 당신의 일이라 믿고 당신의 힘으로 그것을 시도할 때, 양육은 힘들고, 공격적이고, 위협적이고, 규칙과 처벌에 초점이 맞추어질 가능성이 크다.

이런 양육으로는 자녀를 무언가로 만들려고 할 뿐 자녀 스스로 발견하고 그것을 추구하도록 도와주지 못한다. 이러한 양육에서는 당신 자신과 자녀가 중심이 된다. **자녀를 통해 하나님만이 하실 수 있는 것을 돕는 조력자가 되는 일**을 도외시하게 된다. 당신은 완벽한 타이밍에 최상의 능력을 발휘하는 것으로 자녀가 변화되기를 기대한다. 하지만 변화시키는 분은 은혜로우신 하나님뿐이다. 하나님이 우리와 자녀의 유일한 희망이다. 모든 능력을 동원하여 자녀를 변화시키려는 시도는 하나님의 유익한 도구로 쓰임받으려는 모습과 거리가 멀다.

모든 부모가 알아야 할 기초적 지식은 자녀에게 일어나야 할 변화를 부모가 만들어낼 수 없다는 것이다. 하나님은 우리에게 변화를 창조하라고 명령하신 적이 없다. 따라서 당신이 자녀를 변화시키는 데 무능하다는 사실을 받아들이는 것은 좋은 양육의 출발점이다.

하나님은 결코, 단 한 번도 그런 부담스러운 짐을 당신에게 맡기지 않으셨고, 앞으로도 그러실 것이다. 이 사실을 기뻐할 수 있어야 한다. 자녀를 변화시키는 책임을 당신이 감당할 수 없기에 하나님은 그의 아들을 보내서서 지속적으로 한 개인의 변화를 이끌어 가신다. 그렇게 부모의 짐을 대신 감당하신다. 하나님의 아들이 대신 짊어지심으로써 부모는 그 짐에서 해방되었고, 자녀는 새로운 생명을 얻게 되었다. 이것이 바로 복음이다! 그러므로 우리가 할 일은 아주 간단하다. 변화를 창조하는 것이 아니라 변화의 유일한 주체이신 그분의 도구로 사용되기를 희망하며 겸손히 나아가면 된다.

그러기 위해 당신과 내가 가진 옛 습관, 즉 우리 자신의 능력으로 아이를 바꾸려는 행동을 중단해야 한다. 소리 지르고, 위협하고, 은근히 면박 주고, 정죄하고, 처벌을 강화하고, 당신이 자녀보다 더 의롭다는 식으로 말하는 것을 삼가야 한다. 대화를 단절하지 말고, 당신을 화나게 한다고 해서 아이들을 미워하지도 말아야 한다.

부모의 권위가 필요 없다는 이야기가 아니다. 자녀에게는 여전히 당신의 권위가 필요하다. 하지만 변화시키는 이는 당신이 아니다. 자녀를 대할 때 당신은 지속적인 변화를 가능케 하시는 분의 대사로서만 그 권위를 사용해야 한다. 즉 당신이 사용할 수 있는 모든 힘을 내려놓을 때 자녀를 변화시킬 수 있고 대사로서의 기능도 시작된다. 변화의 은혜를 주시는 하나님을 대변하려면 항상 그 은혜를 나눌 준비가 되어야 한다. 하나님의 은혜가 자녀에게 필요하다는 것을 보여주어야 한다. 자녀를 대할 때 말과 행동으로 하나님 은혜의 모델이 되어야 한다.

혹 오해하지 않기를 바란다. 내 말은 부모의 권위를 포기하자는 뜻이 아니다. 자녀가 하고 싶은 대로 하도록 내버려둬야 한다는 이야기도 아니다. 자녀가 잘못했을 때 훈계하지 말라는 것도 아니다. 자녀가 잘못하는 것을 못 본 척하거나 잘못된 것을 옳다고 가르치라는 뜻도 아니다. 내가 말하고 싶은 것은 우리가 사용하는 양육의 권위는 근본적으로 변화시키시는 하나님의 은혜와 그분의 능력에 근거한다는 것이다. 이 권위는 인간의 힘이 아니라 위대한 하나님의 능력에 희망을 두게 한다. 그분의 능력만이 모든 부모와 자녀의 희망이다.

매일 아침 자녀를 변화시켜야 한다는 부담감으로 하루를 열지 말라. 당신은 하나님의 대사로 부름받았으므로 매일 아침 그날 해야 할 모든 일과 말을 변화시키시는 하나님께 맡겨야 한다.

세 가지 통제 수단

자녀를 변화시키기 위해 부모들이 사용하는 세 가지 통제 수단을 살펴보겠다.

두려움

이 방법은 자녀를 호되게 위협해서 큰 두려움을 만들고 그것으로 자녀를 변화시키려는 것이다.

우리는 종종 아이들에게 이렇게 협박한다. "한 번 만 더 이런 일이 생기면 각오하는 게 좋을 거야. 아빠가 이렇게 저녁 뉴스를 장식할지도 몰라. '아버지가 자식을 훈계하다가 큰 사고가 남.'" "당장 방 청소해. 안 그러면 전부 다 집어 던질 테니까. 나중에 '내가 왜 그랬을까' 후회해도 소용없을 거야." "한 번만 더 그런 짓을 하면 외출금지야. 몇 달 동안 세상 구경 못 하게 될 줄 알아!"

우리는 왜 자녀를 협박할까? 일시적으로 효과가 있기 때문이다.

생각해보라. 당신은 어른이고 자녀는 당신의 절반 정도밖에 안 된다. 이런 상황에선 당신이 큰 위협으로 느껴진다. 당신이 눈을 크게 부릅뜨고 얼굴을 붉으락푸르락하며 큰 소리로 손가락질을 해대면 정말 무서울 것이다. 자녀는 당신의 뜻을 거스르는 걸 두려워할 것이다. 어떤 아이가 부모가 화내는 게 두려워 그 뜻을 거스르지 않는다고 하자. 또 다른 아이는 바른 일을 해야 한다는 마음을 가지고 있고, 그러려면 하나님의 도우심이 필요하다는 것을 이해하고 있다. 겉으로 비슷하게 행동하는 두 아이의 차이는 실로 엄청나다. 즉 첫 번째 아이는 어떤 변화도 경험하지 못한다. 그 아이는 그저 위협에서 벗어나려 할 뿐이다. 만약 당신의 위협에서 놓이거나 당신 몰래 지시사항을 지키지 않아도 될 방법을 찾는다면 그 아이는 당신이 금지했던 행동을 즉시 되풀이할 것이다. 그 이유는 당신의 위협이 어떤 내적 변화도 가져오지 못했기 때문이다. 당신의 위협은 단지 외부적 통제 수단이었을 뿐이다. 기억하라. 당신은 전능하신 하나님 아버지를 대리하는 사람이다. 하나님은 우리를 통제하시기 위해 자신의 능력을 사용하지 않으신다. 그분은 자기 아들을 보내셔서 우리를 구원하고 변화시키신다. 이것이 바로 하나님께서 자신의 능력을 사용하시는 방식이다. 하나님은 우리 앞에 거룩한 율법을 세우셨다. 그러나 성경이 놀랍고도 확실하게 보여주는 것은 하나님께서 신성한 율법만 세우신 게 아니라는 점이다. 다시 한 번 강조하겠다. 만약 우리에게 율법만 필요하다면 예수님의 삶과 죽음, 부활이 필요치 않았을 것이다.

또 다른 관점에서 위협을 생각해보아야 한다. 이것은 내가 직접 체험한 것이다. 또 이미 많은 사람이 경험한 사실이다.

모든 자녀는 언젠가 더 이상 부모의 위협을 느끼지 않는 나이가 된다. 위협으로 자녀를 통제했다면 자녀의 성장은 매우 두렵고 암울해질 것이다. 오랫동안 당신이 사용한 방식이 더 이상 효과를 발휘하지 못할 날이 오기 때문이다.

나에겐 네 명의 자녀가 있다. 내 키가 178센티미터인데 자녀 중 가장 작은 딸아이의 키가 185센티미터다. 딸은 자기보다 훨씬 키가 큰 남동생과 오빠를 두고 있다. 아이들과 대화할 때 나는 그들을 올려다보아야 한다. 나의 위협이 먹히는 시간이 모두 끝나버린 것이다.

당신의 자녀가 성장하여 더 이상 당신을 의존하지 않게 되면, 당신은 그들에게 위협적인 존재가 될 수 없다. 자녀들이 지적으로나 육체적으로 당신만큼 성장하면 그들은 더 이상 당신에게 위협을 느끼지 않는다.

이와 같이 은혜 없는 위협은 외적 통제의 기술일 뿐이다. 이것은 당신의 자녀를 근본적으로 변화시키는 성공적인 방법이 될 수 없다.

보상

이는 자녀를 변화시키려 할 때 드러나는 우리의 한계를 극복하기 위해 가장 흔하게 사용하는 도구다. 우리는 자녀에게 확실한 보상을 약속하면서 자녀가 우리 뜻에 따르도록 조종한다. 영적 보상을 약속하시며 우리에게 순종의 동기를 부여하시는 하나님의 의로우신 사역과 혼동하지 말라. 하나님과 다르게 우리는 아이가 정말 좋아하는 것을 찾아 그것을 보여주며 이렇게 말한다. "네가 만약 …을 하면 …을 줄게."

조쉬는 열한 살이다. 일곱 살인 여동생 메리와 사이좋게 지내지 못한다. 둘이 함께 있을 때면 언제나 울음바다가 된다. 이러한 일이 매일 발생하는 걸 본 조쉬의 부모는 심기가 매우 불편하다. 그래서 아빠가 조쉬를 불러놓고 이렇게 말했다. "조쉬, 인터넷에서 봤던 작은 드론 기억하지? 이제 곧 그 드론을 네가 가지게 될지 몰라. 한 달 동안 동생 메리와 잘 지낸다면 말이야. 한 달은 4주밖에 안 돼. 아주 짧지? 그러면 드론은 네 것이 될 거야."

4주 동안 조쉬는 동생 메리에게 전례 없던 사랑과 인내, 친절을 베풀었다. 조쉬의 엄마와 아빠는 메리가 한 달 동안 한 번도 울지 않는 모습을 보고 매우 놀랐다. 자신들의 지혜로 성공했다며 한껏 흡족해했다. 조쉬의 아빠는 약속대로 드론을 주문했다. 그것도 고속우편으로 말이다. 드론이 도착하자 부자는 함께 드론을 조립했다. 뒷마당에서 함께 시험 주행도 했다. 15분 뒤 뒷마당에서 메리의 울음소리가 들려왔다. 밖을 내다보니 조쉬가 드론으로 메리를 추격하고 있었다.

무슨 일이 일어난 걸까? 조쉬의 부모는 드론을 사주겠다는 약속으로 자신들이 갖고 있지 않은 능력을 만들려고 했다. 놀라운 성공을 거둔 것처럼 보였지만 사실은 큰 실패였다. 조쉬가 4주 동안 동생 메리를 잘 보살펴준 것은 그가 진정으로 잘못을 뉘우쳤기 때문이 아니다. 그는 하나님과 동생에게 잘못을 시인하지도 않았고, 동생을 잘 보살필 수 있도록 하나님께 도움을 구하지도 않았다. 그럴 마음이 조금도 없었다. 조쉬의 내면에서 뉘우침이나 변화에 대한 어떤 갈망도 찾아볼 수 없었다. 메리를 사랑하며 불쌍히 여긴 적도 없었다. 4주 동안 메리에게 친절했던 것은 오직 한 가지 이유였다. 자기 자신을 사랑했던 것이다!

이기적인 자기 사랑 때문에 처음부터 조쉬는 메리와 잘 지낼 수 없었다. 아직도 조쉬는 그 이기적인 사랑을 가지고 예전처럼 동생을 괴롭히며 즐거워했다. 당혹스럽게도 그의 이기적인 마음에 부모가 보상을 해준 격이 되었다. 조쉬가 새로 구입한 드론으로 하는 행태를 보면 그의 마음에 어떤 변화도 생기지 않았다는 걸 알 수 있다. 이렇게 말하면 과하게 들릴지 모르지만 조쉬의 부모가 선택한 전략은 기독교적이지도 않고 일반 양육의 상식에서도 크게 벗어난다. 조쉬의 부모는 조쉬의 삶에서 하나님이 어떤 것을 원하시는지 대변하지 못했다. 또한 자신들이 지닌 무능력의 한계도 인정하지 않았다. 결과적으로 하나님의 손에 쓰임받는 도구가 되지 못했다. 그뿐만이 아니다. 의도한 것은 아니지만, 조쉬의 부모는 아들이 가져서는 안 될 기술 하나를 가르쳐줬다. 바로 도덕적 행위를 계산하는 기술, 착한 일에 보상이 따르지 않으면 바로 손익계산에 들어가는 기술이다. 조쉬는 이렇게 자문할 것이다. '내가 부모가 원하는 걸 이렇게 많이 해주었는데 그에 상응하는 보상을 약속받았나?' 이제 조쉬는 부모와 흥정하는 방법을 터득하게 될 것이고 아마도 나중엔 부모가 지불해야 할 비용이 더 많아질 것이다. 만약 자녀가 이런 일로 계속해서 부모와 흥정을 하게 되면 아이는 더 이상 도덕적 책임감을 느끼지 않고, 옳은 일을 하겠다는 열정도 없어지게 된다. 자신이 원하는 것을 위해 잠시 부모의 말에 순종하는 희생을 치를 뿐이다.

변화란 무엇이 올바른지 배우는 것이다. 그리고 자신의 잘못을 뉘우치고 새로운 삶을 위해 결단하며 하나님께 도움을 구하는 것이다. 하지만 조쉬의 마음속에서는 그 어떤 것도 찾아볼 수 없다. 이유는 부모가 통제의 유혹을 뿌리치지 못했기 때문이다.

부모는 변화시키실 수 있는 유일한 하나님의 손 안에서 그분의 도구로 사용되어야 한다. 그 과정이 힘들고 지치기 때문에 대부분 그 길을 가지 않으려 한다. 많은 부모가 어려운 순간에 봉착했을 때 장기적인 변화보다 순간적인 통제를 선택하려 한다. 당장 취할 수 있는 방법을 동원해 자녀의 삶을 통제하려는 것이다.

두려움과 마찬가지로 보상은 원하는 결과를 잠시 만들어낼 수 있다. 자녀가 어릴 땐 작고 비싸지 않은 물건을 사주면서 순간적인 통제를 해나갈 수 있다.

하지만 아이가 성장할수록 지불해야 할 비용이 계속 늘어나고, 결국 아무것도 사줄 수 없는 지경에 이르게 된다. 그땐 자녀를 당신의 뜻에 따르게 할 동기가 없어진다. 그러면 부모는 서글프게 한탄한다. "대체 애가 왜 이렇게 변했을까요?" 대답은 간단하다. 당신의 자녀는 원래부터 그랬다. 당신이 늘 끊임없이 보상해주면서 그 아이 내면에 감춰진 것들을 잠시 가리고 있었을 뿐이다.

수치심

부모가 무의식적으로 자주 사용하는 통제 수단은 수치심과 죄책감이다. "네가 그런 짓을 했다니 정말 믿을 수가 없다!" "내가 네 나이였을 땐 그런 생각을 한 번도 해본 적이 없다!" "자식을 기르면서 이런 일을 겪게 될 줄이야!" "내가 너를 위해 희생한 보답이 이거니?" "난 가끔 너를 내가 낳았는지 의심스럽다." "너 때문에 얼마나 힘든 일을 많이 겪었는지 알기나 해?" 이 모든 말은 자녀를 올바른 길로 인도하지 못한다. 이런 말을 듣고 자녀가 자기 마음을 돌아보고 잘못을 시인하며 도움을 구할 리 만무하다. 이런 말은 자녀에게 죄책감을 심어주어 그들을 통제하는 양육방식이다. 의도적이든 그렇지 않든 이런 말로 자녀에게 죄책감을 심어주고 올바른 길로 유도해보려는 부모의 시도다.

자녀가 당신 때문에 느끼게 되는 수평적인 죄책감이 있고, 다른 한편으로는 하나님 앞에서 스스로의 마음을 살펴 변화를 갈망하게 되는 수직적 죄책감이 있다. 둘은 매우 다른 결과를 낳는다.

예를 들어보겠다. 속 썩이는 자녀를 둔 엄마가 이렇게 말한다. "너희들을 낳기 전에 아빠는 참 행복한 사람이었어. 그런데 지금은 너희들이 하고 있는 행동 때문에 너무 괴로워하셔. 직장에서도 집중을 할 수 없대. 일에 집중할 수 없으면 해고될 수도 있어. 그러면 우리 가족에게 무슨 일이 생기는지 아니? 아빠가 지금 퇴근해서 집으로 들어오시는 게 보이지? 문을 열고 들어올 때 하루 종일 너희들이 서로 싸우며 지낸 걸 알면 얼마나 힘드시겠니?"

좀 우습게 설명해보았다. 하지만 내가 말하려는 요점을 알아차렸을 것이다. 이러한 방식의 양육은 자녀에게 도움이 되지 않는다. 자녀가 스스로 자신의 잘못을 돌아보고 부모나 하나님께 도움을 요청하도록 유도하지 못한다. 이러한 양육은 우리가 부모로서 가진 무능력의 한계를 인정하지 못하고 어떤 수단을 동원해서 자녀를 통제하려는 시도다.

사실 죄책감과 수치심은 자녀들을 통제하는 데 매우 강력한 도구다. 왜냐하면 모든 자녀는 부모의 인정을 받기 원하기 때문이다.

또한 모든 자녀는 부모가 자신을 칭찬하고 자랑스러워하길 바란다. 사랑받고 싶지 않은 아이는 이 세상에 존재하지 않는다. 때문에 죄책감과 수치심이 순간적으로는 효과적인 통제의 수단이 된다.

하지만 그것은 '순간적인 효과'다. 앞에서 설명한 다른 통제 수단과 마찬가지로 단기적 효과만 가져올 뿐 장기적으로는 오히려 부정적인 영향을 끼친다. 어느 시점에 이르면 자녀가 더 이상 죄책감을 느끼지 않고 사람들 앞에서 무시를 당하는 것도 참지 못할 것이다. 시간이 지나면 자녀는 부모와의 관계를 역이용할 수 있다는 걸 발견하게 된다. 그리고 말로는 표현을 못해도 부모의 사랑과 통제를 구분하게 된다. 자녀는 이미 구식이 되어버린 통제 수단을 이용해 자신의 행동을 바꾸려는 당신을 발견할 것이다. 혹은 자녀가 독립된 개체로 성장하도록 돕는 하나님의 도구로 간절히 쓰임받기 원하는 모습을 발견할 수도 있다. 시간이 지나면 자녀는 의도적으로 당신과 거리를 두기 시작할 것이다. 당신과 가까이 있을 때 느끼는 죄책감과 수치심으로부터 자신을 방어하기 위해서 말이다.

좋은 양육의 시작

부모와 성장한 자녀 사이에 대화, 친밀감, 사랑이 부족한 것은 자녀가 어렸을 때 부모가 그들을 통제하려 했기 때문에 발생하는 슬픈 결말이다. 하늘에 계신 우리 아버지는 결코 우리를 통제하는 것으로 만족하지 않으신다. 전지전능하신 하나님은 마음만 먹으면 무엇이든 통제하실 수 있지만 은혜로 우리에게 더 많은 것을 허락하신다. 그래서 우리를 위한 계획을 세우시고, 우리를 용서하시고, 우리의 완전한 변화를 이끌어 내신다.

하나님은 예수님을 통해 그 길을 마련하셨다. 우리가 우리의 죄를 발견하고 고백함으로써 완전히 죄사함을 받은 후 변화를 갈망하고 실제로 변화할 수 있는 축복을 허락하시는 것이다.

또한 하나님은 구속자시다. 그래서 그 무엇보다 마음과 삶이 완전히 변화되지 않으면 만족하시지 않는다. 여기서 우리가 알아야 할 두 가지 중요한 사실이 있다.

1) 우리의 완전한 변화가 우리를 부모로 부르신 하나님의 사역이다. 따라서 완전히 변화하지 못한 상태에 만족하고 안주하면 안 된다.
2) 우리의 힘으로는 그 사역을 감당할 수 없다. 이러한 무능을 깨닫는 것이 우리에게 맡겨진 부모의 사명을 감당할 수 있는 필수 조건이다.

우리가 부모로서 무능을 인정해도 된다는 건 정말 좋은 소식이다. 그것을 인정할 때 우리는 끊임없는 두려움과 좌절에서 벗어날 수 있다. 무능을 받아들일 수 있으면 양육의 걱정에서 해방될 수 있다. 왜 그럴까? 부모인 우리는 위대한 사랑과 능력의 구속자인 하나님을 위해 일하고 있기 때문이다.

하나님은 우리가 자녀를 사랑하는 것보다 훨씬 더 많이 그들을 사랑하신다. 그 사랑의 증표로 하나님은 아이들을 믿음의 가정에 맡기셨다. 그 안에서 하나님의 사랑 이야기를 계속 들을 수 있게 하신 것이다.

하나님은 우리가 헤아릴 수 없는 많은 능력을 소유하고 계시다. 예수님을 죽음에서 일으키신 상상할 수 없는 능력으로 이제 우리 자녀들에게 꼭 필요한 판단력과 확신, 능력과 열정을 허락하신다. 은혜의 하나님은 당신이 부모로서 울부짖을 때 절대 뒤돌아 서계시지 않으며, 당신의 자녀가 도움을 구할 때 결코 외면하지 않으신다. 그분은 사랑 베푸시길 즐거워하신다. 화해와 회개, 변화를 기뻐하신다. 즐거이 그 능력을 사용하셔서 자녀가 자신의 능력으로 할 수 없는 것들을 그분의 계획 안에서 이루어가신다.

좋은 양육은 겸손히 자신의 무능을 인정하는 동시에 하나님의 능력과 은혜에 의지하며 걱정을 내려놓는 데서 시작된다.

당신은 하나님께 모든 것을 맡기고 있는가? 근심과 걱정으로 해서는 안 될 말이나 행동을 하고 있지 않은가? 자녀를 통제하는 것에서 만족을 느끼는가? 아니면 어렵지만 변화의 과정으로 나아가고 있는가? 당신이 원하는 것을 자녀에게 강요하고 있는가? 아니면 하나님이 원하시는 존재가 되도록 자녀를 돕고 있는가? 구속자이신 하나님의 능력과 사랑으로 양육하겠노라 다짐하고 있는가?

하나님께서 당신과 함께하신다. 당신과 당신의 자녀에게 가장 좋은 것을 주기 원하신다. 오직 그분만 그것을 허락하실 수 있다. 하나님은 당신이 감당할 수 없는 것을 당신 어깨에 짊어지게 하지 않으셨다. 당신을 부모로 부르셨고, 당신이 자녀의 삶을 변화시키는 겸손하고 신실한 도구로 사용되길 원하신다. 매 순간 당신은 시시각각으로 역사하는 하나님의 은혜를 경험하게 될 것이다.

5. 양육 방향은 부모의 '정체성'에 달려있다

"그리스도 안에서 부모의 정체성을 찾지 못한 사람은 자녀에게서 그것을 얻으려 한다."

소수의 부모만 이 사실을 깨닫고 있다. 대부분은 이 문제를 제대로 인식조차 못한다. 당신의 양육 방향은 한마디로 당신의 정체성을 어디에서 발견하느냐에 달려있다.

이 주제가 다른 양육서에서 잘 다루지 않는 매우 비현실적인 이야기라고 생각할지 모르겠다. 하지만 이 장에서 다룰 내용은 우리가 자녀를 키우면서 한 번쯤 고민하게 되는 문제가 왜 발생할 수밖에 없는지를 자세히 설명하기 때문에 아주 쓸데없는 얘기가 되지는 않을 것이다.

왜 부모는 자녀들 때문에 마음에 깊은 상처를 받게 되는지, 왜 그토록 심하게 자녀에게 화를 내는지, 왜 자녀들 때문에 밤잠을 설치거나 웃음을 잃게 되는지를 설명할 것이다. 부모가 자녀의 실패와 성공에 감정을 깊이 이입하는 이유는 무엇인지, 자녀의 능력에 따라 부모가 부끄러움을 느끼거나 지나치게 위풍당당해지는 이유는 무엇인지 자세히 살펴볼 것이다.

지금까지 이야기한 것은 당신이 자녀를 얼마나 사랑하느냐와 별개의 문제다. 즉 사랑보다는 정체성 때문에 빚어진 갈등이다. 자녀를 당신의 정체성으로 대입시킬 경우, 당신이 부모로서 어떤 사람인지에 대한 생각뿐 아니라 자녀들과의 관계도 바뀔 것이다.

쉼표 없는 아이들

> 샐리에게는 인생을 걸고 반드시 이루고 싶은 목적이 하나 있다. 바로 자녀를 성공한 사람으로 만드는 것이다. 그래서일까? 아이가 글도 깨우치지 못한 유아기 때부터 두껍고 어려운 책을 읽어줬고, 유치원에 갈 때쯤에는 전문 음악학원에 보내기 시작했다. 아이가 학교에 다니기 시작하면서부터는 성적을 올리기 위해 과외를 시키고 기타 다른 활동도 정해줬다. 그래야만 자녀가 성공할 수 있다고 믿었다. 그러나 학교와 학원을 오가며, 아이는 점점 지쳐갔다. 심지어 주말에도 박물관, 심포니 공연, 그 외 지역 봉사활동에 참여해야 했다. 샐리는 자녀가 굉장한 성공을 이룬 사람이 되길 바랐다. 그래서 정말 열심히 뒷바라지를 했고, 아이도 잘 따라와주길 바랐다.

내가 샐리와 그녀의 아들 제이미를 만난 건 샐리가 나에게 도움을 요청했을 때다. 제이미의 학교 성적이 떨어지기 시작했고, 반드시 가야 하는 과외 활동에 빠지는 일이 종종 생기면서 샐리의 걱정이 시작됐다.

서로의 갈등이 곪아 터지게 된 것은 어느 날 아침 제이미가 방에서 나오지 않겠다고 선언하면서부터다. 제이미는 학교에 가지 않을 것이고, 다시는 바이올린도 연주하지 않겠다고 했다. 그날 아침 두 사람은 2시간 동안 정말 치열하게 싸웠다. 결과적으로 제이미는 학교에 갔지만 음악학원에는 가지 않았고, 밤 10시가 되어서야 집에 들어왔다. 샐리가 아들을 위해 열심히 공들인 모든 것이 마치 모래알 빠져나가듯 사라지는 것 같았다. 그녀의 꿈이 무너지고 있었다. 너무도 기막혔던 그녀는 나에게 전화를 걸었고, 제이미가 제정신이 아니니 도와달라고 했다.

제이미는 엄마와 어떤 대화도 하려 하지 않았다. 그날 내 앞에 나타난 샐리는 누가 봐도 화난 사람처럼 보였다. 손가락을 가만히 두지 않고 계속 꼼지락거리며 가끔 한숨을 내쉬었다. 제이미는 어린 나이에 걸맞지 않게 많이 지쳐 보였다. 고개를 푹 숙이고 마치 사형장에 끌려온 사람처럼 기가 죽어 있었다.

나는 어떻게 된 일인지 듣고 싶어서 먼저 샐리와 상담을 시작했다. 하지만 그녀는 정작 도움이 필요한 사람은 제이미인데 왜 자신과 상담하며 시간을 낭비하고 있는지 이해할 수 없다는 식으로 응대했다. 그러면서 이렇게 말했다. "이제 와서 모든 걸 그만두기에는 너무 멀리 왔어요. 지금은 아무것도 포기할 수 없어요. 어느 날 갑자기 게으름을 피우겠다고 선언한 제이미의 말을 받아들일 수 없어요. 제발 아이가 정신 차리게 도와주세요. 예전의 제이미로 돌아가게 해주세요."

잠시 후 나는 제이미와 이야기를 나누기 위해 엄마인 샐리에게 잠깐 밖에 나가 달라고 부탁했다. 하지만 샐리는 그것도 못마땅해했다. 그녀가 나간 뒤 나는 제이미에게 어떻게 된 일이냐고 물었다. 그렇게 질문한 이유는 아이에게 누가 잘못했는지 미리 선을 긋고 싶지 않았기 때문이다. 아이가 나를 마치 엄마가 고용한 청부업자로 생각한다면 진솔한 대화를 나눌 수 없을 것 같았다. 그런데 내 질문이 끝나기도 전에 제이미는 울음을 터트렸다. 자신이 울고 있다는 사실에 본인도 놀라고 창피해하는 것 같았다.

나는 울어도 좋다고 말해줬다. 조용히, 하지만 분노로 격앙된 제이미는 이렇게 말했다. "더 이상은 못하겠어요. 해도 해도 끝이 없어요. 스트레스와 부담감은 계속 늘어가고, 자유롭게 놀아본 적도 없어요. 그래서 친구도 없어요. 제가 선택할 수 있는 건 아무것도 없고, 그냥 아침에 일어나는 순간부터 저녁에 쓰러져 잠드는 순간까지 계속 뭔가를 해야 돼요. 학교에 가기 전에 바이올린을 2시간 연습하고, 다녀와서는 작문과 음악 학원에 가고, 그게 끝나면 바로 입시학원에서 공부하고, 집에 와서 숙제하고, 2시간 더 바이올린을 연습한 뒤에 잘 수 있어요. 아, 맞다! 매 학기마다 한 종목의 운동을 연습해야 돼요. 저는 슈퍼맨이 아니에요. 더는 이렇게 못 살아요. 그래서 엄마한테 그만둔다고 말한 거예요. 침대에서 일어나지 않았어요. 학교도 며칠 빠지고 학원에도 안 갔어요. 결국 침대에서 일어났지만 방에 콕 처박혀 있었어요. 어딘가 도망칠 데가 있다면 가출했을 거예요."

제이미의 이야기를 들으면서 아이가 거짓말을 하는 게 아니라는 걸 알 수 있었다. 그냥 엄마를 괴롭히려고 그러는 게 아니었다. 제이미는 정말 힘들어서 그렇게 말했던 거다. 그는 성공으로 향하는 기차에서 내렸다. 그러고 나니 제이미의 삶을 지탱할 어떤 것도 남아 있지 않았다.

내가 무엇을 해야 할지 알 것 같았다. 우선 샐리와 이 문제를 놓고 이야기해야 했다. 단순히 제이미가 반항적이고 게을러진 게 아니었기 때문이다. 그녀가 받아들이기 힘들겠지만 이건 샐리 마음의 문제와 깊이 연관되어 있었다.

당신도 스스로에게 이런 질문을 던져보라. '무슨 이유로 부모는 자녀가 모든 일을 다 그만두고 숨고 싶을 만큼 힘들게 몰아붙인 것인가? 아이를 심리적으로, 정신적으로, 또 육체적으로 완전히 녹초가 될 때까지 몰아가는 부모의 마음속에서 대체 어떤 일이 벌어지고 있는 것인가? 자녀들과 매일 같이 있으면서도 자녀에게 뭔가 문제가 생겼다는 것을 감지하지 못하고, 완전히 무너져내리는 순간마저도 인지하지 못하는 부모의 마음속에서 무슨 일이 벌어지고 있는 것인가? 자녀가 뭔가를 그만두는 것을 받아들이지 못하고 자녀에게 조금의 쉼표도 허락하지 않는 이 상황이 뭘까? 자녀보다 자녀가 이룬 성공에 더 집착하는 부모의 마음속에서 무슨 일이 벌어지고 있는 것인가?'

나는 샐리를 다시 방으로 들어오게 했다. 내가 생각하는 제이미의 문제를 이야기하고 제이미뿐 아니라 엄마인 샐리도 함께 상담 받을 것을 권유했다. 그 말을 들은 샐리의 표정이 굳었다. "제가 상담을 받으려고 여기 온 게 아니에요. 저는 제가 맡은 무거운 양육의 짐을 잘 짊어지고 있어요." 나는 최대한 샐리가 상처받지 않도록 설명했다. 어머니와 함께 이야기하지 않고 제이미 혼자 상담을 받는 것은 그리 효과적이지 않다고 말이다. 샐리는 아들의 이름이 언급되는 순간에만 귀를 쫑긋 세우고 나머지 조언은 듣는 둥 마는 둥 했다. 결국 둘 다 상담을 받지 않겠다고 말한 뒤 서둘러 방을 빠져나갔다. 몹시 기분이 나빠 보였다.

샐리와 제이미의 경우는 매우 독특한 사례다. 하지만 꼭 그런 것만은 아니다. 내가 알기론 많은 부모가 샐리가 제이미에게 한 것처럼 하고 있다. 부모가 사랑이 없고 몹쓸 사람이어서가 아니다. 자녀에게 무슨 일이 일어나는지 관심이 없어서도 아니다. 부모가 자녀의 성공을 위해 계획을 짜놓고 쉼 없이 몰아붙이는 이유는 그들이 자녀의 현재와 미래의 성공에 지나치게 몰두하고 있기 때문이다. 그것은 자녀의 성공을 바라는 건전한 소망을 오히려 해로운 것으로 바꾼다. 성공에 대한 집착이 우리 삶의 모든 걸 지배하기 때문이다. 좋은 뜻으로 시작했지만 결국 아이들을 처참하게 망친다.

이해를 돕기 위해 조금 더 부연 설명을 하겠다.

정체성 탐구

모든 인간은 이성을 가지고 자신의 주변 상황을 해석하도록 창조되었다. 쉽게 말해 늘 생각한다는 뜻이다. 이 생각이 우리의 행동을 결정짓는다. 우리의 모든 판단, 행동이나 말이 생각의 지배를 받는다. 그러한 행동과 반응에 깊은 영향을 주는 생각은 주로 '나는 누구인가?' '하나님은 어떤 분인가?' '인생의 의미는 무엇인가?' '내가 도움을 구해야 할 곳은 어디인가?' '삶에서 가장 중요한 것은 무엇인가?' '나에게 진정한 안식과 평화를 주는 것은 무엇인가?' 등이다. 우리는 존재 자체보다 존재를 통해 어떤 의미를 발견하면서 살기 때문이다.

이것이 비슷한 처지에 놓인 두 사람이 완전히 다르게 반응하는 이유다. 당신의 신념 체계나 세계관은 당신에게 맡겨진 자녀들을 양육하는 데 지대한 영향을 준다. '내 자녀는 어떤 인간이고 지금 어떤 행동을 하고 있다'는 사실 때문이 아니라 자녀와 자녀의 행동에 또 다른 의미를 부여하기 때문에 부모로서 반응하게 되는 것이다.

예를 들어보겠다. 당신이 자녀들에게 이렇게 말했다고 하자. "도대체 무슨 생각으로 이런 짓을 한 거야!" 이때 당신은 벌어진 상황 자체보다 그 상황에 어떤 의미를 부여했기 때문에 이런 반응을 보인 것이다. 알고 했든 모르고 했든 자녀가 한 행동을 당신에 대한 도전이라고 해석한 것이다. 당신이 자녀에게 예수님에 대한 이야기를 들려주는 시간보다 체벌하는 시간이 더 많다면 그것은 자녀가 규칙을 지키지 않아서라기보다 그 행동에 대한 당신의 해석 때문일 가능성이 높다. 예수님은 우리를 위해 율법을 완성하셨다. 때문에 하나님은 우리가 완벽하게 율법을 지킬 것이라 기대하지 않으신다. 그럼에도 부모는 자녀들의 잘못에 심하게 반응한다. 여기서 부모가 매 순간 아이를 대하는 태도를 결정짓는 가치관과 신념이 무엇인지 다시 한 번 점검해볼 필요가 있다.

　우리의 신념을 구성하는 가장 중요한 요소는 정체성, 그리고 삶의 의미와 목적이다. 모든 사람은 스스로 '나는 누구인가?' '내 삶의 목적과 의미는 무엇인가?' 질문하기 마련이고 나름의 해답을 찾으려 노력한다. 이 질문에 어떻게 답하느냐에 따라 양육의 방향도 달라진다. 당신과 내가 정체성을 찾는 것은 딱 두 곳이다. 위로는 하나님께로부터 우리의 정체성과 삶의 방향과 가능성을 세워간다. 하나님은 사랑과 포용, 용서와 은혜, 능력과 약속, 영광을 우리에게 비처럼 내려주셨다. 따라서 하나님 안에 자신의 정체성을 세우면 양육에 임하는 부모의 마음에 기쁨과 만족, 용기와 희망이 가득해 궁핍함을 느끼지 않는다. 부모에게 필요한 모든 것을 하나님 안에서 찾을 수 있기 때문이다. 베드로는 이렇게 기록했다. "그의 신기한 능력으로 생명과 경건에 속한 모든 것을 우리에게 주셨으니 이는 자기의 영광과 덕으로써 우리를 부르신 이를 앎으로 말미암음이라 이로써 그 보배롭고 지극히 큰 약속을 우리에게 주사 이 약속으로 말미암아 너희가 정욕 때문에 세상에서 썩어질 것을 피하여 신성한 성품에 참여하는 자가 되게 하려 하셨느니라"(벧후 1:3-4).

　이 구절이 말하는 시점을 잘 살펴보라. 베드로는 과거와 미래의 구원을 말하지 않는다. 바로 지금 이 순간 이곳에서 하나님의 구원사역이 일어나고 있다고 말한다. 크리스천으로서 당신은 자녀에게 어떤 일이 생기는 것과 별개로 우주에서 가장 중요한 존재인 하나님으로부터 깊은 사랑을 받고 있다는 사실을 느끼며 매일 아침 눈뜰 수 있다.

하나님은 당신을 너무 사랑하시기 때문에 부족한 지혜와 능력, 자원을 가지고 끙끙거리는 당신을 그냥 쳐다만 보시지 않는다. 양육으로 고민하는 당신을 저버리지 않으신다. 하나님은 당신을 사랑하신다. 그래서 당신의 능력보다 훨씬 크고 놀라운 것을 주신다. 당신의 죄를 용서할 뿐 아니라 당신이 더 나은 사람이 될 수 있는 은혜를 더해주신다. 하나님은 당신을 사랑하신다. 그래서 당신이 매일 성장하고 변화될 수 있도록, 당신이 주어진 소명을 잘 감당하도록 도우신다. 하나님은 당신이 어떤 환경에서나 기쁨과 만족을 누리도록 역사하신다. 하나님은 당신을 너무나 사랑하신다. 그래서 당신 안에 거하신다. 당신에게 그저 약속만 하고 잊으시는 게 아니다. 당신과 함께하며 능력과 은혜를 더하시고 당신의 마음 속에 평화가 임하도록 일하신다. 그래서 당신이 양육에 임할 때 매일 어떤 방향과 목적을 가져야 할지 알려주시고 그 방향으로 나아가도록 용기를 북돋아주신다.

당신이 위에 계신 하나님 안에서 정체성을 찾지 않으면 피조세계 안에서 찾으려 할 것이다. 그것은 당신의 소유물일 수 있고, 업적이나 직업일 수도 있다. 배우자나 자녀가 될 수도 있다. 문제는 피조물이 당신의 정체성을 세울 만한 근거가 되지 못한다는 것이다. 그것은 당신의 마음에 평안과 안식, 삶의 목적과 의미를 주도록 창조되지 않았다. 피조세계의 선한 것들은 당신에게 정체성, 의미와 목적, 평안을 줄 수 있는 유일한 분이신 하나님을 가리키도록 지음받았을 뿐이다.

그러므로 우리의 정체성을 불안정하고 제대로 기능할 수 없는 피조물 위에 세우는 것은 결국 실망과 좌절, 두려움과 속박으로 빠지는 일이 될 것이다(베드로후서 1장 8-9절을 읽어보라). 베드로는 주 예수를 아는 일에 '게으

르거나 열매 맺지 못한 사람'은 자신의 옛 죄가 이미 깨끗해졌음을 잊어 버렸기 때문이라고 말한다. 안타깝게도 많은 부모에게 이 구절이 적용된다. 이미 예수 그리스도로부터 부여받은 정체성이 있음에도 자녀에게서 그것을 찾으려 한다. 그리스도께 이미 받았다는 사실을 잊고 있는 것이다. 따라서 부모로서 느끼는 불안과 속박은 **정체성에 대한 기억상실** 때문이다. 정체성을 부여받았다는 것을 잊고 있는 사람은 항상 다른 곳에서 이를 찾으려 한다. 즉 당신이 부모로서의 정체성을 하나님과 그의 아들 예수 그리스도의 사역에 근거하지 않으면 자녀에게서 그것을 만들어 가려 할 것이다.

부모들이 빠지는 함정

자녀에게서 정체성을 세우려 할 때 나타나는 세 가지 특징이 있다. 첫째, 부모가 자녀에게서 정체성을 찾는 일은 겉으로 매우 자연스러워 보인다. 사실 그렇게 하지 않는 것이 더 어려운 일일지 모른다. 모든 부모가 어느 정도 이 함정에 빠져 있다고 보아도 무방하다. 둘째, 자녀에게서 정체성을 찾는 것은 대단히 고통스런 일이다. 생각해보라. 당신은 반항적이고 무지하고 고집불통에 사리분별이 제대로 되지 않는 죄인을 양육하고 있다. 당신의 자녀를 콕 집어서 말하는 게 아니라 부모에게 맡겨진 타락한 인간의 본성을 설명하는 것이다. 셋째, 이것은 자녀에게 엄청난 부담으로 작용한다. 매일 아침 눈뜰 때마다 부모의 삶의 의미와 목적을 달성해야 한다는 생각과 그에 따른 기대와 요구를 충족시켜야 한다는 부담을 짊어지기 때문이다. 어떤 자녀도 이런 부담감을 잘 견딜 수 없다.

이러한 상황이 바로 샐리와 제이미에게 일어난 일이다. 물론 둘 다 이 사실을 모르고 있었다. 샐리는 자신이 최고로 좋은 엄마라 생각했다. 그녀가 깨닫지 못한 것은 그녀가 제이미에게 끊임없이 요구한 것이 사실은 제이미를 위한 것이 아니라 그녀 자신을 위한 일이었다는 것이다. 오해하지 말라. 샐리가 자기중심적이고 이기적인 사람이어서 '내가 제일 중요해.'라는 식으로 행동했다는 이야기가 아니다. 그녀가 아들을 통해 삶의 의미와 목적, 마음의 평안을 얻을 수 있을 거라 기대했다는 말이다. 샐리는 열다섯 살밖에 되지 않은 사내아이가 그녀에게 진정한 삶의 가치를 전해줄 수 있다고 믿었고, 아들 제이미는 그런 기대에 짓눌려 힘들어 했다. 두 사람 모두 이유를 알지 못하는 전쟁 때문에 괴로워한 것이다.

비단 샐리만 그런 게 아니다. 우리 모두 어떤 면에서 샐리와 비슷한 행동을 하고 있다. 우리의 정체성과 안정감을 엉뚱한 곳에서 찾으려 한다. 자녀를 통해 삶의 의미와 목적을 발견하려 한다. 자녀가 말을 잘 들으면 하늘을 날 듯 좋아하다가 반항하기 시작하면 세상이 무너진 듯 우울해한다. 또 자녀의 성공에 집착하는 경향도 많다. 예수님께서 이미 우리에게 주신 것을 잊고 자녀에게서 정체성을 찾으려 할 때 자녀의 성공에 더 몰두하게 된다. 단순히 성공이 자녀를 위해 좋을 것이라는 생각보다는 그것을 생각할 때마다 당신이 느낄 행복감 때문이다. 매일 아침 자녀가 이룬 성공을 생각하며 흐뭇해할 당신 자신 때문에 그토록 몰아붙이고 있는지 모른다는 것이다. 자녀에게 존경과 사랑을 요구하는 건 우리 삶에서 뿌듯함을 느끼고 싶기 때문이다. 자녀가 어떻게 행동하고 말하면 좋겠다고 생각하는 건 그렇게 해야 부모인 우리의 수고가 가치 있어 보이기 때문이다. 우리는 분명 자녀를 사랑하지만, 그들에게 사랑만 전달되는 것 같지는 않다. 우리의 이기심과 특권의식, 강압과 속박도 자녀들에게 전달되고 있다. 우리도 모르는 사이에 '나는 꽤 괜찮은 삶을 살고 있다.' 혹은 '나는 좋은 사람이다.'라는 걸 사람들에게 보여주기 위한 살아있는 진술서로 자녀를 내세우고 싶어 하는 것인지 모른다. 우리가 자랑스러워할 만한 아이로 키우고 싶은 바람은 어쩌면 우리 자신과 우리가 살아온 삶에 보상을 받고 싶은 부모의 욕망인지도 모른다.

하지만 그런 식의 삶은 당신을 힘들고 지치게 할 뿐이다. 작고 여린 죄인이 당신의 삶을 만족시키기 위해 모든 일을 척척 잘해내기를 기대하는 것은 정말로 어리석은 일이다. 하나의 성공 이후에 또 다른 성공을 쫓는 삶이 얼마나 힘겨운가? 이것은 당신에게 진정한 만족을 주지 못한다. 당신이 사랑과 정성을 다한 그 아이는 당신에게 그 사랑을 다시 돌려주지 못한다. 미성숙한 아이에게 성숙을 기대하는 것이 얼마나 맥 빠지는 일인가? 자녀의 실패가 마치 자신의 일인 양 감정을 이입하고, 부모를 골탕 먹이기 위해 일부러 잘못한 것이라 생각하는 것이 얼마나 한심한가? 자녀의 성공을 위해 당신의 모든 시간을 자녀의 스케줄에 맞추고 조금의 여유도 없이 사는 삶이 얼마나 고달픈 일인가? 부모의 가치를 증명하기 위해 거의 완벽에 가까운 삶을 살아내야 하는 아이들이 부족한 모습을 드러낼 때 당신은 얼마나 실망할 것인가? 당신 스스로 만들어낼 수도 없고, 자녀가 줄 수도 없는 것을 기대하는 것은 정말 맥 빠지는 일이다. 무엇보다 아이들도 나이를 먹으면서 당신이 요구했던 것들이 부모인 당신을 위한 것이었다는 사실을 깨닫기 시작할 것이다.

자녀는 당신 인생에 의미를 주지 못한다. 어떤 풍파에도 끄떡없는 희망을 주지 못하고, 당신의 가치를 높여주지도 않는다. 마음의 평안은 더 더욱 아니다. 당신에게 올바른 동기와 바람을 심어주지도 않는다. 삶을 지탱할 힘과 역경 속에서 확신과 용기를 주는 것도 아니다. 당신이 애타게 바라는 궁극의 사랑도 주지 못한다. 이러한 사실이 당신 마음에 깊이 스며들기 바란다. 자녀에게 당신의 인생을 구원할 구세주가 되어달라고 요구하지 말라. 그들은 그 무게를 감당할 수 없을뿐더러 그것 때문에 결국 당신과 갈등을 겪게 될 것이다. 예수님만이 당신 인생의 의미다. 그리스도께서 이미 당신에게 허락하신 것을 자녀에게 요구하면 안 된다.

샐리의 분노와 실망감, 두려움은 계속 커져갔다. 동시에 제이미는 지쳐갔다. 샐리에 대한 분노도 커져갔다. 샐리가 뭔가를 요구할수록 제이미는 더 엇나갔다. 관계가 산산조각 나버렸다. 하지만 샐리는 이 사실을 받아들이지 못하고 계속 하던 대로 밀고 나가려 했다. 이 모든 것이 자신의 정체성을 작고 연약한 사내아이에게서 찾으려다가 빚어진 일이다. 애초에 불가능한 일을 억지로 하려다가 관계만 악화된 것이다. 그리스도께서 우리에게 비처럼 은혜를 내려주신다. 주님의 약속과 권능에 의지할 때, 더 성숙한 부모의 모습으로 양육의 사명을 감당해갈 수 있다.

병든 양육을 분별하는 법

당신이 자녀에게서 정체성을 찾으려 한다는 것을 어떻게 발견할 수 있을까? 당신이 하나님께서 그분의 아들을 통해 이미 주신 것을 자녀들에게 요구하고 있다는 사실을 분별할 방법이 있을까? 양육이 자녀를 향한 하나님의 선한 뜻을 이루어가는 과정이 아니라 당신의 욕구를 충족시키는 수단으로 변질된 것을 어떻게 알 수 있을까?

다음은 그것을 확인할 수 있는 다섯 가지 현상이다.

성공에 지나치게 몰두한다

당신이 자녀를 사랑하는 마음과 그들이 잘되기 바라는 마음 모두 이해한다. 어떤 부모가 자식이 실패한 인생을 살기 바라겠는가. 자녀가 열심히 노력해서 어떤 일을 성취해내고, 사람들에게 인정받고, 더 많은 일을 이루기 바라는 것은 부모로서 당연한 마음일지 모른다. 하지만 자녀의 성취에만 심취하거나 그것에만 집중적으로 매달리는 것은 다른 문제다.

자녀의 성공에 집착하는 것이 혹 성공에 대한 당신의 갈증을 해소하려는 시도 아닌가? 당신의 지나친 기대와 욕심 때문에 자녀가 무너지고 있지 않은가? 자녀가 부모의 말을 듣지 않고 버티는 것은 그들이 반항적이거나 게을러서가 아니라 당신이 지나치게 많은 것을 요구하고 있기 때문 아닐까? 당신은 지금 자녀의 마음이 어떤 상태인지보다 자녀가 이룰 성취에 더 많은 관심을 갖고 있지 않은가? 자녀의 성공에 지나치게 신경 쓰는 것이 당신과 자녀의 영적 건강에 부정적인 영향을 끼치고 있지는 않은가? 자녀가 결코 해결해줄 수 없는 정신적 만족을 그들에게서 찾으려는 것 자체가 영적으로 건강한 상태는 아니다.

명예에 지나치게 몰두한다

이 말은 계속 강조할 수밖에 없는 중요한 이야기다. 이 말을 종이에 적어서 거울에 붙여 놓고 매일 다짐하라. **하나님께서 나에게 자녀를 허락하신 이유는 내 명예가 아닌 하나님의 명예를 세상에 선포하기 위함이다.** 하나님께서 우리에게 주신 정체성을 잊으면 '다른 사람들이 나를 어떻게 볼까?'에 지나치게 신경을 쓰게 된다. 그러면 부모는 겁쟁이가 되고, 다른 사람들에게 양육에 대한 고민과 갈등을 숨기면서 자녀들이 완벽하게 잘해내고 있는 것처럼 말하게 된다. 사람들의 눈을 너무 의식한 나머지 정말 도움이 필요할 때 도와달라고 말하지 못한다. 주변에 도움을 구하는 것이 부모로서 뭔가 잘못하고 있음을 인정하는 것 같아 두려운 것이다. 여전히 부족하고 매일 주님의 은혜에 기대야만 하는 자녀가 당신의 트로피가 되기를 기대하지 말라.

혹 명예를 지키는 것이 당신의 가장 중요한 일이 되고 있지 않은가? 자녀에 대한 사람들의 평가가 당신의 가장 중요한 부분이 되어버리지 않았는가? 아직 어리고 미성숙한 죄인인 자녀에게 당신의 명예를 드높이라고 요구하고 있지 않은가? 뭔가 잘못되어 있는 양육이 당신의 자존심과 체면 때문에 그대로 방치되고 있지 않은가?

통제하려는 욕구가 지나치다

자녀에게서 정체성을 찾으려 하는 부모는 자녀가 보란 듯이 성공해서 자신의 명예를 세워주기 바란다. 따라서 부모는 자녀를 성공시킬 조건과 상황, 주변 사람들까지 통제하려 든다. 이것은 부모로서 마땅히 지녀야 할 권위와 확연히 다르다. 당신이 자녀에게 요구하는 것을 반드시 얻기 위해 필요한 모든 것을 통제하는 것이기 때문이다. 이런 통제하에서 아이들은 어떤 것도 스스로 결정할 수 없다. 그렇다 보니 어떤 과정을 통해 결정해야 하는지도 배울 수 없게 된다. 자신의 시간을 효과적으로 관리하는 방법도, 자신의 역량을 제대로 평가하는 방법도, 하나님과 이웃과의 건강한 관계를 위해 시간을 할애하는 방법도 깨우치지 못하게 된다. 좋은 의도로 시작했지만 그것이 삶을 지배하는 원리가 될 때 우리에게 얼마나 나쁜 영향을 끼칠 수 있는지를 보여주는 예다.

성공에 대한 당신의 욕구가 지나친 통제로 변질되어 자녀가 제대로 성장하고 발달하는 데 방해가 되고 있지 않은가? 당신이 통제할 수 없는 영역이 있다는 걸 알면서도 그것을 통제하려는 자신 때문에 괴롭지 않은가? 통제에 집착하게 되면서 완벽한 지혜를 가지신 하나님 아버지께 모든 것을 맡기는 데 어려움이 생기지 않는가?

존재보다 성취에 더 치중한다

양육에서 지나치게 성공과 명예, 통제에만 몰두하다 보면 정작 하나님께 가장 중요한 가치를 보지 못하게 된다. 하나님께서는 모든 자연의 힘을 다스리시고, 인류 역사적으로 다양한 사건에 관여하셨다. 그래서 그의 아들이 세상에 오셨고, 죽음과 부활로 우리가 구원을 받게 되었다. 하나님께서 이와 같이 근본적인 생명의 혁신을 이루어주신 것은 자녀의 성공을 위해서가 아니다. 우리와 사랑의 관계를 다시 회복하고, 우리가 그분 보시기에 합당한 삶을 살기 원하셨기 때문이다. 그러므로 당신과 당신의 자녀에게 가장 필요한 것은 성공이 아니라 구원이다. 성취의 영광이 아니라 오만의 죄로부터 구원받아야 한다. 그래야만 하나님께 영광 돌리는 자유의 삶을 누릴 수 있다.

당신이 그토록 원하는 자녀의 성공이 그들에게 정말 필요한 것에 집중할 수 없게 만드는 방해 요소가 되고 있지는 않은가? 신체적, 사회적, 교육적 성취에 몰두한 나머지 정작 들여다봐야 할 자녀의 마음에 신경을 끄고 있지 않은가? 자녀에게 요구하는 당신의 높은 기대치가 오직 하나님만이 관여하시는 인간됨의 형성 과정에 방해가 되고 있지 않은가? 하나님이 가장 중요하게 생각하시는 것과 당신이 자녀에게 바라는 것 사이에 너무 큰 격차가 생긴 것 아닌가?

자녀의 일에 지나치게 감정을 이입한다

자녀의 성공이 당신의 체면을 세워주기 바라는 마음에서 자녀의 모든 일을 통제하기 시작하면 자녀의 성공이 더 이상 자녀만의 일로 느껴지지 않는다. 사실 그것은 당신의 일이 아닌데 말이다. 또한 당신은 자녀의 행동이 하나님의 눈에 어떻게 비쳐질까 고민하는 대신 그것이 당신에게 어떤 영향을 줄까 고민하는 쪽으로 미묘하게 방향을 바꾸게 된다. 즉 '이것은 하나님이 원하시는 삶이 아니야.'가 아니라 '너, 어쩜 나한테 이럴 수 있니?'로 바뀌는 것이다. 그렇게 감정을 이입해선 안 될 상황에 감정을 이입함으로써 부모와 자녀의 관계만 나빠지게 된다. 자녀 입장에선 이것처럼 억울한 일이 없다.

예를 들어 어린 아들이 부엌을 엉망으로 만들어 놓았다고 생각해보자. 당신은 아이에게 "내가 너한테 어떻게 했는데 부엌을 이 꼴로 만들어 놓은 거니?"라고 말한다. 아이가 부엌을 그렇게 만든 것이 엄마에 대한 개인적인 감정 때문일까? 아니면 아이도 우리처럼 죄인이기에 자기중심적인 판단으로 저지른 실수일까? 아이가 아침에 눈을 뜨자마자 '7시 12분이군. 오늘 엄마를 제대로 골탕 먹이겠어. 어떻게 하면 엄마 머리에 뚜껑이 열리는지 알고 있지. 부엌을 엉망으로 만들면 돼. 좋았어. 그러면 제대로 한 방 먹일 수 있겠어.'라고 생각하며 저지른 일일까? 그럴 리 없다. 계획적으로 한 일이 아니다. 자녀의 잘못 대부분은 게으름, 혹은 자기중심적인 판단 때문이다. 이것을 부모에 대한 계획적인 공격으로 생각하기 시작하면 그 순간 하나님께서 우리에게 보여주시고자 하는 뜻을 간파하지 못한다. 또 그럴 의도가 전혀 없었던 아이를 쥐 잡듯 잡게 된다.

당신과 자녀 사이에 갈등과 긴장이 생겨나는 이유가 당신이 자녀의 행동에 지나치게 감정을 이입하기 때문 아닌가? 자녀로부터 자신의 정체성이나 명예를 얻으려는 욕망이 이런 오해를 만들어낸 것은 아닌가? 인간의 죄를 어떻게 극복해야 할지 함께 고민해야 할 양육의 중요한 시간을 자녀에게 상처받았다며 오해하고, 그들과 대립하는 것으로 써버리고 있지 않은가? 하나님께서는 은혜로 자녀를 대하라 하셨는데 자녀에게 공격받았다는 오해 때문에 그들에게 분노를 쏟아내고 있지는 않은가?

하나님께서는 부모로 부르신 우리와 항상 함께하시고 우리의 필요를 완벽하게 채워주신다. 우리가 부모로서 해야 할 일에 필요한 모든 것을 아낌없이 부어주신다. 이 사실을 안다면 정말 다행이다. 예수님께서 우리에게 넘치는 생명을 허락해주셨기 때문에 자녀에게서, 혹은 다른 어떤 것으로부터 삶의 의미를 갈구하지 않아도 된다는 사실이 얼마나 기쁜가! 우리는 모두 하나님의 자녀이기 때문에 우리가 부모로서 서툴고 못난 모습을 보일지라도 하나님은 우리를 포기하지 않으신다.

이제 우리는 예수님께서 우리에게 진정한 만족을 주시기 때문에 자녀에게 그것을 요구하지 않아도 된다는 사실을 알게 되었다. 예수님께서 이미 모든 사역을 완성하셨기 때문에 우리는 더 이상 자녀가 줄 수 없는 것을 달라고 보채는, 한심하고 맥 빠지는 양육을 할 필요가 없다.

부모로서 당신은 이런 멋지고 신나는 자유를 경험하고 있는가?

6. 양육은 인생 전반에 걸친 '과정'이다

"자녀의 성장과 변화는
하나의 사건이 아니라 과정이므로
장기적인 안목을 가지고 양육에 임해야 한다."

이것은 우리 모두가 원하지만 그 누구도 가지지 못한 것이다. 그래서 가끔 짜증이 난다. 딱 한 번이라도 가지고 싶지만 요리조리 잘도 피해간다. 부모로서 이것을 많이 의식하지는 않지만, 한 번 가지고 싶다는 생각에 빠지면 안달이 난다. 우리 스스로 이것을 만들어낼 힘이 있다고 생각하지만, 사실은 그렇지 않다. 모두가 이것을 만들기 위해 말하고 행동하지만 우리의 언행 속에는 이것을 만들어낼 만한 힘이 없다. 지금까지 말한 '이것'은 무엇일까? 바로 말하는 대로 이루어지는 변화의 '계기'다. 우리는 양육이 인생의 과정이 아니라 뭔가 굉장한 의미를 지닌 '계기'의 연속이길 바란다. 그래서 훈육이 필요한 순간에 곰으로 변한다. 감정을 한껏 끌어올려서 자녀들에게 우리가 얼마나 가혹해질 수 있는지, 목소리가 얼마나 커질 수 있는지, 얼마나 대단한 위협을 가할 수 있는지 보여주면 그들이 한 번에 모든 걸 깨닫고 바뀔 것이라 생각한다. 나에게 이렇게 말하는 부모가 많다. "목사님이 시키는 대로 했는데 효과가 없었어요." 그러면 나는 속으로 이렇게 생각한다. '그걸 어떻게 아십니까?'

몇 가지 예를 들어보겠다.

네 살인 아들이 두 살인 여동생을 때렸다. 그러면 당신은 "동생한테 왜 그런 짓을 하니!"라고 말할 것이다. 그리고 아마도 아이가 이렇게 고백하길 바랄 것이다. "제 마음속에 있는 죄 때문에 그랬어요. 그 죄가 저를 이기적이고 폭력적이고 시기심 많은 아이로 만들었어요. 저는 도움이 필요해요. 엄마도 아시죠? 저에게 가장 위험한 것은 제 안에 들어 있는 것이지 밖에 있는 게 아니잖아요. 저를 구원해줄 구세주가 필요해요." 이 아이는 그 전에도 여동생을 수차례 때렸을 것이고 그때마다 당신은 대화를 시도했을 것이다. 이젠 얘기하는 것 자체가 지겨워졌을 것이다. 아이가 바로 잘못을 시인하고 부모에게 도움을 요청하길 바란다. 말 한 마디로 모든 게 해결될 수 있다면 얼마나 좋을까? 하지만 아이는 이렇게 대꾸한다. "동생이 자꾸 내 물건을 가져가요. 내가 하지 말라고 했는데 내 말을 안 들어요. 엄마는 왜 내 말은 안 듣고 동생한테 야단도 치지 않아요?"

지금은 새벽 12시 25분이다. 적어도 12시 전에는 들어오라고 했는데 10대 청소년인 당신의 딸아이가 전화 한 통 없이 아직 집에 오지 않았다. 당신은 거실 소파에 앉아서 현관을 뚫어져라 지켜보며 손으로 핸드폰을 만지작거리고 있다. 화가 머리끝까지 치밀어 오른다. 이윽고 문이 벌컥 열린다. 이런 장면이 지금까지 수차례 반복되어 왔다. 자녀는 귀가시간을 정하는 게 싫다며 알아서 할 테니 걱정 말라고 했다. 하지만 이런 일이 생길 때마다 당신은 귀가시간을 지키라고 이야기할 것이고 아이는 짜증을 낼 것이다. 당신은 더 이상 아이가 꾸며낸 변명을 듣기도 싫고, 몇 분 늦은 걸 가지고 지나치게 간섭한다며 "내가 술이나 마약을 한 것도 아닌데 왜 그래!"라는 식의 항변을 듣는 것도 지겨워졌다. 당신이 듣고 싶은 말은 아이가 변명하지 않고 자신의 책임에 통감하며 다시는 이런 일이 없을 것이라고 약속하는 것이다. 하지만 그런 일은 일어나지 않는다. 당신은 아침에 다시 이야기하기로 하고 잠자리에 들 수밖에 없다. 이런 일이 계속 반복되다 보니 매일 지친 심신으로 잠자리에 들기 일쑤다.

예수 그리스도의 복음은 우리가 부모로서 어떤 역할을 해야 하는지 보여주는 최고의 모델이다.

하나님 아버지께서 그의 자녀인 우리를 어떻게 변화시키셨는지 생각해보라. 예수님 사역의 완성으로 우리는 하나님의 자녀가 되었고, 그의 자녀가 가질 수 있는 모든 권리를 가지게 되었다. 그렇게 하나님의 자녀가 되었고 의인이 되었지만 우리는 여전히 변화되어야 할 것이 너무 많은 불완전한 존재다. 즉 죄의 파괴력은 예수님의 사역으로 모두 와해되었지만, 우리 안에 남아있는 죄성은 **점진적으로** 근절되어 간다.

여기서 우리가 반드시 이해해야 하는 중요한 문제는 하나님 아버지의 사역은 사건이지만, 그분이 주도하시는 변화는 인생의 전 기간을 통해 이루어지는 과정이라는 사실이다. 하나님께서 당신을 의인이라고 칭하셨을 때 마술처럼 '뽕' 하고 변하는 게 아니라는 사실을 하나님도 이미 알고 계신다. 그분은 우리 인생 전체를 통해 매일 매일 변화를 인도하신다. 우리에게 죄를 밝히 보여주시고, 잘못을 꾸짖으시고, 대면해주시고, 용서하시고, 변화시키시고, 은혜 베푸시는 과정을 매일 조금씩 하고 계신다. 이 과정을 바울은 디모데전서 1장 16절에서 이렇게 표현했다. "그러나 내가 긍휼을 입은 까닭은 예수 그리스도께서 내게 먼저 일체 오래 참으심을 보이사 후에 주를 믿어 영생 얻는 자들에게 본이 되게 하려 하심이라." 그리고 이 말은 곧 "우리는 괴수 중의 괴수인데 예수님께서 우리를 들어 하나님이 얼마나 오래 참고 은혜가 넘치시는 분인지 보여주셨다. 따라서 이런 하나님 아버지를 믿고 의지하는 사람은 그분의 인내를 다른 사람에게도 보일 수 있어야 한다"고 말하는 것이다.

여기 우리가 모델로 삼아야 할 분이 계시다. 양육은 자녀들이 잘못했을 때 혼내고 잘못을 시인하게 하는 드라마틱한 사건의 연속이 아니다. 인생 전체를 통해 폭넓은 이해와 점진적 변화가 일어나는 과정이다. 네 살짜리 꼬마를 혼낸다고 해서 아이가 "저는 이기적이고 나밖에 모르는, 구원이 필요한 존재입니다."라고 말할 리 없다. 10대 아이가 야단을 맞으면 행동을 고칠 것이라고 생각하지 말라. 그들은 아직 당신의 지혜가 필요한 연약한 존재일 뿐이다. 하루아침에 바뀔 것이라는 기대 때문에 우리 속이 더 타는 것인지 모른다.

> 그날은 가족이 함께 휴가를 떠나기로 한 날이었다. 1년 동안 아이를 잘 양육해왔다고 믿었기에 휴가만큼은 자녀들이 당신을 속상하게 하는 일이 없길 바랐다. 그 순간 당신이 무엇을 기대하고 있는지 생각해보자. 당신은 여전히 많은 관심이 필요한 한 죄인이 하루아침에 완벽하게 변해서 아무 도움 없이도 온전한 존재가 되기를 바랐다. 차에 탄 지 채 5분도 되지 않아 자동차 뒷좌석에서 싸움이 벌어졌다. 그래서 당신은 계속 싸우면 휴가고 뭐고 집으로 다시 돌아갈 것이라고 겁박하기 시작했다.

부모에 대한 이해가 잘못되어 있으면 자녀들에게 비현실적인 기대를 갖게 되고, 거기에 미치지 못하는 자녀를 보며 실망하게 된다. 결국 부모로서 해선 안 될 말과 행동까지 하게 된다. 좀 더 자세히 설명해보겠다.

영적 실명 상태

양육이 잘못된 행동을 바로잡는 것에만 국한된다면 그것처럼 쉬운 일도 없을 것이다. 하지만 당신이 해결해야 할 것은 보다 심오하고 중대한 일이다. 성경은 죄의 가장 큰 위험성 중의 하나가 우리 눈을 가리는 것이라고 기록한다. 모든 부모가 자신에게서 발견하고, 자녀를 키우면서 마주하는 현실이다(사 6:10, 43:8, 18; 습 1:17; 마 15:14; 요 2:10; 고후 4:4; 히 3:12-13). 그동안 나는 줄곧 이렇게 말해왔다. "죄는 눈을 멀게 합니다. 그렇다면 죄에 가려 가장 먼저 보이지 않게 되는 존재는 누구일까요? 우리가 죄인이라 하더라도 가족과 이웃, 주변 친구들의 죄는 잘 보입니다. 하지만 자신의 죄를 발견하면 상당한 충격을 받게 됩니다. 죄에 가려 나 자신을 잘 보지 못했을 테니까요."

이것이 바로 당신이 아이들을 대하며 다루게 될 문제다.

자녀들이 죄에 사로잡혀 있기 때문에 자신이 만든 규칙을 따르려 하고, 부모의 권위에 도전하고, 잘못된 행동을 하려 들 것이다. 그런 상황에서 당신이 반드시 알아야 할 것은 자녀는 자신이 죄인인지, 어떤 사람인지 정확히 알지 못한다는 사실이다. 다시 말해 자녀는 뭐가 잘못됐는지 모르고 자신이 누구인지도 정확히 모른다. 이기적이고 반항적인 것이 아니라 눈이 멀어 보지 못하고 있는 것뿐이다. 하나님의 은혜로 당신에게는 너무도 명확한 것이 자녀들에게는 그렇지 않다. 그래서 당신에게 너무 당연한 일이 자녀들에게는 꼭 그렇지만은 않은 일이 된다. 생각할 필요조차 없는 당위성이 아이들에게는 이해되지 않는 것도 바로 이런 이유다. 아이들은 자기가 나름 잘하고 있고 올바르게 가고 있다고 믿는다. 자신의 판단이 어리석지 않고 현명하다 생각하기 때문에 부모의 조언이나 도움은 필요 없다고 생각한다. 그래서 그렇게 떼를 쓰는 것이다!

앞서 언급한 네 살짜리 꼬마 이야기도 마찬가지다. 문제는 여동생을 때린 것 자체보다 동생이 맞을 짓을 했다고 여기는 생각이다. 그는 여동생이 잘못했으니까 때린 것이고 엄마에게 혼나야 하는 것은 자신이 아니라 동생이라고 생각한다. 이렇게 믿는 이유는 죄가 그의 눈을 가려 자신을 제대로 볼 수 없게 되었기 때문이다. 10대 소녀의 이야기도 같은 맥락이다. 소녀는 집에 늦게 들어오는 것을 큰 문제로 여기지 않는다. 오히려 부모가 너무 과잉반응을 하고 자신을 판단하려 드는 것이 문제라고 생각한다. 자신은 매우 책임감이 강하고 자신의 행동에는 그럴 만한 이유가 있다고 생각한다. 부모가 괜히 흥분할 필요가 없다. 자신에겐 그럴 만한 잘못이 없기 때문이다. 이렇게 생각하는 근본 원인은 죄로 인해 진정한 자신을 제대로 보지 못하기 때문이다.

어떤 부모도 이런 기만적인 죄의 파괴력에서 벗어날 수 없다. 하지만 하나님이 주신 부모의 소명을 감당하려면 이 영적 실명 상태를 잘 이해해야 한다. 당신이 만약 영적으로 깨어있는 사람, 즉 자신의 죄를 정확하게 인식할 수 있는 사람을 양육한다면 문제가 훨씬 쉬울 것이다.

더욱이 영적 실명과 실제로 시력을 상실하는 것에는 매우 큰 차이가 있다. 당신이 불의의 사고로 시력을 상실했다면 실명이라는 현실을 정확히 인식하기 때문에 그것을 극복할 수 있는 여러 방법을 찾고 실행에 옮기게 된다. 내 친구 중 아홉 살 때 실명한 친구가 있다. 그 친구를 볼 때마다 나는 놀라움을 금할 수 없다. 보지 않고는 도저히 할 수 없는 일들을 척척 해내기 때문이다. 그 친구는 아주 어렸을 때부터 실명의 한계를 조금씩 극복해왔다. 같이 있으면 '어쩌면 저렇게 창의적인 방법을 생각했을까!' 감탄을 연발한다. 이렇게 말하면 웃을지 모르지만, 그 친구가 자신의 한계를 지혜롭게 극복할 수 있었던 이유는 아마도 자신의 눈이 보이지 않는다는 사실을 정확히 알고 있었기 때문이 아닐까 생각한다.

모든 부모와 자녀가 가지고 있는 영적 실명은 내 친구가 겪는 신체적 어려움과는 완전히 다르다. 영적 실명은 우리가 다루기에 매우 어렵고 위험한 요소를 동반하고 있기 때문이다. 시력을 상실하면 볼 수 없다는 사실을 금방 알게 된다. 그러나 영적으로 실명한 사람들은 자신이 볼 수 없다는 사실을 모른다. 즉 실명한 자신이 모든 것을 밝히 볼 수 있다고 믿는다. 죄의 기만과 자기이해의 망상이 공존하게 되는 것이다. 이런 생각이 우리 자녀들의 마음을 지배한다. 단순히 말을 안 듣는 것이 아니라 자신의 잘못된 행동이 무엇인지, 그런 행동을 하게 하는 죄의 본질이 무엇인지 제대로 보지 못하는 것이다. 이 사실을 제대로 이해하는 것이 양육에 많은 변화를 가져온다.

앞선 이야기에서 네 살짜리 꼬마와 10대 청소년이 함께 대화를 나눈다고 생각해보자. 생각보다 까다롭고 힘든 일이 될 것이다. 왜냐면 그들은 자신이 영적 실명 상태라는 것을 모르기 때문이다. 자녀들이 금방 잘못을 인정하고 그것을 얼마나 빨리 고치느냐의 문제가 아니다. 당신이 보는 것을 그들은 보지 못하고 있기 때문에 문제가 복잡하다. 그들은 당신이 틀렸다고 생각하거나 불필요하게 자신의 삶을 재단하려 든다고 믿는다. 따라서 한 번의 대화로 뭔가 큰 변화가 일어나기는 힘들다. 시간이 지나도 크게 바뀌지 않는 자녀의 모습 때문에 짜증이 나고 조급한 마음에 낙담되기도 할 것이다.

이 문제에서 반드시 짚어야 할 중요한 요소가 있다. 영적 실명은 자녀들에게만 있는 것이 아니라는 점이다. 자녀들과 마찬가지로 죄가 당신과 나의 눈을 가리고 있다. 그것이 우리를 지나칠 정도로 확신에 넘치고 독선적으로 만들기도 한다. 자신이 꽤 잘 살고 있다 생각하게 되는 것도 바로 죄 때문이다. 잘못을 바로잡지 못하게 하고 자신의 실수와 직면하는 순간 기분 나빠하며 방어적으로 변한다. 차분히 듣고, 생각하고, 또 잘못을 고백해야 할 순간에 자기변명에 급급한 모습을 보이게 된다. 우리 자녀들처럼 우리도 하나님 아버지의 도움이 필요하다. 오래 참고 견디며 우리의 눈을 뜨게 해주시는, 또 즉각적인 변화를 요구하기보다 자비로운 마음으로 기다려주시는 아버지 하나님의 도움이 필요하다. 우리가 어떤 상태에 있다는 것을 정확히 이해하시고, 우리를 비난하기보다 은혜로 대면해주시는 아버지가 필요하다. 당신이 성인이고, 오랫동안 하나님을 알았다 하더라도 분명 당신이 영적으로 보지 못하는 부분이 있고, 또 그것에 대해 도움을 받지 않으려는 성향이 있기 때문에 자녀들처럼 똑같은 잘못을 계속 반복한다. 실명했는데도 그 사실을 깨닫지 못하고 있는 것이다. 이것을 바로잡으려면 인내와 사랑이 필요하다. 우리 자녀들에게도 마찬가지다.

변화를 위한 3가지 전제

영적인 실명 상태를 깨닫는 것이 자녀양육에 어떤 변화를 만들어낼 수 있을까? 우리는 자녀에게 어떤 기대를 걸어야 하고, 또 부모로서 어떤 헌신을 해야 할까? 하나님이 자녀들의 삶 속에서 이루고자 하시는 일에 도움이 되기 위해 부모인 우리에게 어떤 성품이 필요할까?

우리 스스로 그 모든 조건을 만족시킬 수는 없지만 우리는 하나님의 손에서 쓰임받기 위해 선택되었다. 다음은 변화의 주체이신 하나님의 도구로서 갖추어야 할 세 가지 사고방식이다.

양육은 '과정'이다

양육이 특정 훈육의 연속이라는 생각에서 벗어나 인생 전반에 걸친 과정이라는 개념을 갖는 것이 매우 중요하다. 변화는 과정이다. 어떤 특정 사건이 계기가 될 수 있겠지만 이것을 변화의 완성으로 보는 것은 적절치 않다. 따라서 특정 훈육이 자녀에게 극적인 변화를 일으킬 것이라 기대하지 않는 게 좋다. 그런 극적인 결과로 변화가 일어나는 것이 아니다. 당신이 자녀에게 어떤 지혜를 전달하고, 자녀들의 마음을 열고, 자녀가 자기 마음이 어떠한지 깨닫게 하고, 자녀의 양심을 깨우고, 하나님을 알게 하고, 성경적인 세계관을 심어주고, 우리 스스로 할 수 없는 일들을 성령님께서 하실 수 있다는 것을 보여주는 모든 일이 한 번의 대화나 사건으로 완성되지 않는다.

지혜의 하나님께서는 양육을 조금씩 완성되어가는 과정으로 설계하셨다. 삶의 작은 순간을 양육의 기회로 활용하게 하셨다. 하나님은 우리가 부모로서 인간의 정체성과 삶의 의미, 도덕적, 영적 인식, 하나님과 인간에 대한 개념을 자녀가 조금씩 정립해가도록 돕는 일에 기쁨과 만족을 느끼기 바라신다.

아마도 양육이란 완성되지 않은 부족한 인간이(우리가) 또 다른 미완의 인간을 변화시키는 하나님의 사역에 투입되어 대리인의 역할을 하는 일일 것이다. 당신도 당신의 자녀들처럼 완성되지 못한 부족한 존재다.

예수님께서 제자들에게 마지막으로 하셨던 말씀도 이와 맥락을 같이한다. 가르칠 것이 너무 많았지만 그것을 완성할 시간이 없었다. 그래서 그 사역을 완성할 선생을 보내주신다고 약속하셨다. 이 세상에서 가장 훌륭한 선생이셨던 예수님조차 배움은 과정임을 인식하셨다. 그래서 부족한 사람들에게 사역을 맡기고 떠나실 수 있었다(요 16:12-15 참조).

양육은 '끊임없는 대화'다

이 말은 부모에게 엄청난 해방의 메시지다. 생각해보라. 한 번의 대화로 자녀들에게 고백이나 깨우침이 생길 수도 없을뿐더러 그럴 필요도 없다. 당신이 자녀와 나누는 대화는 앞으로도 계속되어야 할 대화의 발단이며 훗날 자녀가 장성하여 출가할 때까지 계속될 것이다. 그러니 한 번의 대화로 반드시 결판이 나야 한다는 중압감을 느낄 필요가 없다. 자녀와 대화를 나눌 기회가 아직 많이 남아있으므로 한 번에 고쳐야 한다는 비현실적 목표나 희망을 갖지 않아도 된다.

알다시피 당신보다 하나님께서 당신의 자녀를 더 사랑하신다. 그래서 자녀를 믿음의 가정인 당신에게 보내셨고, 자녀에게서 무엇이 잘못되고 있는지를 계속 알려주시는 것이다. 즉 당신에겐 많은 기회가 남아 있다. 자녀의 삶 속에서 어떤 역할을 해야 하는지 깨달아 알고, 헌신하고, 변화하는 과정을 밟아나가면 된다. 당신이 매일 조금씩 발전적인 대화를 하고 있다면, 그 대화를 통해 자녀들의 잘못이 당장 고쳐지지 않는다 해도 걱정할 필요가 없다. 하나님의 은혜가 이미 당신을 통해 자녀들의 삶과 마음속에 역사하기 때문이다. 그러므로 여전히 잘못하면서 양육의 손길을 기다리는 자녀들에게 화내지 말라. 오히려 양육의 과정과 기회가 제공된 사실에 기뻐하라. 당신이 정말로 신경 써야 하는 것은 **자녀들이 조금씩 변화될 수 있는 기회를 많이 포착하는 것**이다.

그것은 잠들기 전에 잠깐 나누는 대화가 될 수도 있고, 저녁 식탁에서 나눈 담소일 수도 있고, 쇼핑몰에서 얘기치 않게 나눈 깊은 대화일 수도 있고, 방과 후에 언급한 내용일 수도 있고, 차를 타고 이동하는 중에 나눈 이야기가 될 수도 있다. 이런 대화가 조금씩 쌓여 자녀가 단계적으로 바뀌고 회복될 수 있는 기회가 될 수 있다는 것에 감사해야 한다. 아침에 눈을 떴을 때 오늘 해야 할 일이 무엇인지를 생각하는 것도 좋지만, 이 세상에서 가장 중요한 과정을 당신과 자녀가 함께 밟아가고 있다는 사실에 먼저 감사해야 한다.

양육은 '하나님의 사역'이다

단순히 부모로서 자녀의 행동에 대응하는 것이 아니라, 자녀의 삶은 온전히 하나님의 사역이라는 개념을 가지고 양육에 임해야 한다. 당신은 자녀를 속속들이 다 알고 있다. 그들의 약점이 무엇인지, 어떤 일에 둔감한지, 어떤 유혹에 잘 빠지는지, 어떤 때 반항하는지, 그리고 어떤 고민을 가지고 있는지 모두 안다. 따라서 그런 기회를 통해 하나님께서 당신의 자녀에게 보여주고자 하시는 것들을 그들에게 전달할 수 있다. 매일 자녀를 대할 때 당신이 이미 알고 있는 자녀의 기질과 성향을 고려하는 것이 중요하다. 네 살짜리 꼬마에게는 아주 간단한 설명으로, 10대 청소년에겐 조금 복잡하게 이야기하겠지만, 어쨌든 대화는 계속될 것이다. 즉 당신의 양육이 하나님의 사역이라는 개념을 가지면 하나님이 주시는 또 다른 기회가 있다는 것을 알기에 한 번에 모든 것을 끝내야 한다고 생각할 필요가 없다.

하나님의 사역이라는 개념이 없으면 주님이 주실 다음 기회를 준비하기보다 자녀의 행동에 대응하는 양육이 된다. 부모의 조치가 필요한 문제가 생길 때마다 놀라며 그 상황을 봉합하는 식으로 대응한다. 이러한 양육의 문제점은 **감정적으로 반응**할 확률이 높다는 것이다. 사역으로서의 양육이라는 개념이 없으면, 자녀에게 벌어진 일을 양육의 방해물이나 번거로운 상황으로 여기기 때문에 감정적으로 반응하게 된다. 부모의 일관성 없고 불규칙한 반응 때문에 자녀들은 부모의 권위에 문제의식을 가지게 된다. 어제 기분이 안 좋았던 당신은 아이들이 떠든다며 소리를 질렀다. 그러나 오늘은 기분이 좋아져서 어제와 같은 상황인데도 아이들을 가만히 내버려둔다.

그러다 보면 하나님께서 부여하신 권위의 필요성을 느끼고 그 뜻에 순종해야 할 아이들이 눈치만 빠삭해진다. 집안의 규율은 부모의 기분에 따라 바뀔 수 있다는 걸 알게 되는 것이다. 그래서 수시로 부모의 기분을 파악하며 규율을 어겨도 되는 상황인지 아닌지를 요량한다. 부모의 개입과 권위에 일관성이 없으니 자녀도 마찬가지가 된다. 이렇게 되면 더 이상 대화의 진전도 없을뿐더러 자녀가 제대로 성장할 수 없다. 부모 역시 하나님이 원하시는 변화의 도구 역할을 제대로 할 수 없게 된다.

아버지의 길을 따라

당신이 만약 자녀의 삶 속에 개입하시는 하나님 아버지의 길에 동참하고 싶다면 그분의 사역뿐 아니라 방법까지 좇아야 한다. 하나님의 도구로 쓰임받는다는 것은 사역 과정에 헌신할 뿐 아니라 그 일을 하는 우리 안에 하나님의 성품이 담기도록 노력해야 한다는 뜻이다. 솔직히 우리에게 기회가 없어서 좋은 양육을 못하는 것이 아니다. 자녀들의 성격이 나빠서도 아니다. 가장 큰 문제는 부모의 성품이다. 하나님이 주신 결정적인 순간에 화를 내느라 그 기회를 잃어버리기도 하고, 인내가 필요한 순간에 참지 못하는 경우도 많다. 우리도 자녀들처럼 부족하다는 사실을 솔직히 고백해야 할 때 '내 말만 맞다'는 식의 독선적인 행동을 할 때가 있다. 현명한 지혜가 필요한 순간에 겁을 주고, 사랑과 이해가 요구되는 시간에 불쾌함을 드러낸다. 하나님의 명령에 복종하지 않아서가 아니라 우리의 안락함과 편안함을 깨버렸다는 이유로 화를 낸다. 섬겨야 할 때 자녀들에게 뭔가를 요구한다. 안타깝게도 당신이 화내는 순간은 양육이 절박하게 필요한 순간이다. 아이들과 함께 걸으며 이야기를 듣고 다독이는 양육 말이다.

지금까지 이야기한, 부모에게 필요한 성품은 인내, 겸손, 절제, 순종, 온유, 사랑, 신실함, 기쁨 등이다. 알다시피 이런 성품은 우리에게 저절로 생겨나는 기질이 아니다. 우리 모두가 "이것이 좋은 부모에게 요구되는 성품이라면 나는 절대로 좋은 부모가 될 수 없습니다."라고 고백할 수밖에 없다. 하지만 실망하기엔 이르다. 앞서 이야기한 것처럼 하나님께서는 우리가 원래 가지고 있었던 능력과 재료만 사용하도록 내버려두시지 않기 때문이다. 이러한 성품들을 보며 혹 생각나는 성경구절이 있는가? 눈치 챘겠지만 우리에게 잘 알려진 갈라디아서 5장 22-23절의 '성령의 열매'와 거의 동일하다. 지금부터는 이 구절이 의미하는 성품에 대해 깊이 생각해보자.

당신이 만약 이러한 성품을 도덕적 목표로 삼고 그것을 이루려 한다면 아마도 불가능할 것이다. 여기 부모가 반드시 이해해야 할 근본 진리가 있다. 앞에서 언급한 성품들은 하나님께서 우리 스스로 이루라고 세워놓으신 도덕적 표준이 아니다. 이것은 은혜의 하나님께서 주신 선물이다. 하나님께서는 우리의 양육에 깊이 관여하시지만, 우리 스스로는 도저히 그러한 성품으로 아이들을 대하고 키울 수 없다는 것을 잘 아신다. 그중 어떤 것도 죄인인 당신과 나의 마음에서 자연스럽게 생겨나지 않는다. 죄는 우리를 항상 극적 상황으로 몰고 갈 뿐 아니라 도덕적 딜레마에 빠지게 한다. 하나님께서 우리에게 명하시고 기대하시는 것들이 있지만, 죄인의 습성을 가진 우리는 그것을 이룰 수 없다는 딜레마 말이다. 하지만 거기서 끝나지 않는다. 성경은 하나님께서 우리가 이룰 수 없는 목표를 세우시고 마치 우리가 실패하기를 기다렸다는 듯 심판하신다고 기록하지 않는다. 하나님께서 우리 앞에 절대 타협할 수 없는 도덕적 표준을 세워두신 건 맞지만 우리를 위해 모든 조건을 만족시키는 그분의 아들을 보내주셨다. 때문에 우리의 실패를 솔직하게 인정하고 하나님께 도움을 구하면 된다. 그리스도의 십자가는 부모인 우리의 좌절과 실패를 부정할 필요가 없다고 말한다. 대단한 사람인 척할 필요도 없다. 우리를 도와주실 유일한 분을 피해 숨을 필요가 없다.

또한 갈라디아서 5장은 하나님이 우리를 용서하셨을 뿐 아니라 새로운 가능성을 내려주셨다고 기록한다. 예수님은 우리를 변화시키는 은혜를 베푸셨다. 앞에서 이야기한 성품들은 모든 믿는 자에게 주시는 하나님의 은혜의 선물이다. 예수님의 죽음으로 말미암아 무자비한 자가 사랑이 넘치는 사람이 되고, 불평불만만 하던 사람이 기쁨이 넘치는 사람으로, 싸움꾼이 평화를 수호하는 사람으로, 성급한 사람이 오래 참고 견디는 사람으로, 정 없고 야박한 사람이 다정한 사람으로 변하는 것이다.

'이미' 이루어진 구원과 '아직' 오지 않은 영원한 삶 사이에 있는 당신의 오늘도 하나님께서 역사하신다. 하나님은 우리의 일상적인 상황과 장소,

관계에서 은혜를 통해 점진적으로 우리를 변화시키신다. 우리의 삶에 은혜로 함께하신다. 그래서 자녀를 양육할 때도 하나님의 은혜의 도구로 준비되어 있기를 원하신다. 하나님께서 오래 참아주신 것처럼 우리도 차근차근 그분의 은혜로 자녀들의 삶을 변화시켜야 한다.

어느 날 결코 화를 참을 수 없는 일이 생긴다면 이 두 가지를 기억하라. 첫 번째는 당신의 실패는 이미 용서받았기 때문에 하나님 앞에 겸손히 고백하고 도움을 구해야 한다는 것이고, 두 번째는 당신이 실패의 굴레에 빠진 게 아니라는 점이다. 하나님의 헤아릴 수 없는 은혜가 당신을 점진적으로 변화시키고 성숙하게 할 것이다. 당신의 양육이 하나님께서 당신 자녀의 삶에서 이루고자 하시는 사역에 방해가 아닌 도움이 되는 쪽으로 바뀌게 될 것이다.

당신도, 당신의 자녀도 홀로 남겨지지 않았다. 하나님께서 은혜로 항상 함께하신다. 때문에 당신은 하나님께로부터 받은 은혜를 자녀와 함께 나눌 수 있다. 당신이 하나님께 그랬던 것처럼 자녀도 당신에게 찾아와 자신의 부족함을 고백할 수 있다. 자녀들이 완벽하지 않기에 당신의 도움이 필요한 것이다. 더 나아가 마음을 변화시키시는 하나님 아버지의 은혜가 그들에게 평생 필요하다.

7. 부모의 사명은 '잃어버린 자'를 사랑하고 구조하는 것이다

"눈에 보이는 나쁜 행동보다
그것의 원인인
마음을 다루어야 한다."

이 장에서는 하나의 관점에 대해 이야기하려 한다. 이 관점은 당신이 부모로 부름받은 이유를 어떻게 받아들여야 할지 다시 생각하게 할 것이다. 자녀들이 당신을 지치게 하고 마치 일부러 뜻을 거스르는 것처럼 굴 때, 그들을 이해하는 데 도움을 줄 것이다. 자녀가 개인적인 감정으로 문제를 일으키는 게 아니라는 것, 당신의 하루를 망가뜨리겠다는 일념으로 아침부터 부지런히 당신을 괴롭히는 게 아니라는 것, 왜 한 번에 모든 문제가 해결되지 않고 반복해서 가르쳐야 하는지에 대한 힌트도 얻을 수 있을 것이다. 또한 당신이 자녀의 삶에서 차지하는 영적 중요성을 강화시켜줄 것이다.

양육은 단순히 자녀의 잘못된 **행동**을 다루는 것이 아니라 그 **마음의 상태**를 다루는 것이다. 누군가 이렇게 생각할지 모르겠다. '무슨 얘기를 하는 건지 전혀 이해되지 않아요. 난 그저 딸아이가 당근을 먹어주기 바랄 뿐이에요. 단지 내 아들이 방바닥에 떨어져 있는 옷 좀 주워서 정리하길 원한다고요. 아이들이 저에게 자꾸 대들지 않았으면 하고요. 아이들이 조금만 순종하는 모습을 보이면 좋겠다는 거죠. 그렇게만 해준다면 난 만족할 거예요.'

하지만 당신이 알아야 할 게 있다. 당신이 체험하는 아이들의 반항, 난리법석, 불평, 게으름, 무책임, 다툼, 어리석은 선택 등은 단지 밖으로 표출된 현상에 불과하다. 그 이면에 숨어 있는 원인을 발견하는 것이 더 중요하다. 당신이 내면에 깊이 숨어 있는 원인을 이해하지 못하면 표면적인 승리와 해결만 맛보게 된다. 그것으로는 지속적인 변화를 이끌어낼 수 없다.

양육 컨퍼런스에서 강연을 할 때면 지친 부모들과 대화할 기회가 많다. 어떤 부모들은 이렇게 말한다. "뭘 해도 소용이 없어요." 또 어떤 분은 이렇게 묻는다. "왜 계속 똑같은 일로 속 썩어야 하는 거죠?" 어떤 부모는 막내가 빨리 자라서 집을 떠나주면 좋겠다고 조용히 고백하기도 한다. 자녀들과 좋은 관계를 유지할 수 없다며 눈물을 흘리는 부모도 많이 만나봤다. 양육 관련 도서를 구입해 읽었는데도 별로 도움이 되질 않았다고 설명하기도 했다. 내가 확신할 수 있는 것은 당신이 무엇을 다루고 있는지 정확히 인식하지 못하고 '어림짐작으로' 문제를 해결하려 하면 결국 지치고 낙담하게 될 것이라는 점이다.

자녀들의 행동이 아니라 마음의 상태를 다룬다는 말이 과연 무슨 뜻일까? 메시아이신 예수님이 직접 하신 이 말씀은 내가 하려는 이야기를 정확히 관통하고 있다. "인자가 온 것은 잃어버린 자를 찾아 구원하려 함이니라"(눅 19:10). 예수님이 이 말씀에서 의미하신 바를 깨닫지 못하면 우리는 결코 하나님이 우리에게 맡기신 사명을 이해할 수 없고, 우리가 매일 감당해야 할 일들이 무엇인지도 인식할 수 없을 것이다.

자녀들이 아무 이유 없이 불순종하는 게 아니다. 그들이 '잃어버린 자'이기 때문에 불순종하는 것이다. 공연히 어리석은 선택을 하는 것도 아니다. 그들이 잃어버린 자이기 때문에 그런 선택을 하는 것이다. 아직 어려서 형제자매와 싸우는 것이 아니다. 그들이 잃어버린 자이기 때문에 사이좋게 지낼 수 없는 것이다. 그냥 게으른 게 아니다. 잃어버린 자이기 때문에 게을러진 것이다. 쓸데없이 부모의 권위를 거부하는 게 아니다. 그들이 잃어버린 자이기 때문에 저항하는 것이다. 이처럼 눈에 보이는 것들은 그 이면에 도사리고 있는 마음의 문제를 드러내는 것일 뿐이다. 따라서 우리는 그 원인을 깊이 이해하고 들여다봐야 한다.

'작심 3일' 양육법

그녀는 불만이 가득한 목소리로 설명했다. "목사님, 저는 이렇게 긴 컨퍼런스가 필요 없어요. 따라야 할 규칙도 너무 많아요. 단박에 해결하는 양육법은 없나요? 그런 게 있다면 정말 좋겠어요!"

물론 이 말에 크게 상처를 받진 않았다. 나도 아버지로서 그녀가 겪고 있는 좌절을 충분히 경험해 알고 있기 때문이다. 하지만 그녀의 짧은 불평 한 마디로 깨달은 게 있다. 바로 많은 부모들이 그녀처럼 단번에 해결할 수 있는 양육법을 찾고 있다는 것이다. 이를테면 아이들에게 "이제 그만해!"라고 말하면 모든 상황이 종료되는 그런 방법이다. 만약에 정말 그런 양육법이 있어서 아이들이 아침에 일어날 때부터 잠자리에 드는 저녁까지 스스로 자기의 일을 척척 알아서 한다면 부모들은 무슨 수를 써서라도 그 방법을 터득하려 할 것이다. 하지만 3일, 3년, 30년이 걸려도 그런 양육비법은 습득할 수 없다. 애초에 그런 양육법이 존재하지 않기 때문이다. 양육은 일정 기간 동안 자녀의 행동을 바꾸는 것, 그 이상의 일이다. 다시 말해 자녀의 마음 상태를 다루는 것이다. 자녀들의 행동을 훌륭하게 이끄는 것이 바로 이 마음의 상태다.

여기서 의학적인 예가 도움이 될 것 같다. 당신이 위암에 걸렸다고 가정해보자. 그러면 당신은 그 병을 일으킨 원인에 집중할 것이다. 단지 병의 결과에만 집착하지 않을 것이다.

예들 들어 3일 동안 복부에 통증도 없고 구토도 멈췄다고 하자. 단지 그 사실만으로 당신이 건강해졌다고 말할 수 있는가? 약으로 통증이 완화되었으니 감사한 일이다. 하지만 당신의 병이 완전히 치료된 것은 아니다. 당신이 정말로 위암 환자라면 단순히 쓰린 통증만 완화하는 데 그치지 않고 그 증상들의 원인, 즉 암을 해결할 근본적인 방법을 강구할 것이다. 그리고 통증완화에는 능숙하지만 질병의 근본 원인에 무지한 의사를 절대 신뢰하지 않을 것이다.

양육도 마찬가지다. 물론 당신의 자녀가 고분고분 말을 잘 듣고, 올바른 것을 선택하고, 형제자매간에 사이좋게 지내는 것은 감사한 일이다. 자녀들과 대화가 잘 통하고, 그 대화로 아이들이 잠시나마 통찰력을 얻을 수 있다면 참으로 고마운 일이다. 자녀들이 당신을 존경하고, 감사를 표현할 줄 아는 것도 감사한 일이다. 평화로운 저녁 식사와 잘 정돈된 자녀들의 방도 감사할 내용이다.

그러나 이런 것에 만족하면 안 된다. 이것을 문제 해결로 간주하면 안 된다. 자녀의 삶에서 하나님의 뜻을 도모하는 부모로서 증상만 완화하는 데 만족하고 결국 아이들을 망가뜨리고 당신에게 마음의 고통을 안겨줄 원인에 대해서는 다루지 않는 미봉책 양육이 되어선 안 된다. 물론 잠깐이라도 아이들이 착하게 지내는 건 기뻐할 일이다. 하지만 절대 거기에 안주하면 안 된다.

'잃어버린 자'의 의미

예수님은 **'잃어버린'**이란 말을 아주 생생하게 사용하셨다. 잃어버린 양, 잃어버린 동전, 잃어버린 아들의 비유로 말이다. 이 비유들에서 '잃어버린'이라는 단어의 의미가 각각 잘 표현되어 있다. 사실 '잃어버렸다'는 말은 매우 다양한 의미를 가지는 단어다. **'찾을 수 없다'**는 뜻도 있고, **'생명을 다하여 더 이상 존재하지 않는다'**는 의미도 있다. **'패배하다'**, 혹은 **'혼돈스럽다'**는 의미를 갖기도 한다. 성경에 등장하는 3가지 비유는 '잃어버린'이란 단어가 갖는 다양한 의미를 잘 설명해주고 있다. 따라서 이 비유들의 핵심 메시지를 잘 이해하면 과연 자녀가 어떤 존재인지, 하나님이 왜 당신을 부모로 부르셨는지 깨닫게 될 것이다.

자녀들의 외적 행동뿐 아니라 보다 근본적으로 그 행동을 야기하는 마음 상태에 관심을 기울여야 한다는 사실을 기억하라. 당신은 이제 모든 일에 즉각적으로 반응하는 습관을 버리고 목적과 방향을 가지고 양육에 임해야 한다.

그런 의미에서 누가복음 15장은 부모에게 큰 도움을 준다. 매우 생생한 비유를 통해 '잃어버린' 상태의 의미를 정확히 조명하고 있다. 자녀들의 생각, 욕망, 선택, 말, 그리고 행동 모두를 통제하고 있는 '잃어버린' 상태란 과연 무엇일까?

잃어버린 양의 비유

모든 세리와 죄인들이 말씀을 들으러 가까이 나아오니 바리새인과 서기관들이 수군거려 이르되 이 사람이 죄인을 영접하고 음식을 같이 먹는다 하더라 예수께서 그들에게 이 비유로 이르시되 너희 중에 어떤 사람이 양 백 마리가 있는데 그중의 하나를 잃으면 아흔아홉 마리를 들에 두고 그 잃은 것을 찾아내기까지 찾아다니지 아니하겠느냐 또 찾아낸즉 즐거워 어깨에 메고 집에 와서 그 벗과 이웃을 불러 모으고 말하되 나와 함께 즐기자 나의 잃은 양을 찾아내었노라 하리라 내가 너희에게 이르노니 이와 같이 죄인 한 사람이 회개하면 하늘에서는 회개할 것 없는 의인 아흔아홉으로 말미암아 기뻐하는 것보다 더하리라(눅 15:1-7).

잃어버린 드라크마(은전의 명칭) 비유

어떤 여자가 열 드라크마가 있는데 하나를 잃으면 등불을 켜고 집을 쓸며 찾아내기까지 부지런히 찾지 아니하겠느냐 또 찾아낸즉 벗과 이웃을 불러 모으고 말하되 나와 함께 즐기자 잃은 드라크마를 찾아내었노라 하리라 내가 너희에게 이르노니 이와 같이 죄인 한 사람이 회개하면 하나님의 사자들 앞에 기쁨이 되느니라(눅 15:8-10).

잃어버린 아들의 비유

또 이르시되 어떤 사람에게 두 아들이 있는데 그 둘째가 아버지에게 말하되 아버지여 재산 중에서 내게 돌아올 분깃을 내게 주소서 하는지라 아버지가 그 살림을 각각 나눠 주었더니 그 후 며칠이 안 되어 둘째 아들이 재물을 다 모아 가지고 먼 나라에 가 거기서 허랑방탕하여 그 재산을 낭비하더니 다 없앤 후 그 나라에 크게 흉년이 들어 그가 비로소 궁핍한지라 가서 그 나라 백성 중 한 사람에게 붙여 사니 그가 그를 들로 보내어 돼지를 치게 하였는데 그가 돼지 먹는 쥐엄 열매로 배를 채우고자 하되 주는 자가 없는지라

이에 스스로 돌이켜 이르되 내 아버지에게는 양식이 풍족한 품꾼이 얼마나 많은가 나는 여기서 주려 죽는구나 내가 일어나 아버지께 가서 이르기를 아버지 내가 하늘과 아버지께 죄를 지었사오니 지금부터는 아버지의 아들이라 일컬음을 감당하지 못하겠나이다 나를 품꾼의 하나로 보소서 하리라 하고 이에 일어나서 아버지께로 돌아가니라 아직도 거리가 먼데 아버지가 그를 보고 측은히 여겨 달려가 목을 안고 입을 맞추니 아들이 이르되 아버지 내가 하늘과 아버지께 죄를 지었사오니 지금부터는 아버지의 아들이라 일컬음을 감당하지 못하겠나이다 하나 아버지는 종들에게 이르되 제일 좋은 옷을 내어다가 입히고 손에 가락지를 끼우고 발에 신을 신기라 그리고 살진 송아지를 끌어다가 잡으라 우리가 먹고 즐기자 이 내 아들은 죽었다가 다시 살아났으며 내가 잃었다가 다시 얻었노라 하니 그들이 즐거워하더라 맏아들은 밭에 있다가 돌아와 집에 가까이 왔을 때에 풍악과 춤추는 소리를 듣고 한 종을 불러 이 무슨 일인가 물은대 대답하되 당신의 동생이 돌아왔으매 당신의 아버지가 건강한 그를 다시 맞아들이게 됨으로 인하여 살진 송아지를 잡았나이다 하니 그가 노하여 들어가고자 하지 아니하거늘 아버지가 나와서 권한대 아버지께 대답하여 이르되 내가 여러 해 아버지를 섬겨 명을 어김이 없거늘 내게는 염소 새끼라도 주어 나와 내 벗으로 즐기게 하신 일이 없더니 아버지의 살림을 창녀들과 함께 삼켜버린 이 아들이 돌아오매 이를 위하여 살진 송아지를 잡으셨나이다 아버지가 이르되 애 너는 항상 나와 함께 있으니 내 것이 다 네 것이로되 이 네 동생은 죽었다가 살아났으며 내가 잃었다가 얻었기로 우리가 즐거워하고 기뻐하는 것이 마땅하다 하니라 (눅 15:11-32).

각각의 비유는 '잃어버렸다'는 것의 의미와 당신이 부모로서 겪는 문제 및 직무에 대해 잘 기술하고 있다. 순서대로 먼저 잃어버린 양의 비유를 살펴보자. 무엇보다 눈에 띄는 건 다음의 3가지 내용이다.

첫째, 양은 목자가 필요하다. 목자의 지혜와 보호가 있어야만 살아갈 수 있다. 하나님께서는 당신의 자녀도 양들처럼 누군가의 도움이 필요하도록 만드셨다. 그러므로 자녀가 당신을 진정으로 필요로 하는 순간이 오면 어떤 이유로든 짜증내지 말라. 당신이 자녀를 가르치고 보호하고 필요를 채워주도록 하신 것은 바로 창조자 하나님의 현명하신 선택이다. 양이 목자를 필요로 하듯, 자녀도 그들을 보살펴줄 부모가 필요하다. 자녀의 필요 때문에 아침 일찍 일어나야 할 때도 있다. 하루에 수백 번 당신의 일이 방해를 받을 수 있다. 자녀가 당신의 잠을 설치게도 할 것이다. 하지만 그것이 바로 자녀들의 현실이다. 그들은 의존적일 수밖에 없다. 그들의 필요를 채워주라고 하나님께서 당신을 부르셨다.

둘째, 양은 자주 방황한다. 본성적으로 양은 주의가 산만하고, 담장 밖에 있는 싱싱하고 그럴 듯해 보이는 초록빛 풀밭에 쉽게 현혹된다. 길을 잃고 헤매는 다른 양을 아무 생각 없이 좇아간다. 당신의 자녀들도 마찬가지다. 그들 안에 존재하는 죄 때문에 아이들은 쉽게 방황한다. 부모의 가르침과 훈계에서 멀어지려 한다. 스스로 자기 앞길도 챙기지 못하는 다른 친구들에게 쉽게 영향을 받는다. 자녀들이 보여주는 대부분의 잘못된 행동은 고의적인 악의에서 나온 것이 아니다. 물론 그럴 때도 있겠지만 아이들의 반항적인 행동 대부분은 그들이 '잃어버린 자'이기 때문에 비롯되는 일이다. 당신의 자녀가 아침에 일어나 이렇게 혼잣말을 하지는 않을 것이다. "아침 8시 30분에 엄마와 말다툼을 시작할 거야." 혹은 "오늘 저녁 7시 30분에 엄마의 말에 불순종할 건수를 찾아야지."

당신이 만약 자녀의 불순종을 의도적인 것으로 이해한다면 상처를 받을 수밖에 없다. 그러면 그 행동 이면을 살피기보다 표면적으로 드러나는 외적 행동만을 책망하게 될 가능성 또한 크다. 이 점을 꼭 강조하고 싶다. 당신의 자녀들은 방황할 것이다. 당신과 한바탕 전쟁을 치르고 싶어서가 아니다. 그들이 잃어버린 자이기 때문이다.

셋째, 일단 양이 길을 잃고 헤매기 시작하면 스스로 자신을 구할 수 없다. 길 잃은 양에게는 자신을 집으로 데려다줄 누군가가 필요하다. 당신의 자녀도 마찬가지다. 자녀들을 둘러싸고 있는 세상에서 구출하자는 게 아니다. 자녀들은 무엇보다 그들 '자신'으로부터 구조되어야 한다. 자기 자신보다 더 큰 위험은 존재하지 않는다. 그 이유는 우리 자녀들이 '잃어버린 자'이기 때문이다. 길을 잃은 그들은 자신이 하나님께서 계획하신 보살핌과 보호를 떠나서 독립적으로 살아갈 수 있다고 생각한다. 하지만 어떤 인간도 그런 능력을 갖고 태어나지 못했다. 그러므로 양육이란 매 순간 진행되는 구조작업이다. 부모는 매일 스스로를 일깨워야 한다. 우리는 자녀를 지속적으로 구출하라는 사명을 받았고, 구조가 필요한 순간에 결코 원망하거나 분개해선 안 된다.

잃어버린 드라크마 비유가 말하는 핵심은 동전을 분실한 사실이 아니라 동전을 찾는 행위다. 이 짧은 구절은 잃어버린 자에 대한 하나님의 태도를 매우 명확하게 묘사한다. 여전히 9개의 동전을 가지고 있지만 여인은 잃어버린 동전을 부지런히 찾는다. 그리고 잃어버린 동전을 발견했을 때 가족과 친구를 불러 잔치를 벌인다! 이것이 바로 하늘에 계신 우리 아버지의 태도다. 하나님은 잃어버린 자 하나 하나에 관심이 있으시다. 그리고 그중 하나를 찾으면 하늘의 천사와 함께 잔치를 벌이신다. 이 짧은 본문이 하나님의 긍휼, 인내, 은혜에 대한 강력한 메시지를 전달한다. 바로 자녀를 위해 하나님의 대사로 부름받은 우리가 보여주어야 할 마음과 행동과 자세다. 그러므로 자녀들이 길을 잃고 헤매거나 도움을 필요로 할 때 결코 화를 내선 안 된다. 그들이 겪는 외로움을 경멸하거나 비난해서도 안 된다. 자녀의 행동과 생각이 일고의 가치도 없다는 듯 도덕적으로 폄하해서도 안 된다. 부모는 자비와 은혜의 마음으로 자녀를 양육해야 한다. 인내의 마음으로 함께 견뎌주고, 자녀가 마음을 털어놓거나 옳은 길을 선택하려는 순간마다 함께 기뻐해야 한다.

이제 3가지 비유 중 가장 긴 잃어버린 아들 이야기를 살펴보자. 이 비유는 예수님께서 말씀하신 모든 비유 중 가장 유명하다. 이 비유 하나만 가지고도 책 한 권을 쓸 수 있을 것이다. 이 비유를 통해 '잃어버린' 상태가 무슨 의미인지 살펴보고, 부모가 어떤 자세로 자녀를 양육해야 하는지 생각해보자. 첫 번째로 주목하게 되는 것은 아들이 집을 떠나 세상을 경험하려는 의지가 얼마나 강력했는가 하는 점이다. 집에서 아무 부족함이 없었지만, 아들은 독립하여 스스로 살아보겠다는 유혹을 떨쳐버릴 수 없었다. 자녀가 길을 잃고 헤맬 때 우리가 겪는 가장 큰 두려움 중 하나가 그들이 유혹에 민감하다는 점이다. 그들의 내면은 자신을 외부적인 위험요소에 노출한다. 당신이 안 된다고 계속 얘기해도 막무가내다. 뿐만 아니라 유혹에 민감하기 때문에 쉽게 자기기만에 빠진다. 이게 무슨 뜻일까? 비유에 등장하는 아들은 진실이 아닌 자신의 모습을 스스로에게 주입한다. 감당할 수 없는 것들을 마치 스스로 해결할 수 있다는 식으로 말한다. 우리 자녀들도 마찬가지다. 자기 능력으로 할 수 없는 것들을 할 수 있다고 계속 세뇌한다.

　이 모든 것이 잃어버린 자에게 가장 위험한 게 무엇인지 보여준다. 잃어버린 자는 스스로를 파멸의 길에 올려놓으면서도 그것을 모른 채 나아간다. 이러한 위험 때문에 부모의 양육이 힘들지만 꼭 필요하다. 그 위험 요소는 아이들 밖에 있는 것이 아니라 그들 마음속에 있다. 모든 자녀가 그러한 위험에서 자유롭지 못하다. 유혹에 민감하기 때문에 자기기만의 모순에 쉽게 빠지고, 스스로 위험한 길을 자청한다. 거듭 말하지만 아이들은 그들 자신으로부터 먼저 구조되어야 한다.

　마지막으로 비유에 등장하는 아버지가 확실하게 보여준 것처럼 잃어버린 아들에게 진정으로 필요한 건 비판, 정죄, 비난, 처벌이 아니다. 물론 자녀들에게는 부모의 권위가 필요하다. 규율과 그것을 어길 때 발생하는 결과도 가르쳐야 한다. 자신이 선택한 일에 책임을 지도록 해야 한다. 하지만 그 어느 것도 자녀의 내면에 존재하는 위험으로부터 그들을 구출할 수 없다. 모든 자녀는 바로 그 위험으로부터 구조되어야 한다. 이것이 내가 강조하고 싶은 이 책의 핵심 주제다. 잃어버린 아들의 비유처럼 잃어버린 우리 자녀들을 긍휼히 여겨야 한다. 잃어버린 자녀에겐 이해와 인내가 필요하다. 그들에게 자비를 베풀어야 한다.

　잃어버린 아들의 비유에서 매우 감동적인 부분은 아들을 잃어버렸던 아버지가 결코 그를 포기하지 않았다는 사실이다. 그는 비통함과 분노로 흥분하지 않았고, 희망을 버리지 않았다. 마음의 문을 열고 끝까지 아들에 대한 사랑의 끈을 놓지 않았다. 그리고 아들이 돌아올 것을 기대하며 기다렸다. 언제든 그는 아들이 돌아올 때를 준비하고 있었다. 우리 모두가 주목해야 할 아름다운 양육의 모델이다.

이 비유에 등장하는 아버지는 하늘에 계신 하나님이시고 잃어버린 양은 바로 우리다. 우리 자녀와 마찬가지로 부모인 우리도 잃어버린 자이며 하나님의 구조가 필요하다. 자녀와 마찬가지로 부모도 유혹에 쉽게 노출된다. 부모도 자신 안에 가장 큰 위험을 안고 있다. 그래서 그들처럼 하늘에 계신 아버지 하나님의 인내하시는 은혜가 필요하다.

부모가 해야 할 일이 단순히 아이들이 저지르는 잘못된 행동을 바로잡고, 그 행동을 규제하고 통제하는 것이라면 양육은 참 쉬울 것이다. 하지만 그게 전부가 아니다. 우리가 의식하든 그렇지 않든 자녀는 매일 '잃어버린 자'의 현실과 마주하며 살아간다. 그래서 권위에 도전하고, 자신의 방식을 고집하고, 그들이 할 수 없는 것을 할 수 있다고 믿는다. 앞에서 말한 것처럼 율법으로는 그러한 자녀들을 구원할 수 없다. 능력 많으시고 변화시키시는 하나님의 은혜로만 가능하다. 당신이 그런 하나님의 은혜를 자녀의 삶 속에 비추어주는 도구로 사용되는 것이 바로 양육이다.

두 가지 거짓말

모든 자녀가 세상에 태어나 반드시 경험하는 두 가지 위험하고 파괴적인 거짓말이 있다. 주의 깊게 살펴보면 자녀의 삶에서 작동하는 그 거짓을 발견할 수 있다. 자녀와의 관계를 통해 경험하는 그 어떤 좌절감보다도 이 거짓말의 파괴력이 훨씬 더 크다.

첫 번째 거짓은 **자율성**(autonomy)이다. 자율성은 자신이 완벽하게 독립적인 인간이라고 가르친다. 때문에 삶을 자기 뜻대로 살 수 있고, 또 어떻게 살지 선택할 권리를 가지고 있다고 믿게 된다. 삶은 자신의 것이므로 자신의 행복을 위해서라면 무엇이든 할 수 있다고 생각한다. 그래서 자신에게 이래라 저래라 할 수 있는 사람은 아무도 없다고 여긴다.

음식을 먹이는 부모가 단순히 음식 자체 때문에 아이와 싸우게 되는 것이 아니다. 아이가 당신과 다른 식습관을 가지고 있기 때문에 그토록 저항하는 게 아니다. 모든 싸움은 바로 이 자율성과 관련된다. 아이는 당신의 지시에 따르고 싶지 않다. 자기가 뭘 먹든 그건 자신의 결정이니까 참견하지 말라는 것이다. 언젠가 딸아이가 완두콩을 먹지 않겠다며 완강한 태도를 보인 적이 있다. 조그만 콩알일 뿐인데 그것을 절대 입에 넣으려 하지 않았다. 한 번도 먹어본 적이 없어서 무슨 맛인지도 모르면서 말이다. 딸아이는 입을 꽉 다물고 안간힘을 쓰며 버텼다. 그 순간 딸아이는 사실상 완두콩을 거부한 게 아니다. 그녀의 자율성을 주장하고 있었다. 이 세상 그 누구도 자기 뜻대로만 살 수 없다는 사실을 모르고 있었기 때문이다.

옷 입는 문제도 마찬가지다. 그것 역시 패션의 문제가 아니라 자율성을 놓고 벌이는 싸움이다. 당신의 자녀가 어떤 파티에 꼭 가야 한다고 떼를 쓸 때 단순히 친구들과 함께 즐거운 시간을 보낼 수 있어서 그러는 것이 아니다. 그 싸움 이면에는 사실 이래라 저래라 명령하는 부모의 말에 계속 저항하고 싶은 마음이 자리하고 있다. 자녀뿐 아니라 모든 사람이 통제받는 것을 싫어한다. 자녀처럼 우리도 자기가 선택한 대로 살기 원한다. 자녀와 마찬가지로 우리도 행복에 마음을 빼앗기고, 그걸 누가 가로막으면 화를 낸다.

조그만 아이가 분노에 가득 차 말을 잇지 못하는 모습을 보면 참으로 놀랍다. 그것은 단지 아이가 원하지 않는 것을 강요해서가 아니다. 자기 일을 자기 방식대로 할 권리를 가지고 있다고 믿기 때문이다. 청소년 아들을 둔 엄마가 그의 주말 계획을 반대했다고 가정해보자. 그는 아마 엄청난 분노를 토해낼 것이다. 그러면서 부모의 권위를 혐오할 것이다. 그가 부모를 미워해서 그러는 게 아니다. 자기 스스로 결정할 권리가 있다고 믿기 때문이다. 당신은 자녀가 마음속 깊이 품고 있는 자율성이라는 거짓을 대면하고 있다. 눈앞에 당면한 일에만 집착하지 말라. 자녀와 싸워서 이겼다고 만족하지 말라. 보이지 않지만 자녀의 마음속 깊이 자리하고 있는 그것과 매일 싸워야 한다.

두 번째 거짓도 못지않게 치명적이다. 바로 **자부심**(self-sufficiency)이라는 거짓이다. 이것은 자신이 필요한 모든 걸 가지고 있어서 원하는 것은 무엇이든 될 수 있고, 또 할 수 있다는 신념이다. 이것 때문에 자녀는 부모의 도움, 구조, 가르침, 지혜, 훈육을 필요로 하지 않는다. 부모가 자녀의 마음속에 있는 자부심을 발견하는 데는 그리 오랜 시간이 걸리지 않는다.

어린아이가 있다고 가정해보자. 그가 신발끈이 풀린 걸 발견했다. 아이는 주저앉아서 서투르게 신발끈을 만지작거린다. 신발끈을 어떻게 묶어야 하는지 전혀 모르고 있다. 계속 시도하지만 끈을 매지 못한다. 그런데도 당신이 도와주려고 하면 손을 찰싹 칠 것이다. 신발끈이 자기 거라고 주장하는 게 아니다. 자기가 할 수 있다는 자부심 때문이다. 아이는 막무가내로 믿고 싶어 한다. 누구의 도움과 가르침 없이도 스스로 잘 해낼 수 있다고 말이다.

다른 예를 들어보겠다. 당신에게 청소년 딸이 있다고 가정해보자. 당신이 알고 있는 삶의 지혜를 알려주려고 할 때 딸아이는 좀처럼 그것을 받아들이지 않을 것이다. 그 이유는 필요한 지혜를 이미 모두 알고 있다고 여기는 자부심 때문이다.

완벽하게 독립적으로, 그 누구의 도움도 받지 않으며 살 수 있는 사람은 없다. 그럴 수 있다고 믿는 것은 매우 위험한 일이다. 모든 사람은 부모의 도움이 필요하다. 우리 자녀들이 이런 믿음을 갖게 되는 것은 무서운 일이지만 그들의 행동과 반응에서 이런 징조를 쉽게 발견할 수 있다.

잃어버린 자에게 필요한 것

통찰력

자녀는 자신이 '잃어버린 자'라는 사실을 자각하지 못하고, 부모의 도움이 얼마나 절실히 필요한지도 알지 못한다. 그러므로 우리는 자녀가 해야 할 일을 가르칠 뿐 아니라 그들이 스스로를 볼 수 있도록 격려해야 한다. 치명적인 결과를 불러올 행동을 하는 자녀가 그들 내면에 존재하는 위험한 마음 상태를 깨닫도록 도와주어야 한다.

자비

잃어버린 자에게 화내봐야 아무 소용이 없다. 당신을 골탕 먹이려고 일부러 저지른 짓이라고 생각할 필요도 없다. 잃어버린 자를 말로 비난하거나, 처벌하거나, 떠나보내는 것도 의미가 없다. 잃어버린 자에게는 이해와 자비가 필요하다. 길을 잃어버렸다고 화를 내는 부모가 아니라, 자녀가 돌아오기를 간절히 바라는 부모가 필요하다.

희망

자녀가 스스로 잃어버린 자라는 사실을 자각하고 자기 내면에 존재하는 위험한 본성을 끌어안으며 고민할 때, 도움의 손길이 존재한다는 사실을 확신시켜 주어야 한다.

자녀에게 우리는 적이 아니라 조력자라는 사실을 알려줘야 한다. 어떤 일이 있어도 반드시 그들의 보호자, 지원자, 안내자의 역할을 포기하지 않겠다는 걸 말이다. 더 나아가 우리는 자녀에게 하나님이 자기 아들을 이 땅에 보내셨고, 언제든 도움이 필요할 때마다 그분께 간구하고 부탁할 수 있다는 걸 가르쳐야 한다.

구조

이 장 전체에서 설명한 것처럼 양육은 행동을 통제하는 사역이 아니라 마음을 구조하는 일이다. 잃어버린 자의 유일한 희망은 바로 그들의 마음이 철저히 변화되는 것이다.

부모로서 우리는 자녀의 마음을 변화시킬 아무 능력이 없지만 하늘에 계신 우리 아버지는 하실 수 있다. 우리는 자녀의 삶에서 변화를 만들어 내시는 하나님의 도구로 사용되어야 한다. 그러므로 자녀에게 규칙을 선포하고, 그것을 불이행했을 때 받을 처벌만을 강조하고, 결과적으로 겪게 될 불이익을 이야기하는 것에 머물면 안 된다. 부모는 기회가 있을 때마다 자녀 안에 있는 마음의 문제를 바라보게 하고, 그것을 위해 기도해야 한다. 하나님께서 우리 자녀의 마음을 변화시키실 것이다. 이것은 오직 그분만이 하실 수 있는 일이다.

지혜

자녀는 필요한 순간에 "아니요."라고 말할 수 있는 지혜를 배워야 한다. 성공적인 삶을 위해서도 "아니요."를 말할 수 있어야 한다. 권위에 도전하라는 것이 아니다. 사랑하는 사람에게 그러라는 것도 아니다. 하나님의 부르심에 거부하라는 얘기는 더욱 아니다. 바로 자기 자신에게 "아니요."라고 말할 수 있어야 한다는 것이다. 자녀는 '잃어버린 자'다. 그래서 생각하지 말아야 할 것들을 생각하고, 갈망해서는 안 되는 것을 갈망하고, 위험한 감정과 유혹에 쉽게 현혹된다. 언제, 어떻게 "아니요."라고 말해야 하는지를 배우지 못하면, 자녀는 결국 자신의 의도와 전혀 상관없는 삶을 살게 된다.

여기서 꼭 기억해야 할 핵심은 무엇일까? 예수님께서 잃어버린 자들을 구원하시기 위해 이 땅에 오셨고, 그분이 부모에게 맡기신 사명은 잃어버린 자인 우리 자녀를 사랑하고 구조하라는 것이다. 우리는 화내거나 좌절하거나 포기하거나 낙담하지 말아야 한다. 용서의 은혜, 지혜, 훈계, 구조의 행위로 자녀에게 다가가야 한다. 매일 하나님께 부모의 역할을 훌륭하게 감당할 수 있도록 힘을 달라고 기도해야 한다. 하나님께서 우리를 포함한 모든 사람, 그리고 자녀의 마음속 깊은 곳에서부터 변화를 일으키실 것이다.

8. 온화하고, 아름답고, 인내하는 '권위'를 지녀야 한다

"온화한 권위가 가진 아름다움을 가르치고,
또 그 본을 보이는 것이
좋은 양육의 근본이다."

그녀는 말하는 내내 눈물을 흘렸다. 좌절과 실망감이 얼굴에 역력했다. 양육 컨퍼런스에 참석했던 그녀는 강연 도중 잠깐 쉬는 시간에 많은 사람을 뚫고 나를 만나러 왔다. 나를 직접 만나 대화하려는 그녀의 의지는 너무도 확고해 보였다. 그녀는 이렇게 말했다. "직접 만나서 얘기하려고 이 모임에 참석했어요. 강의를 들으면 모든 게 쉬워 보이는데, 실제론 그렇지 않아서요. 네 살 된 아들이 있는데 무슨 수를 써도 통제가 안 돼요. 어떤 말과 행동으로도 그를 순종하게 만들 방법이 없어요. 제가 안 된다고 하면 미친 듯이 신경질을 내고, 끝내 원하는 것을 들어줘야 누그러져요. 제가 양육을 하는 게 아니라 아들 녀석이 저를 가지고 노는 것 같아요. 이런 말이 어떨지 모르겠지만, 아이가 아침에 일어나는 게 두렵고, 빨리 저녁이 되어서 잠자리에 들기만 기다려요. 깨어 있는 매 순간이 전쟁이에요. 어떻게 해야 할지 모르겠어요. 지금 저는 너무 불행해요. 최근 새로운 습관이 생겼는데요. '안 돼'라고 말하면 저를 때려요. 네 살짜리가 말이죠. 몇 번은 크게 다친 적도 있어요. 이젠 정말 모든 희망을 놔 버리고 싶은 심정이에요. 더 이상 뭘 어떻게 해야 할지 모르겠어요."

어느 누가 이렇게 지치고 좌절한 엄마를 돕고 싶지 않겠는가. 사랑하는 아들과 전쟁 같은 싸움을 벌이는 이 엄마의 이야기가 남 일 같지 않은 사람이 많을 것이다.

그녀가 했던 말을 잠시 곱씹어보자. "네 살 된 아들이 있는데 무슨 수를 써도 통제가 안 돼요." 네 살인데 이미 통제할 수가 없다. 네 살짜리가 이미 자기가 원하는 걸 반드시 손에 넣으려 한다. 네 살짜리가 서른두 살인 엄마를 절망의 끝에 서게 만든다. 서른두 살인 엄마가 네 살짜리 아들 때문에 두려움에 빠졌다. 네 살짜리 아이가 집안을 통제하는 이상한 일이 벌어졌다. 엄마는 아들과 겪을 내일이 걱정되어 잠을 이루지 못한다. 네 살짜리 아이가 엄마를 조력자가 아닌 싸움의 대상으로 생각하고 있다. 그는 지금 모든 권위를 부정하고 어떤 말도 들으려 하지 않는다.

짐작했겠지만 나는 그 엄마에게 구체적인 도움을 줄 수 없었다. 도움이 되려면 어떻게 그 지경까지 이르렀는지 자세히 대화를 나누어야 하는데 그럴 시간이 없었기 때문이다. 그래서 나는 당신과 함께 그 문제를 조금 깊이 있게 다루어보려 한다. 지쳐버린 엄마와 분노를 절제하지 못하는 아들, 그들이 가진 문제의 핵심은 무엇일까?

치명적인 착각

이 엄마와 아들의 문제는 단순한 무시, 반항, 불복종을 넘어선다. 그리고 모든 문제의 핵심은 바로 '권위'와 연관되어 있다. 이것을 이해하지 못하면 당신이 하나님의 도구로서 자녀의 삶에 조력자가 되려는 모든 수고가 허사가 되어버린다.

우선 이 사실을 명심해야 한다. 당신은 단순히 아이의 말과 행동만 다루고 있는 것이 아니다. 아이의 행동과 말을 통제하고, 그 방향을 결정하고, 깊은 영향을 주는 마음의 문제를 다루고 있다. 다음 장에서 조금 더 깊이 다루겠지만, 여기서 강조하고 싶은 것은 바로 모든 아이의 마음에 '권위'만큼 중요한 주제가 없다는 것이다. 이것이 왜 중요할까? 모든 사람은 죄인이다. 따라서 권위에 복종하는 것은 매우 부자연스러운 일이다. 죄는 자신의 생각을 고집하게 한다. 스스로의 법을 세우고, 가장 똑똑한 것처럼 자만하게 만든다. 죄 때문에 우리는 뭐든 마음대로 할 수 있다고 믿게 된다. 죄는 우리가 세상의 중심이라고 가르친다. 그 자리는 인간이 절대 차지할 수 없는 곳, 즉 하나님만이 주인이신 자리인데 말이다.

아이들은 태어나면서부터 자기를 세상의 작은 군주로 믿는다. 딸아이에게 완두콩을 먹이다가 벌이는 싸움은 단순히 식습관에 관한 게 아니다. "제가 알아보니 세 살짜리 아이는 콩을 먹을 필요가 없대요."라며 아이가 논리를 펴는 게 아니다. 별것 아닌 것처럼 보이는 이 싸움 내면에는 매우 중대한 문제가 자리하고 있다. 핵심은 콩이 아니라 권위다. 아이는 "뭘 먹을지 결정하는 사람은 바로 저예요. 고맙지만 사양합니다."라고 말하고 있는 것이다. 즉 콩을 거부하는 게 아니라 당신의 권위에 맞서고 있다. 다른 사람의 지시를 받아들이지 않는 것은 바로 자신이 인생의 결정자라는 치명적인 착각을 하고 있는 것이기도 하다.

언제 잠자리에 들지, 무엇을 입을지, 어떤 프로그램을 시청할지, 방 청소를 어떻게 할지 등 이 모든 것과 관련된 싸움을 그것 자체로만 보고 넘기면 안 된다. 그 싸움은 누가 내 인생을 결정하느냐에 대한 권위의 문제와 직결되어 있다. 아직 말도 못하는 갓난아기도 그런 주장을 한다. 젖을 먹여서 옷을 갈아입히고 자장가를 불러주면 아기는 잠에 빠져들기 시작한다. 하지만 엄마가 발뒤꿈치를 들고 조용히 방을 빠져 나가려고 문을 열면 비명소리가 들린다. 뒤를 돌아보면 아기가 온몸을 뒤틀며 고래 고래 소리를 질러댄다. 말도 못하는 아기가 뭘 안다고 소리를 지르는 걸까? "안 돼요. 떠날 수 없어요. 엄마, 사랑해요. 저에게도 계획이 있어요. 내 계획에 따라주세요." 아직 말도 제대로 못하는 아기지만 자신이 삶의 결정권자라는 주장을 확실히 펴고 있는 것이다.

고린도후서 5장 15절에 다음과 같이 기록되어 있다. "그가 모든 사람을 대신하여 죽으심은 살아있는 자들로 하여금 다시는 그들 자신을 위하여 살지 않고…." 이 말씀의 중요성을 생각해보자. 예수님께서 십자가를 지신 중요한 이유 중 하나가 바로 우리가 지금 이야기하고 있는 주제와 맞닿아 있다. 예수님은 당신의 자녀가 오직 은혜로만 치유될 수 있는 자기애를 가지고 태어났다는 사실을 알고 계셨다. '나 자신만을 위해 살려는' 욕구는 자기중심과 자기도취에 기반한다. 그래서 자녀는 자기 뜻대로 되지 않으면 화를 낸다. 모든 관심과 갈망, 동기를 자신의 기분이나 욕구라는 작은 틀에 가두어버리는 것이다. 자신을 위해 살려는 욕망은 죄에 기인한 것으로, 그 중심에 자기가 모든 걸 결정하려는 욕구가 있다.

아담과 하와의 타락 이후 모든 인간은 권위에 도전하려는 본능을 가지고 태어난다. 모든 자녀는 그들 마음대로 하려는 욕망을 가지고 있다. 그래서 부모가 무엇을 지시할 때 거부하려 한다. 자기가 법을 만들어서 마음대로 살아보고 싶은 것이다. 스스로 자기의 인생을 결정하겠다는 망상과 착각은 죄로 인한 자녀들의 아픈 현실 중 하나다.

하지만 감사하게도 앞의 성경구절은 다른 사실도 말해준다. 그건 바로 아이들의 마음에 권위를 세워야 하는 싸움에서 당신은 혼자가 아니라는 사실이다. 하나님은 만유와 인간의 역사를 지배하신다. 이 세상에 오신 예수님은 삶과 죽음으로 우리의 모범이 되시며, 죄와 죽음을 이기고 부활하셨다. 이 모든 일을 이루신 것은 바로 우리가 그분이 주시는 은혜로 구원과 변화를 받아 우리 스스로의 속박에서 해방되게 하려 하심이다.

이것이 양육에 의미하는 바는 다음과 같다. 부모에게는 아무 능력이 없다. 크게 소리를 질러도, 좋게 타일러도, 건장한 몸으로 위협해도 우리 자녀가 가지고 있는 자기 결정권에 대한 욕망으로부터 그들을 구원할 수 없다. 우리에게 그런 능력이 있다면 예수님의 사역이 필요 없었을 것이다. 예수님은 해방의 능력을 갖고 계신다. 또한 우리 자녀들이 가지고 있는 어두운 망상, 즉 인생을 자기 스스로 결정할 수 있다는 착각에 대해 너무도 잘 아신다. 그래서 자기 생명을 바쳐 우리 자녀들을 이 속박으로부터 해방시키셨다. 이것이 왜 중요할까? 자기 결정권을 주장하는 사람은 다른 사람의 권위에 복종하지 않는다. 다른 사람의 결정에 복종할 수 없기 때문에 자기 잘못을 인정하지 않는다. 자기 잘못을 시인하지 않는 사람은 하나님의 용서와 도움도 간구하지 않는다. 자기 인생은 자기가 결정한다는 생각이 자녀를 하나님으로부터 멀어지게 한다. 자녀 문제에서 이보다 더 중요한 것은 없을 것이다. 권위를 거부하는 것은 하나님을 거부하는 것이다. 왜냐하면 하나님은 모든 권위 위에 계신 권위이기 때문이다. 따라서 하나님을 거부하는 자는 결코 좋은 열매를 맺을 수 없다.

예수 그리스도의 복음과 권위

고린도후서 5장 15절이 자녀양육에 관해 말하는 것은 바로 자녀의 삶에 사랑과 일관성을 갖고 성경적인 권위를 심어주는 것이 부모의 사역이라는 것이다. 이것은 예수님이 이 땅에 오신 목적과도 부합한다. 희생의 십자가가 필요했던 이유이기도 하다. 권위의 사역은 곧 은혜의 사역이다. 이것이 양육에서 의미하는 바가 무엇인지 에베소서 6장 1-4절을 통해 살펴보자.

> 자녀들아 주 안에서 너희 부모에게 순종하라 이것이 옳으니라 네 아버지와 어머니를 공경하라 이것은 약속이 있는 첫 계명이니 이로써 네가 잘되고 땅에서 장수하리라 또 아비들아 너희 자녀를 노엽게 하지 말고 오직 주의 교훈과 훈계로 양육하라

하나님의 대사로 권위를 이행하는 것이 복음사역이다. 인용한 구절의 마지막 부분을 읽어보라. 우리가 수행하는 권위의 출처가 어디에서 시작되는지 설명해준다. 당신이 독립적이고 주체적인 권위를 가지고 있지 않다는 걸 이해하는 것이 중요하다.

당신의 권위는 대사로서의 권위다. 대사는 자기 스스로 권위를 갖지 않는다. 그를 보내신 이를 대신할 때만 권위의 효력이 있다. 이게 바로 하나님의 계획이다. 하나님은 자신의 권위를 행사할 대리자를 보내심으로써 그분의 보이지 않는 권위를 자녀에게 보여주신다. 그러므로 당신이 자녀의 삶에서 권위를 행사하려 할 때마다 하나님의 아름다운 권위를 보여주어야 한다. 자녀의 삶에서 당신은 하나님의 얼굴과 손길, 목소리를 대신한다. 즉 분노와 성급함으로 권위를 행사해선 안 된다. 권위를 남용해서도 안 된다. 이기적인 방식으로 권위를 사용해도 안 된다. 당신이 부모로 부름받은 것은 하나님 권위의 아름다움, 지혜, 인내, 가르침, 구원, 용서를 자녀에게 보여주기 위함이다.

불복종하는 자녀를 책망할 때 분노를 앞세우면 안 되고, 말이나 물리적으로 어떤 폭력을 가해도 안 된다. 질타, 비하, 정죄로 자녀를 훈계해도 안 된다("이 멍청이 바보 같은 녀석!" "네가 내 딸이라니 울화통이 터지려 한다." "어린 게 뭘 알아?") 당신의 편의 때문에 자녀를 상명하복 관계로 취급해서도 안 된다(물론 아이들이 심부름을 할 수는 있지만 불과 한 걸음 거리에 있는 신문을 가져다 읽기 귀찮아서 위층에 있는 아들을 호출하는 건 삼가야 한다). 권위를 실행한답시고 자녀와의 관계를 어그러뜨리면 안 된다. 기분 내키는 대로 권위를 행사해도 안 된다(이는 혼동과 모순이 가득한 권위로 만드는 일이다. 하루아침에 옳고 그른 것이 뒤바뀌는 불안정한 상황에서 아이들은 감정기복이 심해지고, 부모의 눈치를 보며, 임기응변으로 위기를 모면하려 하게 된다).

이 문제가 왜 중요할까? 앞서 이야기한 것처럼 아이들은 태어나면서부터 권위를 거부하는 본성을 갖는다. 그들은 권위에 복종해야 하는 이치를 받아들이지 않으려 한다. 만약 당신이 모멸적이고 이기적인 방식으로 권위를 행사하려 한다면 권위에 도전하려는 자녀의 본성을 더욱 강화시키는 결과를 낳게 된다.

당신은 매일 온화하고, 아름답고, 인내하는 하나님의 권위로 자녀를 대해야 한다. 하나님의 도구로 사용되기 원한다면 권위에 복종함으로써 생명과 자유를 발견할 수 있다는 사실을 아이들이 믿도록 도와주어야 한다. 그럴 때 자녀는 자신의 부족함을 인정하고 잘못을 시인하며 구원자이신 하나님께 도우심을 구하게 된다. 자녀의 삶에 이보다 더 중요한 건 없다. **부모가 보여주는 권위의 모습을 바탕으로 자녀는 하나님의 권위를 이해하게 된다. 당신은 자녀에게 하나님의 권위를 어떤 모습으로 행사하고 있는가?**

자녀가 하는 행위의 동기를 이해시키는 것이 복음사역이다. 앞의 인용 구절 마지막 부분은 "교훈"(discipline)뿐 아니라 "훈계"(instruction)까지 언급한다. 당신의 자녀는 자신이 왜 그런 행동을 하는지 이해하지 못한다. 자신이 왜 부모에게 저항하는지도 모른다. 왜 부모와 말싸움을 하는지, 왜 자신의 행동이 부모를 화나게 하는지도 이해하지 못한다. 왜 자신이 부모보다 똑똑하다고 생각하는지도, 왜 자신의 방식만을 요구하게 되는지도 모른다. 왜 자율을 쟁취하기 위해 갈등과 고통을 겪어야 하는지도 모른다. 근본적으로 당신의 자녀는 자신이 누구인지, 왜 주어진 일을 해야 하는지 알지 못한다. 영적으로 자기 자신을 이해할 수 없는 고통을 겪고 있다.

여기에 바로 부모의 임무가 있다. 자녀의 잘못을 처벌하고 훈계하는 것으로는 충분하지 않다. 단순히 잘못된 행위가 아니라 이면의 더 깊은 부분을 다루어야 하기 때문이다. 당신의 훈계는 반드시 명확한 성경적 가르침과 연결되어야 한다. 분노로 설교하라는 뜻이 아니다. 자녀와의 대화를 통해 권위에 저항하는 마음을 살펴보게 하고 그것의 원인을 이해하도록 도와주어야 한다. 하나님은 성경을 통해 인간의 욕망이 가지고 있는 딜레마를 분명하게 보여주셨다. 따라서 당신은 자녀에게 그것을 가르쳐야 한다. 하나님의 대사로서 항상 교훈과 훈계를 접목해야 한다. 이로써 성령 하나님께서 직접 자녀의 마음속에 도움을 신뢰하고 갈구하게 하시는 사역의 도구가 된다. 행동의 동기를 이해할수록 자녀는 자신의 잘못을 고백하고 당신과 하나님께 용서를 구하게 될 것이다. 자녀의 모든 행동은 마음속에서 나오므로, 행동이 곧 자녀의 마음 상태를 드러낸다. 따라서 자녀가 자신의 행동이 어떤 마음에서 나오는지 깨닫도록 도와주는 것은 복음사역이다. **당신은 훈계의 기회가 생길 때마다 인내심을 갖고 교훈과 깨달음을 전달하고 있는가?**

사소한 문제에서도 권위를 세워가는 것이 복음사역이다. 일찍부터 부모의 권위를 세우기 위해 노력하라. 작은 문제도 권위를 갖고 처리해야 한다. 자녀들이 어릴 때부터 하나님께서 허락하시는 모든 순간을 활용하라. 17세가 된 자녀와 권위 문제로 다투기 원하는 부모는 없을 것이다. 당신의 권위를 거부하는 작은 순간들(먹는 것, 입는 것, 취침 시간, TV 시청, 심부름 등)이 사소해 보인다고 쉽게 간과하지 말라. 그 작은 순간이 사실은 매우 중요한 시간이다. 앞서 설명한 것처럼 자녀가 저항하는 이유는 단순히 식사와 취침에 대한 다른 시각 때문이 아니라 자신의 권위 외에는 아무것도 인정하지 않으려는 마음에서 출발하기 때문이다.

그 작은 순간들을 감사하라. 그 시간을 골칫거리로 받아들이지 말라. 그것은 좋은 양육의 기회다. 은혜의 기회다. 이것이 이 책의 핵심 주제다. 혹 자녀의 죄와 연약함을 발견한다면 우연이라 생각하거나 귀찮게 여기지 말라. 당신의 사생활을 방해받는다고 생각하지 말라. 그것은 언제나 은혜의 순간이다. 하나님은 당신의 자녀를 사랑하신다. 그래서 당신의 자녀를 믿음의 가정에 허락하셨고 그들이 하나님의 은혜를 깨닫도록 당신을 도구로 사용하신다.

하나님의 은혜는 자녀의 잘못을 깨닫게 하고, 그 잘못을 용서하며, 자녀를 변화시킨다. 당신은 자녀의 저항과 계속 마주하게 될 것이다. 바로 하나님의 놀라운 은혜 때문이다. 하나님의 은혜는 악화된 상황을 선한 길로 인도하는 힘이 있다. 예수 그리스도의 십자가가 보여주는 것이 바로 이것이다. 십자가 사건은 그야말로 최악의 상황이었다. 하지만 하나님의 계획은 그것을 최고의 사건으로 뒤바꾸는 것이었다. 자녀를 훈계할 때 하나님은 당신과 함께하시고 그 작은 순간마다 당신이 할 수 없었던 것들을 자녀의 마음속에서 이루어 가신다. 그러므로 자녀를 훈계할 때 화내지 말라. 똑같은 일을 매일 반복한다고 좌절하지 말라. 하나님의 은혜에 감사하고 그분의 능력 안에서 그분의 도구로 사용되도록 노력하라.

어린 자녀를 매 순간 교훈과 훈계로 양육하라는 말씀에 담긴 또 다른 의미를 설명하겠다. 당신은 자녀가 진정한 순종이 무엇인지 알지 못한다는 것을 인지해야 한다. 그것을 확실히 가르쳐주는 것이 당신의 일이다.

순종이 무엇인가? 하나님께서 나의 삶 가운데 세우신 권위에 자발적인 마음으로 복종하는 것이다. 자발적으로 복종하면 무슨 일이 생길까? 하나님의 권위가 요구하시는 것을 행할 때 능동적이고 기쁜 마음으로 감당할 수 있다.

예를 들어보겠다. 샤론이라는 아이에게 부모가 방에 어질러진 장난감을 정리하라고 했다. 방으로 가면서 샤론이 투덜대며 소리를 지른다. 그 순간 샤론에게 자신이 순종하고 있지 않다는 걸 깨우쳐주어야 한다. 방으로 걸어가는 샤론의 마음은 분노로 가득 차 있다. 부모의 권위에 반항하고 있다. 진정한 순종은 마음에서 우러나오는 것이다.

이때 샤론을 불러서 말해야 한다. 물론 이렇게 말하면 안 된다. "다시는 그런 식으로 대꾸하지 마. 네가 뭔데? 조그만 녀석이 건방지게…. 한 번만 더 그런 식으로 투덜거리면 혼날 줄 알아!" 이렇게 분노하는 부모의 모습을 본 샤론은 더욱 더 권위를 거부하게 될 것이다. 그럴 땐 좀 더 부드럽게 말하고 행동해야 한다. 그 순간 인내심과 은혜로운 마음을 달라고 기도하면서 사랑스러운 목소리로 말해야 한다. "샤론, 우리가 함께 애기할 문제가 있어. 방 청소를 시킨 건 엄마가 너를 불쾌하게 하려고 한 말이 아니야. 너에게 욕을 한 것도 아니고 나쁜 일을 시킨 것도 아닌데, 지금 너는 나에게 소리를 지르고 있어. 네가 엄마에게 소리를 지르는 건, 네가 내 대신 엄마가 되겠다고 하는 것과 같아. 그러면 널 가르치고 보호해줄 진짜 엄마가 없어지는 거잖아." 이 말을 들으면 샤론이 곧바로 수긍하며 이렇게 대답할까? "알겠어요. 제가 이기적인 마음으로 엄마에게 나쁘게 말했어요. 저는 제 마음대로 하고 싶은데 엄마가 이래라 저래라 시키시니까 정말 싫었어요. 제가 왜 이렇게 이기적인지 모르겠어요. 도와주세요!" 아마도 즉각 이렇게 대답하진 않을 것이다. 하지만 딸이 자신의 마음을 돌아보게 하는 작은 기회가 될 것이다.

이러한 대화를 계속 만들어가야 한다. 하나님께서 그러한 순간마다 은혜로 도와주실 것이다. **자녀가 어릴 때부터 당신의 권위를 세워가고 있는가? 아니면 자녀를 훈계하고 대면하는 당신의 방식에 어떤 변화가 필요하다고 생각하는가?**

일관성 있게 권위를 행사하는 것이 복음사역이다. 하나님의 사랑과 권위는 상충하지 않는다. 하나님의 은혜와 권위도 서로 충돌하지 않는다. 하나님의 전능하신 계획과 권위는 모순되지 않는다.

하나님은 일관성 있게 자신의 법을 실행하신다. 기분이 나쁘다고 화를 내시거나 악의로 행하지 않으신다. 기쁘다고 해서 훈계해야 할 순간을 외면하지도 않으신다. 오히려 일관되고 신실하게 그분의 거룩한 계명을 유지하며 자녀를 훈계하신다. 하나님의 대사인 우리는 이러한 하나님을 본받아야 한다. 우리 자녀에게 신실하고, 일관되고, 확고하고, 타협이 없는, 그러면서도 사랑이 충만한 권위를 행사해야 한다. 그러한 권위는 은혜로 이루어진다. **당신은 하나님의 부르심대로 일관성 있게 부모의 권위를 행사하고 있는가? 아니면 일관성 없이 순간적인 감정에 치우쳐 행동하고 있는가?**

권위를 이야기할 때 부모도 자녀와 별반 다를 것이 없다는 것을 인정하는 것이 복음사역이다. 우리는 왜 권위를 세울 때 화를 낼까? 왜 어느 날엔 중요하게 취급하던 문제를 다음 날에는 아무것도 아닌 것처럼 이야기할까? 우리는 왜 훈계하는 시간을 귀찮게 여길까?

이 모든 건 우리도 자녀와 별반 다르지 않은 죄 많은 존재이기 때문이다. 자녀처럼 우리도 죄 때문에 마음대로 행동하려 한다. 대사로서의 권위를 행사할 때마다 화를 내며 성급하게 정죄하고 함부로 권위를 남용한다. 이러한 행동은 권한 대행을 맡겨주신 하나님의 권위에 맞서는 일종의 반항이다. 자녀만 권위에 저항하는 것이 아니라 부모도 권위에 저항한다. 인내하며 도움을 받아야 할 사람은 자녀와 부모 모두다. 부모도 교훈을 통해 죄를 깨달아야 한다. 부모도 용서의 은혜를 받아야 한다. 부모도 자녀처럼 몸으로는 복종하는 것 같으나 마음으로 여전히 반항하고 있다. 성급하게 분노하는 우리의 모습은 이러한 마음 상태를 잘 설명해준다. 이런 우리를 하나님은 정죄하거나 채찍질하지 않으시고 은혜로 어루만지신다. 자녀와 마찬가지로 부모도 이러한 하나님의 사랑과 보살핌이 필요하다. 어느 누가 하나님의 권한을 대행하면서 "아무 문제없이 해낼 수 있어요."라고 자신할 수 있겠는가.

심오하고 거룩하신 하나님의 부르심을 이해하면 우리 자신이 얼마나 부족한 사람인지를 뼈저리게 깨닫는다. 이것을 고백하는 것이 중요하다. 매일 은혜를 간구하는 부모가 그 누구보다도 훨씬 기쁜 마음으로, 일관되게 은혜를 베풀 수 있다. 하나님은 반항아를 부르셨고, 그분의 권위를 거부하는 반항아를 구원하신다. 오직 강력한 주님의 은혜로만 가능하다. **자녀가 반항할 때 당신 안에 있는 반항심을 겸손히 다스리며 인내와 은혜의 권위를 행사하겠는가?**

권위를 이야기할 때 예수 그리스도의 십자가를 언급하는 것이 복음사역이다. 예수님께서 이 세상에 오셔서 죽으심으로 부모와 자녀는 스스로의 권위에 집착하는 죄에서 해방되었다. 그렇다면 아이를 가르치고 교훈하는 순간마다 예수 그리스도의 십자가 은혜를 이야기하지 않는 것이 오히려 이상한 일이 될 것이다. 십자가를 통한 용서와 변화의 희망을 말하지 않는 것도 마찬가지다. 만약 죄가 없었다면 반항도 없었을 것이다. 반항이 없었다면 구원자도 필요 없었을 것이다. 구원자가 필요하지 않았다면 십자가도 필요하지 않았을 것이다.

그러므로 자녀가 마음으로 반항할 때마다 하나님이 주신 기회로 생각하라. 그것은 자녀를 구원하신 분에 대해 설명해줄 수 있는 절호의 기회다. 자녀가 반항하는 순간마다 하나님의 구속 이야기를 들려주는 것이 매우 중요하다. **자녀를 훈계할 때 예수님의 삶과 죽음, 부활로 성취된 희망과 도우심을 얼마나 자주 설명하고 있는가?**

자녀의 삶에 이보다 더 중대한 문제는 없다고 해도 과언이 아니다. 권위에 도전하는 행동은 그들 마음에 있는 죄가 얼마나 깊은지, 구원자의 은혜가 얼마나 절실한지 설명해준다. 부모인 우리도 마찬가지다. 그 사실을 인정할 때 우리도 겸손과 은혜로 권위를 행사할 수 있고, 아름답고 선하신 하나님의 은혜에 대한 이미지를 자녀들의 마음속에 그려 넣을 수 있다.

9. '어리석음'이 자녀를 위험에 빠뜨린다

"자녀들의 마음속에 있는 어리석음은
바깥에 존재하는 어떤 유혹보다도 위험하다.
오직 하나님의 은혜만이 어리석은 자를 구원할 수 있다."

샐리는 만으로 두 살이다. 그녀는 평생 야채를 먹지 않겠노라고 결심했다.

다섯 살인 빌리는 반드시 '엄마 아빠와 함께'가 아니면 잠을 자지 않겠다고 선언했다.

제라드는 아빠가 뭔가를 시킬 때마다 항상 입씨름을 하려고 한다.

여섯 살인 신디는 너무 어리다고 화장을 못하게 하는 건 말도 안 되는 일이라고 생각한다.

보는 자신의 모든 미래가 비디오게임에 달려 있고, 숙제나 공부는 중요하지 않다고 생각한다.

마일리는 학교에서 친구들과 문자로 수다를 떠는 데 완전히 빠져있다.

제이슨은 마리화나를 피우는 것이 왜 문제가 되는 건지 이해할 수 없다.

사라는 필요할 때마다 거짓말을 한다.

제니퍼는 외모를 가꾸는 일에 지나치게 몰두하고 있다.

피터는 인생에서 가장 중요한 것은 스포츠라고 생각한다.

저스틴은 고등학교도 성실하게 다니지 않았고 결국 대학에 갈 기회도 날려버렸다.

아이들 모두 나이도 다르고 각각 다른 상황에 처해 있지만 이야기의 주제는 같다.

'이것'은 부모가 매일 대면하는 일이다. 아이들에게 매우 위험한 일이고, 생각보다 삶을 굉장히 복잡하게 만드는 요소다. 부모와 자녀가 반복

9. 어리석음이 자녀를 위험에 빠뜨린다

적으로 갈등 관계에 놓일 수밖에 없는 이유이기도 하다. 아이들이 처음부터 이렇게 행동했던 것은 아니지만 이것이 아이들의 진면목이다. 세상에 태어날 때부터 이것으로부터 자유로울 수 없었다. 따라서 아이들은 이것으로부터 해방되어야 한다. 아이들에게 너무나 위험한 '이것'은 과연 무엇일까?

성경은 이것을 **어리석음**이라고 말한다. 당신이 성경에 기록된 어리석음을 깊이 이해하지 못하면, 하나님께서 맡겨주신 자녀를 양육하는 데 도구로 사용된다는 것이 무슨 의미인지 제대로 깨닫지 못할 것이다.

자녀의 삶을 좌우하는 것

그 전에 먼저 짚어야 할 것이 있다. 당신이 부모로서 아이들을 대할 때는 그들의 말과 행동만 다루는 것이 아니다. 그 행동과 말을 하게 하는 마음의 문제를 다루는 것이다. 하지만 안타깝게도 많은 크리스천 부모들이 마음의 문제에 대한 인식과 이해 없이 그저 아이들의 잘못된 행동만 통제하면 된다고 믿는다. 그래서 자녀를 양육하는 대부분의 시간과 에너지를 규칙을 선언하고 지키도록 강요하는 데 쏟는다.

지금까지 계속 이야기했듯 자녀들에게는 지켜야 할 규칙과 순종해야 할 권위가 필요하다. 하지만 그 외에도 많은 것이 필요하다. 율법은 우리와 자녀의 삶에서 죄가 무엇인지 환히 밝혀주는 기능을 하므로 자녀의 삶에 길라잡이가 될 수 있다. 하지만 율법으로 마음을 바꿀 수는 없다. 율법은 '법 없이도 사는 사람'을 만드는 것이 아니다. 율법이 하나님을 경외하는 자로 만드는 것이 아니다. 율법으로는 교만과 자아숭배에 빠진 사람을 구원할 수 없다. 율법으로는 자녀들을 의롭게 만들 수 없다. 율법은 좋은 것이지만, 그것만으로는 충분하지 않다.

크리스천 부모인 당신의 양육을 결정지을 실천적 신학이 필요하다. 자녀의 마음을 다룰 수 있는 성경적 개념 확립이 필요하다. 이 실천신학은 자녀가 잘못된 행동을 할 때 그들의 마음과 상호작용을 할 수 있는 성경적 개념을 제공한다. 누군가 "목사님, 무슨 말인지 알겠는데요, 제가 실제로 아이들과 매일 부딪칠 때 이 신학이 도대체 어떤 식으로 도움을 줄 수 있다는 건지 이해가 안 돼요."라고 할지 모르겠다. 하지만 잠언을 읽어보면 금방 해결이 된다. 이 말씀은 당신에게 자녀를 맡기신 하나님의 뜻을 이해하게 해줄 뿐 아니라 양육에 대한 고정관념을 완전히 깨뜨리는 지혜를 준다.

주의를 기울여 잠언 4장 23절을 읽어보라. 현명한 아버지가 아들과 나눈 이야기라는 것을 기억하면서 말이다. "모든 지킬 만한 것 중에 더욱 네 마음을 지키라 생명의 근원이 이에서 남이니라."

아버지가 아들에게 "모든 지킬 만한 것 중에 더욱 네 마음을 지키라"고 말한 것을 어떤 의미로 받아들여야 할까? 아마도 "아들아, 무슨 일을 하든 '이것'에 주의를 기울이고 집중해야 한다. 산만해져서는 안 된다. 이것을 잊어서도 안 되고, 그 어떤 것보다 항상 우선해야 한다"는 말일 것이다. 그렇다면 여기서 말하는 '이것'은 무엇일까? 바로 마음이다. 현명한 아버지는 왜 아들에게 "네 마음 안에 무엇이 있는지 항상 주의를 기울이라"고 충고한 것일까? 아버지가 마음의 문제를 중요하게 다룬 이유는 무엇일까? 왜 모든 지킬 만한 것 중 아들이 꼭 명심해야 할 것으로 마음의 문제를 꼽았을까?

이 질문에 답하기 전에 먼저 안타까운 우리 현실을 이야기해야 할 것 같다. 많은 크리스천 부모들이 자녀들의 마음에 집중해서 대화를 이어가지 못할뿐더러 마음가짐이 중요하다고 말해주는 경우도 찾아보기 힘들다. 다시 잠언으로 돌아가 아버지가 아들에게 마음이 가장 중요하다고 말한 이유가 무엇인지 살펴보자.

그 답은 잠언 4장 23절 후반부에 나온다. "아들아, 네 마음을 지켜라." 왜 그래야 하는가? 마음이 바로 "생명의 근원"이기 때문이다. 이 말씀이 무엇을 뜻할까? 자녀의 삶을 좌우하는 것은 그들의 마음이다. 그들의 모든 행동과 말이 마음에서 흘러나온다. 성경은 **마음이 사람의 됨됨이를 결정하는 가장 중요한 요인**이라고 정의한다. 아이들의 언어와 행동에는 마음이 묻어있다. 우리와 마찬가지로 아이들도 바깥의 어떤 요인에 의해서가 아니라 마음 안에 있는 원칙과 모양에 따라 말하고 행동한다.

그러므로 아이가 말을 함부로 한다면 그것은 무엇보다 마음의 문제다. 마음속에 있는 증오와 분노, 응어리와 이기심, 질투심과 비정함, 성급함과 결핍이 그로 하여금 심술궂은 말을 하게 하는 것이다. 아이가 순종하지 않는 것 또한 단순히 행동의 문제가 아닌 마음의 문제다. 마음속에 들어 있는 자존심과 반항심, 멋대로 하고 싶은 욕구와 혼자로도 충분하다는 자만심이 그들의 행동을 지배하는 것이다. 이런 상황에서 단순히 안 된다고만 해서는 해결이 되지 않는다. 혹은 '네가 한 짓이 있으니 그에 상응하는 벌을 받아야 한다'는 식의 협박도 근본적인 문제를 해결하기엔 부족하다.

무엇보다 자녀의 마음에 집중해서 양육하려면 기억해야 할 두 가지가 있다. 첫째, 자녀를 키우다보면 잘못된 행동을 당장 바로잡아야 한다는 부담을 느끼기 마련인데, 자녀의 행동은 결국 마음의 문제라는 사실을 항상 되새겨야 한다. 즉 당신도 자녀도 결국 마음이 문제다. 두 번째로는 마음을 관통하지 않는 변화는 오래가지 못한다는 사실이다. 모든 부모가 원하는 것은 순간적인 변화가 아니라 잘못된 행동이 완전히 고쳐지는 것이다. 당신이 원하는 게 영구적인 해결이라면 먼저 마음이 변화되지 않고는 불가능하다는 것을 명심해야 한다. 자녀들을 가르치고 훈육할 때는 언제나 설명이 뒤따라야 한다. 자녀들을 훈육할 때 당신은 그들 마음에 대해 이야기할 수 있는 절호의 기회를 부여받은 것이다. 아이들의 잘못된 행동은 마음 상태를 그대로 드러내고, 무엇이 그 마음을 통제하는지에 대한 정확한 그림을 보여준다. 즉 당신은 구세주의 은혜로 자녀들의 마음을 들여다볼 기회를 얻게 된 것이다. 그러므로 아이에게 문제가 발견되었을 때 무턱대고 속상해할 필요가 없다. 당신이 자녀의 삶 속에서 이루시려는 하나님의 뜻에 동참하고 있다는 사실을 잊지 말라. 자녀에게 성령의 은혜를 전함으로써 무엇이 옳고 그른지 판단하게 하고, 어떤 신념을 가져야 하는지와 변화에 대한 욕구를 심어줄 수 있는 좋은 기회다. 자녀가 자신의 진짜 모습을 들여다보고, 변명으로 일관하지 않고, 자신을 옥죄는 잘못된 생각에서 해방될 수 있도록 차분히 이야기를 나누라.

그 시간은 자녀의 잘못을 따지는 시간이 아니다. 규칙을 이야기하고 그것을 어기면 받게 될 처벌을 이야기하는 시간이 아니라 하나님의 사랑으로 자녀가 진정한 자아를 발견하고 하나님으로부터 도움을 받을 수 있다는 확신을 갖게 하는 시간이다. '율법'의 순간은 사실상 '은혜'를 경험하는 시간임을 알게 된다면 당신이 아이들을 지도하는 수준이 완전히 달라질 것이다. "한 번만 더 싸우면 네가 정말 생각하기도 싫은 일이 일어날 거야."라고 **협박**할 필요가 없다. "다음 한 주 동생한테 잘해주면 네가 원하는 스타워즈 장난감 사줄게."라며 아이들을 교묘히 **조정**하려 들지 않아도 된다. "네가 이렇게 행동하니까 우리 가족이 훨씬 힘들어졌어."라고 **죄책감**을 심어줄 필요도 없다. 협박하고, 조정하고, 죄책감을 주는 것은 아이들의 마음보다 당장의 행동 변화만을 목표로 삼는 훈육 방법이다.

'새 마음'을 주시는 은혜

여기 자녀양육에 꼭 필요한 주 예수 그리스도의 복음이 있다. 곧 오실 구세주의 빛나는 사역의 약속이 들어 있는 말씀이다. "또 새 영을 너희 속에 두고 새 마음을 너희에게 주되 너희 육신에서 굳은 마음을 제거하고 부드러운 마음을 줄 것이며"(겔 36:26). 예수님은 우리와 자녀에게 반드시 필요한 한 가지를 주셨다. 바로 '새 마음'이다. 예수님의 삶과 죽음, 그리고 부활이 주목하는 첫 번째 핵심은 새로워진 마음이다. 마음이 새로워지지 않으면 행동도 변할 수 없기 때문이다.

그렇다면 '새 마음'이 뭘까? 이것은 완벽한 마음을 뜻하지 않는다. 에스겔서에서는 돌같이 굳은 마음과 살갗처럼 부드러운 마음으로 표현했다. 앞에서 예를 든 것처럼 돌은 손에 쥐고 아무리 눌러도 모양이 변하지 않는다. 딱딱한 물체이고 굳어 있어서 변화에 저항력이 강하다. 하지만 살갗은 부드러워서 얼마든지 모양이 변할 수 있다. 예수께서 오신 후 우리의 마음이 이렇게 새로워졌다. 이것이 바로 하나님이 자녀들에게서 일어나기 원하시는 변화다. 하나님은 우리에게 자녀의 마음을 밝히 보여주신다. 그래야 부모인 우리가 변화의 도구로 사용될 수 있기 때문이다. 구약성경에 왜 예수님에 대한 예언이 등장할까? 예수님의 구원과 용서, 은혜와 능력 없이는 우리 마음의 변화가 지속될 수 없다는 것을 이야기하기 위해서다. 예수님의 은혜가 없으면 우리 아이들은 처음에 태어났을 때처럼 딱딱하게 굳은 마음으로 살아가야 하고, 우리는 변화의 희망 없이 아이들을 양육해야 하는 처지에 놓인다. 그러나 하나님께서는 은혜의 손길을 뻗어주셨다. 자기 아들을 이 땅에 보내시어 우리가 자녀들의 마음을 바꾸는 실질적인 도구로 사용되게 하셨다. 이것을 제대로 이해한다면 당신이 자녀의 잘못을 고쳐야 하는 모든 순간은 사실상 마음의 문제를 이야기할 수 있는, 하나님이 주신 기회임을 알게 될 것이다.

당신의 자녀에게는 부모의 권위가 필요하다. 하지만 통찰력의 은혜가 더 필요한지도 모른다. 그래야 아이들이 자신의 잘못을 고백할 수 있고 새로운 마음과 삶으로 가는 문을 열 수 있을 것이다.

에스겔의 말씀을 통해 부모인 우리가 가진 내면의 부족함과 연약함을 발견하게 된다. 나는 그것을 **수도원 양육**(monastic parenting)이라 칭하려 한다. 중세 시대에 많은 수도원이 생겨나게 된 신학적 배경에 대해 잠깐 생각해보자. 당시에는 바깥세상은 악이 득실거리는 곳이고, 따라서 그곳과 완전히 차단된 공동체를 만드는 것이 악의 영향을 받지 않는 유일한 길이라 믿었다. 문제는 악에서 탈출하기 위해 만든 이 공동체도 바깥세상과 같은 크고 작은 문제로 씨름했다는 점이다. 그렇다면 수도원이 가지고 있었던 맹점은 무엇일까? 그곳에 사람들이 있었다는 점이다. 사람들의 마음속에 존재하는 죄와 악이 그대로 수도원에 존재했다. 세상의 문화가 문제라고 생각하는가? 사람의 마음이 더 문제다. 사람의 마음이 문화를 도덕적으로 위험하고 잘못된 방향으로 이끌고 있다.

아직도 많은 크리스천 부모들이 자녀들을 하나님께서 원하시는 모습으로 키우기 위해서는 세상의 문화로부터 아이들을 차단해야 한다고 믿는다. 내 말은 자녀들이 세상에서 벌어지는 모든 문화에 노출되어야 한다는 의미가 아니다! 자녀들이 항상 당신의 지혜로운 보호 아래 있어야 한다는 점에도 동의한다. 다만 명심해야 할 것은 하나님께서 원하시는 것은 당신의 가정을 작은 수도원으로 만드는 것이 아니라는 점이다. 수도원 양육으로는 자녀를 도덕적 위험에서 구해낼 수 없다. 지금까지 우리가 함께 살펴본, 성경에서 말하는 마음의 문제가 그 해답을 준다.

성경은 반복적으로 우리와 자녀에게 가장 위험한 것은 바깥에 있는 것이 아니라 우리 안에 있는 것이라 증언한다. 즉 우리와 자녀의 마음속에 있는 죄와 부정함이 도덕적으로 가장 위험한 요소다. 우리에겐 새 마음을 주시는 주님의 은혜가 가장 필요하다. 따라서 무조건 바깥세상으로부터 격리시키는 수도원 양육은 부적합하다. 자녀의 내면에 있는 위험은 보호의 장벽을 쌓는 것으로 해결되지 않는다. 타락한 세상으로부터 자녀들을 보호하되, 그것은 우리의 역할 중 아주 작은 부분이라는 것을 기억해야 한다. 하나님께 부모로 부름받은 당신의 역할은 이보다 훨씬 크다. 당신이 자녀 마음의 변화를 위한 도구임을 절대 잊지 말라.

거꾸로 뒤집힌 세계관

성경은 매우 명확하게 모든 자녀가 가지고 있는 마음의 문제를 지적한다. 이것을 이해하면 당신에게 맡겨진 자녀를 양육하는 틀이 바뀔 것이다. 자녀들의 마음속에서 무엇이 잘못되어 있다는 걸까? 다시 잠언을 살펴보자. "아이의 마음에는 미련한 것이 얽혔으나 징계하는 채찍이 이를 멀리 쫓아내리라"(잠 22:15). 당신이 알든 모르든, 부모로서 매일 대면해야 하는 것 중 하나가 바로 "미련한 것"(어리석음)이다. 어리석은 자녀는 자신이 부모보다 더 잘 알고 있다고 생각한다. 그래서 부모의 권위에 도전한다. 어리석음이 형제자매간의 끝없는 싸움과 분쟁을 만들어낸다. 하나님보다 세상의 길로 가는 것이 더 낫다고 여긴다. 공부를 열심히 하는 것보다 공부에서 해방되는 것이 훨씬 자신에게 이로운 일이라 생각하게 된다. 또한 어리석음은 영적인 것보다 물질적인 것이 훨씬 중요하다고 생각하게 만든다. 당신의 양육을 어렵게 만드는 것도, 또 본질적으로 다루어야 할 내용도 바로 이 어리석음이다.

이와 같이 당신의 자녀가 어리석다는 것을 전제하는 이유는 당신을 불쾌하게 하려는 것이 아니라 성경의 견해를 전달하려는 것이다. 당신의 자녀가 현재 마주하고 있는 가장 큰 위험 중 하나가 바로 어리석음이다. 이것은 마음에 자리하고 있어서 쉽게 벗어날 수 없다. 때문에 그들에게는 도움과 구원의 손길이 필요하다. 그 위험성이 무엇인지 이해하고 바꿔가야 한다.

혹자는 이렇게 질문하고 싶을지 모르겠다. "어리석음이 대체 뭔가요?" 그것은 거꾸로 뒤집힌 세계관을 갖는 것이다. 어리석은 것을 현명한 것이라 여기고, 좋은 것을 나쁘게 보고, 거짓을 진실로 호도한다. 어떤 일이든 한계 두는 것을 싫어하고, 모든 것을 제멋대로 하려 한다. 다른 사람들을 자기 인생의 방해물이라고 생각한다. 뭔가를 배워야 한다는 생각을 하지 않는다. 왜냐면 자신은 항상 옳기 때문이다. 또한 어리석은 사람은 영원한 것이 아닌 사라지는 것에 모든 것을 걸고 산다. 세상의 중심에 자신을 놓는다. 남을 섬기기보다 대우만 받으려고 한다. 지혜로운 사람과 다투고, 어리석은 사람의 말을 따른다. 잘못된 선택을 할 때도 늘 자신이 옳다고 여긴다. 위험한 파괴의 길을 걸으면서도 그것이 가장 좋은 길이라 우긴다. 어리석음에 대해 말하는 잠언의 비극적인 이야기는 우리에게 충격으로 다가온다.

당신의 자녀가 이처럼 어리석은 마음을 품고 있다. 그래서 위험하다. 당신의 양육을 통해 그들에게 하나님의 구원의 손길이 이르게 해야 한다. 자녀들이 가지고 있는 이 어리석음의 근원과 위험성을 더 잘 이해하고 싶다면 시편 53편을 읽어보는 게 좋다.

> 어리석은 자는 그의 마음에 이르기를 하나님이 없다 하도다
> 그들은 부패하며 가증한 악을 행함이여 선을 행하는 자가 없도다
> 하나님이 하늘에서 인생을 굽어살피사
> 지각이 있는 자와 하나님을 찾는 자가 있는가 보려 하신즉
> 각기 물러가 함께 더러운 자가 되고
> 선을 행하는 자 없으니 한 사람도 없도다 (시 53:1-3).

모든 자녀의 마음속에 있는 어리석음의 이야기는 깊은 신학적 의미를 지닌다. 대부분의 크리스천들이 이것을 잘 이해하지 못하지만, 편식과 수면습관, 숙제, 형제간의 다툼, 이성 친구, 지나치게 겉모습에 신경 쓰는 것, 욕심을 부리는 것 등도 사실 신학적으로 고민해야 한다. 그 모든 일의 근원에 하나님에 대한 부정이 깔려 있기 때문이다.

시편 기자가 말하려는 것이 철학에서 이야기하는 무신론이라 생각하

지는 않는다(물론 그런 의미도 포함될 수 있을 것이다). 쉽게 말해 이 본문은 우리 자녀들이 마치 하나님이 계시지 않는 것처럼 살아가려는 경향에 대해 이야기하고 있다. 하나님을 부정하는 것은 하나님의 권위와 지혜, 능력과 은혜가 필요 없다고 여기는 삶을 말한다.

자녀들은 자신의 행복을 세상에서 가장 중요한 일로 여기는 경향이 있다. 이는 하나님의 다스리심과 그분의 지혜를 부정하는 것이다. 이런 식으로 하나님을 부정하다 보면 인생에서 꼭 순종해야 할 권위를 무시하고 하나님께서 정해주신 한계를 넘어서게 된다. 즉 나쁜 일에 유혹을 받고, 해서는 안 될 일을 하게 된다. 이런 어리석음이 모든 자녀의 마음속에 있다. 그래서 시편 기자는 이렇게 말한다. "각기 물러가 함께 더러운 자가 되고 선을 행하는 자 없으니 한 사람도 없도다"(시 53:3). 그러므로 당신 또한 말로는 하나님을 믿는다 하면서 실제의 삶에서는 하나님의 존재를 부정하고 있는지도 모른다는 사실을 기억해야 한다.

겸손히 하나님의 명령에 순종하는 것보다 하나님의 존재를 부정하는 것이 아이들에게 훨씬 쉬운 일임을 반드시 이해해야 한다. 하나님께 기쁘게 순종하는 것보다 마치 자신이 하나님인 양 자신의 행복만을 추구하는 것이 그들에게 훨씬 자연스럽다는 것을 알아야 한다. 그래서 아이들이 당신의 권위에 순종하지 않는 것이다. 그래서 부모인 당신보다 모든 걸 더 잘 알고 있다는 듯 대꾸하는지 모른다. 형제자매들끼리 매일 지지고 볶으며 싸우는 것도, 자신의 권리만 주장하는 것도, 쉽게 싫증내고, 고마움을 모르며, 요구만 늘어놓는 이유도 다 여기에 있다. 부모로서 자녀를 양육하는 과정이 쉽지 않다 여기게 되고, 하루 일과를 마치면 완전히 탈진해버리는 이유도 여기에 있다. 이와 같이 죄는 (우리와) 자녀를 어리석게 만든다. 그래서 마치 하나님이 계시지 않는 것처럼 살게 되고, 잘못된 행동을 하게 되고, 잘못을 고치라는 부모의 충고를 거부하게 된다.

여기 아주 슬프고도 단순한 공식이 하나 있다. 당신이 하나님의 길을 따르지 않으면 당신 스스로가 만든 길로 가게 될 것이다. 이것이 매일 우리가 자녀들과 고군분투하게 되는 이유다.

어리석은 자를 위한 처방

자녀에게 하나님의 율법을 말해주고 그것을 확실히 지키게 하는 것을 기독교 양육이라고 국한하면 안 된다. 규칙이 아이들에게 훌륭한 보호막이 되는 것은 사실이지만 그것이 어리석음으로부터 해방시켜줄 힘을 갖지는 못한다. 모든 크리스천 부모들이 영적으로 이해해야 할 역설은 어리석은 자들이 부정하고 있는 하나님이 바로 그들의 유일한 희망이라는 사실이다. 어리석은 사람의 희망은 하나님의 놀라운 구원과 용서, 그리고 변화시키는 은혜다. 이 말은 부모가 하나님의 대리인으로서 그분의 권위뿐 아니라 구원의 은혜를 대변해야 한다는 뜻이다.

여기서 우리는 어려움에 봉착한다. 은혜를 베푸는 것보다 법을 지키게 하는 일이 훨씬 쉽기 때문이다. 부모가 자녀의 삶에서 하나님의 보이지 않는 은혜를 눈으로 볼 수 있고 만질 수 있는 것으로 대변한다는 것이 무엇을 의미할까?

이 질문의 답을 4개의 단어로 설명하려 한다. 당신이 매일 자녀를 대할 때마다 어리석은 자를 구원해줄 이 4개의 단어를 마음에 품기 바란다.

하나님의 영광

자기 자신의 영광에 몰두해 있는 자녀를 위한 유일한 처방은 그보다 더 큰 영광이 있다는 사실을 알려주는 것이다. 인간의 삶은 본래 존재의 의미를 결정하는 하나님의 영광과 현존에 의해 결정된다. 우리가 지금 그렇게 살고 있지 않다면 창조의 섭리에 역행하고 있는 것이다.

부모인 우리가 해야 하는 일은 자녀가 하나님의 놀랍도록 아름다운 영광에 눈뜨게 하는 것이다. 그래서 하나님의 영광에 휩싸여 그분의 율법에 순종하는 것이 얼마나 기쁜 일인지 알게 하는 것이다.

그분이 지으신 세계는 우리가 눈을 들어 보는 곳마다 하나님의 영광을 나타낸다. 하나님께서는 우리가 이 세계를 통해 그분을 찾을 수 있도록 만드셨다. 우리가 얼마나 쉽게 그분의 존재를 잊고 살아갈지 이미 예견하셨기 때문이다.

어디에서나 하나님을 쉽게 발견할 수 있기 때문에 우리가 언제나 하나님에 대한 이야기를 하는 것은 부자연스러운 일이 아니다. 달걀이 뜨거운 물에서 보글거리며 끓어오르는 모습과 해가 뜨는 것을 보며, 툭툭 떨어지는 빗소리와 새들의 노래를 들으며, 고기가 불 위에서 익어가는 소리를 들으며, 하얀 눈이 내리고 나뭇잎 색이 바래는 모습과 저 멀리 수평선을 바라보며, 저마다의 사연을 가진 사람들의 이야기를 들으며 어찌 하나님의 영광을 이야기하지 않을 수 있겠는가!

하나님은 매일 당신이 자녀들에게 가장 필요한 것을 볼 수 있는 중요한 기회를 주신다. **문제는 자녀가 어리석음에서 해방될 수 있는 이 영광의 순간을 당신이 포착할 수 있느냐다.**

하나님의 지혜

어리석은 자에게는 당연히 지혜가 필요하다. 따라서 어리석은 자를 맡은 부모로서 우리는 주어지는 기회를 포착해야 한다.

하나님은 매일 당신에게 하나님의 지혜가 얼마나 아름답고, 유익하고, 현실적이고, 선한지 가르칠 기회를 주신다. 모든 사람이 친절하고, 사랑 넘치고, 겸손하고, 섬기기 원한다면 얼마나 좋겠는가. 남의 것을 훔치지 않고, 이웃의 아내를 탐내지 않고, 폭력과 살인이 없고, 시기와 질투도 없고, 부정부패가 없는 사회, 모두가 정직한 그런 세상에서 살고 싶지 않은 사람이 어디 있겠는가. 그야말로 하나님의 지혜로 만들어질 수 있는 세상일 것이다.

자녀들이 하나님의 지혜를 구하는 자로 태어나지 않았기에 부모인 우리에게는 하나님의 지혜를 그들에게 적극적으로 소개할 의무가 있다. 하나님의 지혜가 얼마나 아름다운 것인지 매일 보여줌으로써 그것을 전혀 탐구할 의지가 없었던 아이가 관심을 갖도록 해야 한다. 자녀를 훈육할 때 화내지 말라. 하나님의 은혜는 자녀의 삶을 구원하는 데 당신을 사용하신다. 차분하게 기다리며 기회를 포착하고, 강압적으로 규칙을 지키게 하지 말고, 하나님께서 인도하시는 길이 얼마나 멋진지 설명하라.

하나님의 구원사역

예수님의 인격과 사역을 아이들에게 반복해서 이야기하라. 인간의 어리석음과 그 결과로 우리는 비난받아 마땅하지만, 하나님께서 그의 아들을 이 땅에 보내심으로 우리의 모든 죄가 사함받고 구원받았음을 이야기하라. 이것은 아무리 많이 이야기해도 지나치지 않다. 하나님께서 어떻게 역사를 주관하셨는지 이야기하라. 정확한 역사의 순간에 예수님이 오셔서 그를 알지도 못하는 무지몽매한 인간에게 한없는 사랑과 희생을 베푸셨다는 사실을 구체적으로 알려주라. 오직 하나님의 지혜만이 어리석은 우리를 구원할 수 있고, 우리가 지혜로운 자로 거듭날 수 있다는 것을 가르치라. 걸음마를 떼는 순간부터 아이가 장성하여 집을 떠나는 순간까지 이 이야기를 멈추지 말라.

하나님의 환대

마지막으로 자녀들에게 지금 이 순간에도 하나님은 자신의 어리석음을 고백하고 용서를 구하면서 그분의 도움을 받기 원하는 우리를 두 팔 벌려 크게 환영하신다고 말해주라. 예수님께서 흠이 없는 완벽한 의인으로 사셨기에 죄인인 우리를 거룩하신 하나님께로 기꺼이 인도해주신다고 말하라. 그리고 한 번 용서받은 우리는 아무리 어리석은 일에 **빠진다** 해도 하나님으로부터 절대 버림받지 않는다는 사실도 가르쳐주라. 훈육할 때 자녀에게 소리를 지르지 말라. 그들 스스로 고백하게 만들라. 하나님께 나아가는 자에게 기꺼이 용서의 손길을 베푸시는 그분을 대리하는 자로서 자녀에게 인내와 자비를 보여야 한다.

하나님이 일하시는 방식

양육은 마음을 돌보는 것이다. 모든 자녀의 마음속에 있는 어리석음을 다루는 일이다. 이것은 자녀들에게 하나님의 법과 은혜가 절실히 필요하며 부모인 우리가 자녀들의 삶에서 은혜의 도구로 사용되어야 함을 의미한다. 덧붙여 당신이 자녀들을 어리석음에서 해방시키고 그들을 변화시키는 사역에 쓰임받고 싶다면 겸손히 당신의 마음을 먼저 들여다봐야 한다. 사실 당신의 마음은 하나님이 하시고자 하는 일에 도움이 되기보다 방해가 된 적이 많았을 것이다.

지금이 밤 10시 30분이라고 가정하자. 분명히 9시에 아이들을 재웠는데 이 시간까지 자기들끼리 싸우고 난리를 친다. 발을 쿵쿵거리며 아이들 방으로 달려갔다. 그 순간 "하나님, 아이들을 어리석음으로부터 해방시킬 수 있는 기회를 주셔서 감사합니다. 하나님의 은혜를 정말 사랑합니다."라고 외치는 부모는 거의 없을 것이다. 아마도 당신은 속으로 '다 죽었어!'라고 말할 것이다. 곧이어 아이들의 방문을 벌컥 열고 잔뜩 화난 소리로 하지 말아야 할 말과 행동을 쏟아낼지 모른다.

침착하게 한번 생각해보자. 대체 왜 그렇게 화가 났는가? 내 생각에 당신은 아이들이 하나님의 율법을 지키지 않았기 때문에 화난 게 아니다. 당신이 만들어 놓은 규칙을 어겼기 때문에, 즉 밤 10시 이후에는 아이들의 방해를 받지 않고 쉬고 싶다는 생각 때문에 화가 난 것이다.

지금부터 하는 이야기가 당신의 마음을 상하게 할지도 모르겠다. 우리가 아이들에게 비난을 쏟아내는 것은 바보 같은 짓이다. 어리석은 사람은 치리의 순간을 분노로 바꾼다. 어리석은 사람은 감정을 이입하지 말아야 할 상황에 감정을 쏟아낸다. 감정의 날을 세울 필요 없는 일에 예민하게 반응한다. 시간을 두고 바꾸어야 하는 마음의 문제를 눈에 보이는 부분만 당장 해결하려 한다.

안타깝게도 나는 자녀들을 키우며 많은 실수를 저질렀다. 알다시피 자녀의 마음속에 있는 어리석음을 다루기 위해서는 먼저 부모인 우리가 어리석은 사람임을 고백해야 한다. 자녀들만 하나님을 잊고 어리석은 일을 저지르는 것이 아니다. 아이들만 제멋대로 고집을 피우는 것이 아니다. 그들만 자기중심적으로 살고 있는 게 아니다. 우리 모두 그렇게 살고 있다. 우리 자녀들에게 하나님의 용서와 구원이 필요한 것처럼 우리의 매일의 삶에도 은혜가 너무도 절실히 필요하다.

하나님께서 일하시는 방식은 매우 신비롭다. 어리석은 자가 어리석은 자를 돕도록 허락하셨다. 때문에 우리는 하나님의 은혜 없이 그분의 구원의 도구로 사용될 수 없다. 은혜가 간절히 필요한 당신의 어리석음을 하나님 앞에 기꺼이 고백할수록 당신에게는 자녀의 어리석음에 다가갈 은혜가 더욱 많아진다.

기억하라. 예수님께서 우리를 위해 모든 사역을 끝내셨기 때문에 지금 이 순간 우리가 그 은혜를 누릴 수 있게 되었다.

10. '성품' 관리보다 예배의 재정비가 필요하다

"자녀들이 저지르는
잘못 대부분이
성품의 문제다."

화요일 늦은 오후다. 스미스 씨 집은 주방과 거실이 하나로 트여 있어 주방에 있는 엄마와 거실에 있는 아이들이 서로 잘 보이는 구조다. 오늘 엄마는 주방에서 혼자 이리 뛰고 저리 뛰며 바쁘게 움직이고 있다. 이제 곧 6명 정도의 손님이 도착할 텐데 저녁이 아직 준비되지 않아 다급하고 초조한 기색이 역력하다. 엄마의 이런 다급한 모습이 아주 잘 보이는 거실에서는 7세, 9세, 11세 아이들이 TV로 볼링게임을 즐기고 있다.

여기서 질문하겠다. 지금 스미스 씨 집안 풍경 중 잘못된 것이 있는가? 있다면 무엇인가?

누군가는 "별거 없는데요? 제가 뭔가를 하느라 분주히 움직이는 동안 아이들이 자기들끼리 놀고 있다면 그날은 저희 집에 예수님이 방문하신 날일 겁니다!"라고 대답할지 모르겠다. 하지만 좀 더 자세히 들여다보면 문제가 발견된다. 바로 아이들의 부족한 성품이다. 아이들은 모두 천지 분간이 안 되는 영아가 아니라 엄마가 왜 이리 바삐 움직이는지 알 만한 나이다. 엄마가 지금 어떤 상태라는 것도 알고 있다. 무엇보다 엄마에게 도움이 필요하다는 것을 알고 있다. 다양한 방법으로 엄마를 도와 엄마가 느낄 압박감을 조금이나마 해소해 줄 수 있다. 하지만 그 누구도 이런 엄마의 상황에 관심을 갖지도 않고, 어떤 행동도 취하지 않는다. 아이들은 엄마가 긴장하고 있는 것도, 낙심하여 마음의 상처를 받는 것에도 별 관심이 없어 보인다. 엄마가 사람들 앞에서 난처해지는 것에 전혀 개의치 않는다. 그래서 "엄마, 제가 도와드릴 게 있나요?"라는 말조차 하지 않는 것이다.

이렇게 무신경하고 무정한 사람이 당신의 친구나 배우자, 이웃이나 상사이길 바라지 않을 것이다. 하나님께서 이 아이들의 마음을 밝히 보여주신 것은 이것이 괜찮지 않다는 것, 그리고 그냥 지나치면 안 된다는 것을 말씀하기 위함이다. 그것이 우리 사회의 상처와 아픔, 갈등과 역기능을 야기하는 근본적인 원인이 되기 때문이다. 따라서 단순히 아이들이 부모의 말을 따르지 않는 것을 문제 삼을 것이 아니라 아이들의 성품이 어떻게 형성되고 있는지 눈여겨봐야 한다.

물론 이 상황에서 아이들이 엄마에게 거칠게 반항하거나 규칙을 어기는 등 불순종이 나타난 것은 아니다. 하지만 하나님의 눈에는 분명 아이들이 잘못하고 있다. 그러니 부모인 우리도 당연히 이것을 문제 삼아야 한다. 물론 아이들이 의도적으로 엄마를 골탕 먹이려고 작전을 짠 것은 아니다. 단지 부족한 성품 때문에 하나님 보시기에 바르고 아름다운 일을 할 수 없었다.

당신이 만약 자녀가 저지르는 대부분의 잘못된 행동이 부족한 성품에 기인한다는 인식과 이해가 없다면 하나님이 주시는 양육의 기회를 놓치게 된다. 권위에 순종하는 것이 얼마나 아름다운 일인지 강조하는 것만으로는 부족하다. 당신은 아이들의 성품을 만져주어야 한다. 그래야만 죄가 아이들의 마음과 우리의 마음을 어떻게 훼손하는지 이해하게 된다. 그렇다고 쿵쾅거리며 거실로 걸어가 TV 화면을 가로막고 서서 "내가 너희들을 어떻게 키웠는데, 엄마가 이렇게 바쁜 걸 알면서 놀고만 있는 거야!"라고 소리를 지르라는 것은 아니다. "당장 코드 뽑아서 게임기 이리 가져와. 잘 봐둬. 이제 이 기계는 다시 볼 수 없을 테니까! 너희처럼 다른 사람의 마음도 헤아리지 못하는 사람은 이런 기계를 가지고 놀 자격이 없어. 지금 당장 부엌으로 가서 엄마가 시키는 일 좀 해. 안 그러면 정말 혼날 줄 알아."라며 겁박하라는 이야기도 아니다. 부모의 부족한 성품으로는 아이의 마음을 만질 수 없다. 이런 식의 겁박, 협박, 분노로는 하나님께서 아이들의 마음속에서 이루시려는 일에 도구로 사용될 수 없다.

어쩌면 이런 상황에서는 일장 연설을 늘어놓는 것보다 당신의 고백으로 시작하는 편이 더 나을지 모른다. 아이들에게 다가가기 전에 먼저 하나님 앞에 당신의 부족함을 털어놓는 것이다.

아이들만 그런 것이 아니라 우리도 부족한 사람들이다. 그렇기 때문에 하나님이 주시는 양육의 기회를 부여받고도 먼저 화부터 내는 것인지 모른다. 그래서 지혜로운 조언을 건네야 하는 순간에 뾰족한 말로 아이들의 마음에 상처를 내는 것인지 모른다. 복음으로 승리할 수 있다며 다독여주기보다 죄책감을 심어주는 것인지 모른다. 부모인 우리도 부족한 성품을 가지고 있기에 전혀 감정을 이입할 필요가 없는 일에 감정을 쏟고, 부모의 양육이 필요한 아이의 방으로 발걸음을 옮길 때 짜증이 나는 것인지 모른다!

하나님께서 우리 아이들의 마음을 새롭게 변화시키시려고 열심히 일하시기 때문에 우리가 이렇게 좌충우돌 시행착오를 겪으면서 아이들을 키우는 것이 의미가 있는 것이다. 만약 하나님의 은혜가 없다면 우리의 차가운 마음과 부족한 성품이 아이들과 우리 삶의 모든 것을 바꾸어 놓았을 것이다. 자녀의 성품 문제와 직면하게 되면 무엇보다 먼저 당신도 그들처럼 부족한 사람이라는 것을 고백해야 한다. 그래야 당신이 오래 참고, 친절하고, 자비로운 마음으로 그 문제에 조금씩 다가갈 수 있다. 그런 고백이 선행되어야 그것이 짜증과 분노를 폭발할 순간이 아니라 하나님의 은혜를 경험할 수 있는 순간임을 깨닫게 된다. 이 모든 과정을 통해 하나님은 당신에게 아이들의 마음을 열어서 보여주시고, 그것이 창조주의 의도대로 작동하고 있지 않다는 사실을 알려주신다. 그 이유는 바로 하나님께서 당신의 자녀를 사랑하시기 때문이다. 그리고 당신이 자녀의 마음에서 통찰력이 자라게 하고, 고백과 변화를 일으키는 도구로 사용되기를 원하시기 때문이다.

이렇게 생각을 바꾸면 양육의 매 순간마다 다뤄야 하는 문제 때문에 짜증이 나지는 않을 것이다. 그것이 곧 하나님의 놀라운 은혜에 흠뻑 빠지는 순간이 되기 때문이다. 하나님께서 당신의 자녀를 이토록 사랑하신다는 사실, 또 그들 하나하나의 마음까지 보살피고 헤아리신다는 사실이 놀랍지 않은가? 하나님의 위엄과 능력은 대단한 일에만 발휘될 것 같지만, 실은 우리 아이들의 마음을 밝히 보여주시고 부족한 성품을 고치는 데도 그분의 어마어마한 권능이 사용된다.

이처럼 하나님은 모든 가정사를 간섭하고 보살펴주신다. 단순히 안위만을 위해서가 아니다. 우리 모두가 하나님의 창조 섭리에 따라 더 나은 모습으로 회복되게 하시려고 역사하시는 것이다. 하나님의 사랑과 은혜는 우리가 가늠할 수 없을 만큼 광대하기에 그것을 통해 우리는 자녀의 성품을 바로잡을 수 있는 기회를 얻는다. 하나님께서 당신에게 그 기회를 계속 주실 것이다. 문제는 당신이 그 기회를 알아채고 인내와 지혜, 회복시키는 은혜로 자녀의 문제들을 다룰 수 있느냐다.

기막힌 연결고리

성경은 자녀들의 성품이 근본적으로 무엇과 연결되어 있는지 보여줌으로써 우리가 왜 그 문제를 심도 있게 다루어야 하는지 알려준다. 성품의 문제는 단순히 인간관계를 악화시키고 짜증나는 상황을 만드는 것 이상이다. 단순히 수평적 관계에만 악영향을 주는 것이 아니다. 여기에는 성경을 깊이 읽어내는 사람만 이해할 수 있는 도덕적이고 신학적인 문제가 깔려 있다.

왜 아이들이 점점 더 참을성이 없어지고, 거칠어지고, 요구는 늘어나는데 감사함을 모르고, 불평불만만 쌓이는 걸까? 왜 형제자매끼리 서로 싸우고 험한 말을 입에 담으며 서로를 위하는 마음이 작아지는 걸까? 왜 자신이 항상 먼저여야 하고, 관심의 대상이어야 하고, 섬기기보다는 섬김을 받아야 한다고 생각하게 되었을까? 자신이 해야 할 일은 안 하면서 다른 사람에게 비난의 화살을 돌리고 자신이 모든 문제를 가장 잘 알고 있다고 생각하게 된 걸까? 말싸움을 좋아하고 쓸데없는 일에 경쟁심을 느끼고 자신이 항상 부당한 취급을 받는다며 불만을 쏟아낸다. 입으로는 사랑한다고 말하면서 사랑을 표현하지 않고, 함께 나누지 않고, 자신의 잘못을 고백하기보다는 남을 정죄한다. 왜 이렇게 된 걸까?

이런 성품의 근본 문제를 깨닫지 못하면 제대로 이해하고 바꾸기 어렵다. 성경이 마음 문제의 근원을 쉽게 설명한다. 이 연결고리를 이해했을 때 비로소 나는 아이들과 나 자신을 바라보는 시각을 바꿀 수 있었고, 또 성품의 문제를 다루는 방식도 바꿀 수 있었다.

로마서 1장을 살펴보자. 여기에 기막힌 연결고리가 나온다. 다음 구절은 우리가 태어났을 때 죄가 우리 마음에서 어떤 작용을 하는지에 대한 하나님의 말씀이다. 한편으로는 당신에게 자녀의 마음이 어떠한지를 보여주는 것이기도 하다.

> 이는 그들이 하나님의 진리를 거짓 것으로 바꾸어 피조물을 조물주보다 더 경배하고 섬김이라 주는 곧 영원히 찬송할 이시로다 아멘 … 또한 그들이 마음에 하나님 두기를 싫어하매 하나님께서 그들을 그 상실한 마음대로 내버려 두사 합당하지 못한 일을 하게 하셨으니 곧 모든 불의, 추악, 탐욕, 악의가 가득한 자요 시기, 살인, 분쟁, 사기, 악독이 가득한 자요 수군수군하는 자요 비방하는 자요 하나님께서 미워하시는 자요 능욕하는 자요 교만한 자요 자랑하는 자요 악을 도모하는 자요 부모를 거역하는 자요 우매한 자요 배약하는 자요 무정한 자요 무자비한 자라 그들이 이 같은 일을 행하는 자는 사형에 해당한다고 하나님께서 정하심을 알고도 자기들만 행할 뿐 아니라 또한 그런 일을 행하는 자들을 옳다 하느니라 (롬 1:25, 28-32).

본문은 성품의 문제를 인간의 가장 중요한 기능 중 하나인 숭배, 혹은 예배와 연결하고 있다. 그리고 우리 자녀들의 마음이 어떤 것, 혹은 어떤 사람의 지배 아래 있다고 이야기한다. 마음을 지배하는 그 원칙이 매일 부딪히는 상황을 어떤 식으로 처리할지 결정한다. 즉 자녀들의 마음밭에서 매일 치열한 전투가 벌어지고 있다. 이는 통제의 권한을 놓고 벌이는 전투다. 창조주의 사랑을 따를 것인지(예배), 아니면 피조물에 현혹되어 살 것인지(숭배)에 대한 결정이다. 우리 마음이 창조주의 지배를 받을 때 비로소 그분의 섭리에 따른 결정을 내리며 살아갈 수 있다. 이 관점으로 앞서 이야기한 스미스 씨 집의 풍경을 다시 한 번 생각해보자.

그날 저녁 아이들의 마음을 지배하고 있었던 것은 무엇인가? 바로 '즐거움'이다. 즐거움을 추구하는 것이 나쁜가? 아니다. 하나님은 우리에게 좋은 세상을 만들어주셨고, 우리가 그 안에서 즐거움을 누리기 원하신다. 하지만 즐거움이 우리의 마음을 통제하고 장악한다면 문제가 달라진다. 즐거움을 갈망하는 마음이 당신을 지배하면 당신은 삶에서 부딪히는 모든 상황과 사람들에게 적합하고 온당하게 반응할 수 없다.

아이들은 자신이 원하는 즐거움만을 가지려 했다. 때문에 어머니가 무슨 일을 겪고 있는지 전혀 관심이 없었다. 즐거움을 추구하는 마음이 당신을 지배하면 하나님께서 당신에게 맡긴 사람을 섬기고 사랑할 수 없게 된다.

아이가 자신의 삶을 일정부분 통제하려는 것은 잘못이 아니다. 다만 그것이 아이의 마음을 통째로 집어삼켜 버리게 되면 부모인 당신과 사사건건 부딪칠 수밖에 없다.

정확하고 옳은 선택을 하려는 것이 문제가 아니라 옳고 그른 것을 따지는 논리에 매몰되어 인생을 끝없는 논쟁의 연속으로 만드는 것이 문제다. 모든 사람에게 사랑받고자 하는 것은 잘못이 아니지만 그것을 얻기 위해 하지 말아야 할 것까지 하게 되는 것은 문제다. 물질을 소유하는 것이 문제가 아니라 소유욕에 눈이 멀어 어떤 것에도 만족하지 못하고 끝없이 갈증을 내는 것이 잘못이다. 자립심을 갖는 것 또한 아무 잘못이 아니지만 혼자 모든 것을 결정해야 한다는 강박 때문에 부모의 조언을 조금도 귀담아 듣지 않는 것이 문제다.

이처럼 아이들의 삶 속에 존재하는 성품의 문제는 그들이 잘못된 것을 원해서가 아니라 소위 '좋은 것'의 노예가 되었기 때문에 발생한다. 아무리 좋은 것이라도 우리가 그것의 노예가 되면 더 이상 우리 마음을 살찌울 수 없게 된다.

그런 의미에서 성경이 성품의 문제를 예배와 연결시킨 것은 우리가 그 문제를 어떻게 생각해야 할지 짚어주는 매우 현실적인 가르침이다. 무엇보다 부모인 우리가 어떤 일을 수행해야 하는지 제대로 이해해야 한다.

당신의 자녀는 성경이 말한 성품과 예배의 연관성을 이해하지 못하고 있다. 그런 아이들에게 "어쩜 너희는 엄마를 도와주지도 않고 이렇게 놀고만 있니? 엄마가 얼마나 바쁜지 안 보여?"라고 말한다면 아이들이 어떻게 반응할까? 설마 그들이 "엄마 제 마음 속에는 우상이 있어요. 하나님 대신 즐거움이 제 마음을 지배하고 있어요. 그래서 엄마가 지금 어떤 상황에 놓였는지 제대로 보지 못하고 관심도 없었던 것 같아요. 엄마도 아시잖아요, 하나님이 아닌 다른 것을 숭배하면 성품에 결함이 생긴다는 사실을요."라고 대답하겠는가?

아이들은 자기들이 왜 그렇게 되었는지 모른다. 그것을 알게 해주는 것이 부모인 당신의 몫이다. 아이들에게 하나님의 신비를 펼쳐 보여주는 것이 부모로서 해야 할 당신의 일이다. 그 연결성을 설명하는 것은 아이들에게 깨달음을 주는 동시에 삶의 전환점이 되는 순간이다.

실패를 공표하고, 죄책감을 주입시키고, 결과에만 주목하다 결국 포기해버리는 부모를 원하는 자녀는 없다. 지금 당장은 마음과 예배의 상관성을 설명해줄 수 없더라도 나중을 기약하라. 하나님께서 당신에게 자녀들이 이해할 수 없고 볼 수 없는 것을 보여주신 이유는 당신이 그 일을 하게 하시려는 것이다. 용기를 내라. 성령님께서 아이들의 마음을 움직이시고 고백하게 하실 것이다.

은혜의 현장

마음을 열어 보여주시는 것은 하나님의 은혜다. 은혜로 대화할 수 있다는 것은 축복이다. 하나님의 사랑이 지구상의 모든 가정, 한 사람 한 사람에게 미치고 있다는 사실이 얼마나 놀라운가. 마음의 문이 열리고, 서로 진실을 말하고, 그들에게 구원의 은혜가 임할 것이다. 이것이 하나님의 사역이다. 단 한 번만 일어나도 엄청난 기적일 이 사건이 온 지구의 가정에서 매일 반복적으로 일어나고 있다. 하나님께서 우리와 우리의 자녀를 보호하신다는 사실이 너무 놀라워 인간의 부족한 이성으로는 온전히 이해할 수 없다. 그러므로 당신 자녀의 부족한 성품 때문에 문제가 생겼다면, 그것은 저주를 받은 것이 아니라 하나님의 은혜를 입은 것이다. 하나님은 실패처럼 느껴지는 모멸의 순간을 구원으로 바꾸어주실 것이고, 그 은혜의 현장에 당신이 동참하기를 원하신다.

> 10대 청소년인 샐리가 학교를 마치고 집에 와서 엄마에게 이렇게 말한다.
> "우리 반 친구들 모두가 이번 주말에 저기 있는 오래된 폐가에서 하룻밤을 보내기로 했어."
> "그렇게 아무 허락 없이 자도 된대?"
> "엄마, 그건 폐가야. 거기에 누가 묵어도 되는지 안 되는지를 말해줄 사람이 어디 있겠어?"
> "너희들을 보호해줄 어른이 함께 가니?"

> "엄마, 제발 좀! 우리 이제 다 컸어. 어른이 없어도 폐가에서 하룻밤쯤은 무사히 지낼 수 있어. 무슨 일이 벌어질 거라고 상상하는 거야?"
>
> "샐리야, 엄마는 자도 되는지 안 되는지 확실하지도 않은 장소에서 어른도 없이 너희들끼리 지낸다는 게 너무 마음 불편해."
>
> "엄마, 우리 반 친구들이 다 가. 그렇게 되면 나만 빠지는 거야. 그게 얼마나 창피한 일인지 알아? 난 엄마가 그렇게 생각하지 않으면 좋겠어. 날 한 번 믿어봐. 내일 학교에 가서 친구들한테 우리 엄마가 못 가게 한다고 말할 걸 생각하니까 정말 미치겠어."
>
> "샐리야, 나도 허락하고 싶지만 그건 정말 좋은 생각인 거 같지 않아."
>
> 결국 샐리는 자리를 뜨며 이렇게 말한다.
>
> "엄마가 안 된다고 할 줄 알았어. 맨날 안 된다 그러잖아."

이 상황에서 샐리의 문제는 뭘까? 그녀가 뭔가 중요한 원칙이나 규칙을 어긴 것은 아니다. '폐가에서 주말을 보낼 수 없다'는 규칙은 존재하지 않는다. 그녀의 부족한 성품이 문제고 그것이 부모와의 관계를 망가뜨리고 있다. 그럼 이제 예배와 마음의 관계로 접근해보자.

지금 샐리의 마음을 지배하는 것은 무엇인가? 샐리 자신은 깨닫지 못하지만, 그 순간 그녀의 마음을 움직이는 가장 큰 동기는 '다른 사람의 시선을 두려워하는 마음'이다. 그녀는 항상 '군중'에 휩싸여 있기 원한다. 친구들에게 인정받고 싶어 하고, 다른 사람들이 자신을 싫어하거나 배척하는 것을 견디기 어려워한다. 물론 대부분의 청소년이 이런 마음을 가지고 있다. 지극히 정상적이다. 하지만 다소 위험한 것이기도 하다.

잠언은 사람을 두려워하면 올무에 걸린다고 말한다(잠 29:25). 하나님은 우리를 사회·관계적인 존재로 창조하셨다. 따라서 사람들에게 인정받고 싶은 마음이 드는 것은 당연하다. 하지만 샐리의 경우처럼 자기 정체성과 마음의 안정을 다른 사람의 인정에서 찾으려 하다 보면 그들에게 인정을 받기 위해 하지 말아야 할 행동과 말을 하게 된다.

결국 샐리는 엄마의 사랑에 감사하기보다 엄마의 염려에 화를 냈다. 하지만 자신이 왜 그런 감정을 갖게 되었고 그런 행동을 하고 있는지 모른다. 성품과 예배의 관계를 모르기 때문이다. 샐리에게는 단호하게 "안 돼."라고 하는 것보다 그녀의 마음속에서 일어나는 일이 무엇인지, 또 그것이 그녀와 부모의 관계에 어떤 영향을 미치는지 설명하고 이해시키는 것이 필요하다. 이 일이 어렵고 힘들 거라 예단하지 말라. 이것이야말로 새로운 것에 눈뜨고 마음이 변화되는, 진정한 대화의 기회가 될 것이다.

성품과 예배의 연관성

로마서 1장 28-32절을 다시 한 번 살펴보자. 특히 예배와("그들이 마음에 하나님 두기를 싫어하매") 성품(지금부터 설명할 어리석은 성품들)의 관계에 집중하기 바란다. 다음의 목록을 자세히 살펴보면, 당신이 매일 양육에서 다루는 문제들을 선명히 이해하게 될 것이다.

시　　　기 – 시기 때문에 형제자매간에 갈등이 생기는 경우가 얼마나 많은가?
분　　　쟁 – 자녀들간에 아무 싸움이나 갈등 없이 지내는 날이 얼마나 되는가?
속　임　수 – 자녀들이 은근슬쩍 거짓말을 하거나 속이려는 경우가 얼마나 잦은가?
중상모략 – 자녀가 특정인의 부정적인 면을 다른 사람에게 주기적으로 말하는 경우를 발견한 적이 있는가?

무 례 함 – 자녀가 건방지게 굴거나 예의 없이 행동하는 무례함에 직면하지 않은 부모가 있을까?

오 만 함 – 자녀들의 마음속에 있는 오만함은 양육을 매우 어렵게 만든다.

교 만 함 – 오만함이 입밖으로 나오는 순간이다. 우리 자녀들은 자신이 똑똑하고, 예쁘고, 빠르고, 튼튼하고, 사랑받을 만하다는 것을 다른 사람에게 이야기하는 데 익숙하다.

어리석음 – 우리는 어떤 형태로든 매일 자녀의 어리석음을 마주한다.

비 정 함 – 자녀들의 비정한 모습을 지켜보는 것은 참으로 가슴 아프고 슬픈 일이다.

이 목록은 당신이 매일 양육에 임하며 어떤 것에 매달려야 하는지를 보여줄 뿐 아니라 왜 이것을 중요하게 다루어야 하는지도 이야기해준다.

자녀에게는 **성품 관리**보다 **예배의 재정비**가 필요하다. 성품의 문제가 먼저 생긴 것이 아니라 예배의 우선순위가 문제를 일으킨 것이다. 때문에 잘못된 성품을 탓하기 전에 먼저 그들의 마음속에서 무엇이 가장 중요하게 작용하는지 깨닫게 하고, 그것이 일상의 관계나 상황을 어떻게 결정짓는지 보여줘야 한다. 즉 그들의 마음을 옥죄는 것으로부터 해방시킬 진실이 필요하다.

안타깝게도 우리 자녀들은 보이지 않는 무언가의 노예가 되었다. 때문에 그들 자신도 이해할 수 없는 방식으로 행동한다. 그들에게 필요한 것은 깨달음의 지혜와 인내의 가르침, 그리고 용서의 은혜다.

우리가 자녀들에게 너그러워지려면 우리 또한 부족한 사람임을, 그들보다 하나도 나을 것이 없다는 것을 먼저 인식해야 한다. 우리의 마음도 피조물에 빼앗겼고, 그래서 주변 사람들과 상황에 온당하고 적절하게 반응하지 못한다. 우리 아이들처럼 우리도 마음을 열어 보여주시는 하나님 아버지의 은혜가 필요하다. 그분 앞에 모든 것을 솔직히 고백하여 오직 하나님만 하실 수 있는 변화의 시작점에 다가서야 한다. 자신도 양육이 필요한 부족한 존재임을 겸손히 고백하는 부모는 하나님이 맡겨주신 아이들을 양육하는 의무를 억울하게 생각하지 않는다.

하나님께서 당신의 삶 속에서 어떻게 역사하시는지 생각해보라. 그분은 당신의 원죄를 용서하는 것으로 만족하지 않으셨다. 끝없이 당신을 변화시키신다. 또한 당신이 하나님의 뜻에 어긋나게 행동하는 순간을 기다렸다가 혼내시지 않는다. 당신이 하나님의 창조 섭리대로, 점진적으로 발전해가길 바라신다. 때문에 주님은 당신 마음속에 자리 잡은 우상을 물리치시고 당신의 모든 생각, 욕망, 선택, 언어와 행동이 완전히 하나님을 향할 때까지 쉬지 않고 일하신다.

우리 마음속에 예배의 우선순위 문제가 완전히 해결되지 않았기에 우리는 매일 하나님 아버지의 보호 아래 있는 축복을 누리게 되었다.

하나님께서 당신을 대하시는 것처럼 자녀를 자비롭게 양육하라고 당신을 부르셨다. 따라서 당신은 자녀들에게 그들의 마음을 지배하는 것이 무엇인지 이해시키고, 마음의 주인을 바꿀 수 있도록 도와주어야 한다. 성품과 예배가 밀접하게 연관되었다는 것을 계속 말해야 한다.

당신이 하나님의 양육 도구임을 기억하라. 당신이 아니라 하나님께서 자녀의 마음을 사로잡고 있는 것으로부터 해방시키시고 새로운 인격과 마음을 심어주실 것이다.

무엇이 마음을 지배하는가?

바비는 약간 괴짜다. 둥글둥글한 체구를 가지고 있지만 사람들과 그리 잘 어울리는 성격은 아니다. 그래서 학교에 가는 걸 정말 싫어했다. 하루도 놀림을 받지 않는 날이 없었다. 집에 있게 해달라고 매일 엄마한테 매달렸다. 학교에서 어떤 취급을 당하는지 아냐며 자주 울곤 했다. 하지만 열한 살쯤 되었을 때 바비는 자신에게 뛰어난 유머감각이 있다는 사실을 발견하게 되었다. 사람들은 뭔가 재미있는 얘기를 던지는 바비를 좋아했다. 교실은 바비의 주 활동무대가 되었고, 유일하게 인정받는 장소가 되었다. 배꼽이 빠지게 웃긴 농담을 던져서 선생님이 아이들을 등지고 칠판을 보며 웃을 때도 있었다. 그렇게 바비는 반에서 전형적인 분위기 메이커로 자리 잡아 가고 있었다.

그런데 바비의 농담이 수업에 방해가 되는 일이 점점 많아지면서 집으로 편지가 날아들기 시작했다. 엄마는 바비를 타일렀다. 바비는 조심하겠노라 약속했지만 그 약속은 지켜지지 않았다. 급기야 학교에서 퇴학 조치를 받을 상황에 이르렀고, 아빠는 바비에게 교육을 제대로 받지 못하는 삶이 어떤 것인지 일장 연설을 늘어놓았다. 하지만 변한 건 없었다.

35세가 되었을 때 바비는 나를 찾아와 상담을 요청했다. 나는 그에게 왜 나를 찾아왔는지 물었다. 그 순간 바비가 했던 대답을 결코 잊지 못한다. "사람들의 어릿광대 노릇에 신물이 나버렸어요."

바비는 학교를 마치지도 않았고, 여기저기 직장을 옮겨 다니며 주변 사람들과의 관계도 많이 망가져 있는 상태였다. 외롭고 가난한 사람이었다. 그래서 나는 먼저 그의 마음에 관한 문제를 이야기했다. 그가 사람들에게 인정받고 싶은 것, 사람들에게 거절당하고 싶지 않은 것 자체가 잘못은 아니라고 말해주었다. 문제는 그것이 마음 전체를 지배하게 되었고, 결국 그의 삶을 망쳤다고 이야기했다. 그러자 바비는 이렇게 말했다. "지난 35년 동안 제 마음을 지배하는 것이 문제였다고 말해준 사람은 목사님이 처음이에요." 그 말은 실패한 인생에 대한 변명이 아니었다. 자신도 모르게 툭 튀어나온 말이었다. 바비는 기독교 가정에서 태어나고 자랐다. 좋은 교회와 기독교학교에 다녔다. 하지만 그 누구도 이 문제에 대해 이야기해주지 않았다. 그 누구도 성경에서 말하는, 우상 숭배에서 해방되어야 한다는 메시지를 전하지 않았다. 사람에게서 결코 우리의 정체성이나 마음의 평화를 찾을 수 없다는 사실을 아무도 말해주지 않았다. 그가 인생에서 경험한 많은 실패의 원인이 잘못된 것에 마음을 **빼앗겼기** 때문이라는 사실을 이야기해준 사람이 없었다.

 바비는 현재 조그만 사업체를 운영하고 있다. 결혼도 했고 자녀도 있다. 교회에선 장로님이다. 내가 이 책을 쓴 이유는 전 세계의 기독교 가정에서 바비처럼 자라나고 있을 많은 아이들을 위해서다. 우리 자녀들이 어려서부터 무엇이 그들의 마음을 지배하느냐에 따라 다른 성품을 지니게 된다는 것을 배우게 될까? 아니면 자신이 무엇을 쫓고 있는지 그 실체도 모르면서 그것에 완전히 함몰된 채 주변 상황과 사람들에게 상처를 주며 살아가게 될까? 자녀의 부족한 성품을 발견하는 것이 사실상 은혜의 순간이라는 것을 부모들이 깨닫게 될까? 자녀의 마음을 변화시키실 수 있는 유일한 분께로 부모들이 자녀를 인도할 수 있을까? 부모인 우리는 매일의 삶 아주 작은 순간에도 자녀에게 자유케 하는 복음과 변화의 은혜를 전할 수 있을까? 그러면 우리 자녀들에게 어떤 일이 일어날까?

11. 문제 행동의 근본 원인은 마음속에 있는 '우상'이다

"당신은 예배자를 양육하고 있다.
자녀의 마음을 통제하는 것이
곧 그들의 행동을 지배하는 것이다."

예배에 대해 좀 더 깊이 살펴보자. 이 문제는 하나님이 당신에게 보내주신 자녀를 이해함에 있어서 가장 중요한 주제다. 당신이 예배자를 양육하고 있다는 사실을 몇 가지 질문과 실례를 들어 설명해보겠다.

부모는 다음의 세 가지 질문을 던져야 한다.

첫째, 내 아이가 왜 이런 행동을 하는 걸까?

모든 부모는 자녀의 선택, 말, 행동을 이해하지 못하고 당황하거나 실망하는 경험을 한다. 왜 자녀가 당신의 가르침과 교훈을 거부하는 걸까? 왜 자녀들끼리 서로 사이좋게 지내지 못하는 걸까? 왜 딸아이는 그토록 외모에 집착하는 걸까? 왜 차 안에서 틈만 나면 서로 으르렁거리며 잡아먹지 못해 안달인 걸까?

둘째, 자녀의 삶과 마음을 어떻게 변화시킬 수 있을까?

당신이 이기적이고 어리석고 잘못된 짓을 하고 있는 자녀를 보고 있다면 그들이 변화되기를 간절히 바랄 것이다. 하지만 첫 번째 질문에 제대로 대답하지 못하면 이 질문에도 답하지 못한다. 그래서 많은 크리스천 부모들이 매 순간 하나님의 손에서 변화의 도구로 사용되기보다 자녀의 행동을 통제하는 것으로 자녀양육을 국한시키고 있다.

셋째, 내가 자녀의 삶과 마음을 변화시키는 도구로 어떻게 사용될 수 있을까?

하나님께서 당신을 부르신 것은 자녀의 행동을 관리하고 통제하는 것 이상의 심오한 사역을 위해서라는 것을 이해해야 한다. 하나님은 당신을 그분의 구원, 용서, 변화, 은혜를 수행하는 대리인으로 사용하기 원하신다. 따라서 이러한 목적 이외의 것에 만족하고 안주하면 안 된다.

내가 이 3가지 질문을 꺼낸 이유는 이 질문들에 대한 답이 **예배**라는 한 단어로 요약되기 때문이다. 자녀가 말하고 행동하는 모든 것은 예배와 밀접하게 연관되어 있다.

우리가 지금부터 살펴볼 문제는 인간에 대해 가장 근본적으로 설명해준다. 어린아이들을 포함한 모든 자녀는 특정한 대상을 예배한다. 청소년들도 마찬가지다. 예배는 단순히 자녀의 행동 형성에 영향을 줄 뿐 아니라 특정한 선택과 행동을 하게 되는 원인 또한 설명해준다. 이러한 본질을 심도 있게 이해하지 못하면 양육은 위치 확인 시스템 없이 깊은 산중에서 헤매는 것과 같아진다.

아이들은 자신들이 예배하는 대상 때문에 어떤 행동을 하게 된다. 따라서 변화는 행동의 관리가 아닌 예배의 대상을 재조정하는 것이다. 당신이 자녀를 변화시키는 도구로 사용되기 원한다면 먼저 자녀가 무엇을 예배하고 있는지 점검해야 한다. 혹 이렇게 말할 사람이 있을지 모르겠다. "무슨 말씀을 하시는 건지 도무지 이해할 수 없네요. 전 그저 아이들이 식습관, 취침시간, 학교숙제, 형제자매 관계와 관련된 지시사항을 잘 따라주면 좋겠어요. 지금 말씀하시는 것은 실생활과 좀 동떨어진, 신학적인 주제로 들려요." 충분히 이해한다. 이 사실을 부모들에게 이해시키려고 할 때마다 비슷한 반응을 경험한다. 그래서 다음의 두 가지 실례를 통해 그 이유를 자세히 설명해보겠다.

예배와의 전쟁

아들과 함께 장난감 가게에 갔다고 생각해보자(그곳은 유혹이 넘쳐난다. 절대 아이들을 데려가지 마라!) 알다시피 그곳에서는 엄청난 유혹이 아이들을 현혹한다. 당신이 아이를 쇼핑카트에 앉히고 통로를 따라 지나가면 아이는 손이 짧아서 진열대에 놓인 장난감을 만지지 못한다. 하지만 당신이 마지막으로 지나는 계산대 앞에 모종의 불순한 계획이 도사리고 있다. 좁은 계산대 옆에는 값싼 물건들이 놓여 있다. 아이가 손을 뻗으면 충분히 만질 수 있는 거리다. 이때 아들 조니가 말한다. "엄마, 저거 사주세요." 그러면 당신은 "조니, 여기 있는 건 안 돼."라고 답한다. 하지만 조니는 바로 대꾸한다. "엄마, 이거 캡틴 엑스 피겨 장남감이에요. 전 이걸 하나도 가지고 있지 않아요." 당신은 좀 더 단호하게 말한다. "조니, 엄마가 말했지. 안 된다고." 조니가 징징거리기 시작한다. "엄마, 빌리는 다 가지고 있어요. 빌리는 플레이스테이션도 갖고 있다고요. 친구들은 다 가지고 있는데 저만 없어요. 엄마, 제발! 이것만 사주시면 다시는 조르지 않을게요." 당신의 목소리에 슬슬 짜증이 묻어나기 시작한다. "조니, 엄마가 안 사준다고 말했다. 오늘 퍼즐놀이 샀잖아. 이게 끝이야." 이 말이 끝나자마자 아들 조니는 마치 어디에 찔리기라도 한 것처럼 비명을 지른다. 매우 당황스런 상황이다. 주변의 모든 사람이 당신을 쳐다보는 것 같다. 창피해서 쥐구멍에라도 들어가고 싶은 심정이다. 빨리 가게를 탈출하고 싶은 마음뿐이다.

당신이 만약 이처럼 당황스러운 상황을 단순히 아이의 불쾌한 행동으로만 생각하고 넘긴다면 아이의 마음을 지배하고 있는 것을 실질적으로 이해하지 못한 것이다. 물론 그 갈등은 부모와 아이 사이에 벌어진 수평적인 문제다.

하지만 이 사건의 근본적인 원인은 하나님과 아이 사이의 수직적인 문제와 관련되어 있다. 하나님께서 맡기신 양육 사역을 이해하려면 먼저 이 점을 잘 숙고해야 한다.

조니는 엄마가 주는 것 이상을 원하고 있다. 또한 그것은 (본인은 모르겠지만) 자신을 보살펴주시는 하나님이 베풀어주시는 것 이상을 요구하는 것이다. 즉 어린 조니가 원하는 것은 사실상 본인이 하나님의 자리에 서겠다는 것이다. 세상의 중심에 서서 모든 걸 통제하고 싶은 것이다. 그가 생각하는 대로, 또 원하는 대로 모든 게 이루어지길 바라고 있다. 그는 "안 돼."라는 말을 듣고 싶지 않다. 자신이 원하는 걸 반대하는 사람을 원하지 않는다. 자신을 하나님의 위치에 세우고 있기 때문이다. 본능적으로 그는 모든 걸 자기중심적인 삶으로 만들려고 한다.

조니가 다른 사람의 권위에 순종할 수 없다는 사실도 큰 문제지만 더욱 심각한 문제는 그가 하나님의 권위를 인정하지 않기 때문에 엄마의 권위도 인정하지 않는다는 것이다. 조니는 하나님의 자리를 대신하려 하고 자신이 엄마의 아들이라는 신분도 부정하려 한다. 조니가 장난감 가게에서 보여준 태도는 단순히 새로운 장난감에 대한 욕구를 넘어 더 중요한 문제를 보여준다. 바로 자기 뜻대로 하고 싶어 하는 마음이다. 이 사실을 이해하지 못하면 아무도 그를 도울 수 없다.

16세 여학생이 있다. 매일 아침 화장실 거울 앞에서 매우 긴 시간을 보낸다. 계속 새 옷을 사달라고 보챈다. 패션 잡지와 인터넷에 푹 빠져 있다. 그 나이 또래의 아이들처럼 자기도취형 공주가 되어가고 있다. 자기 모습을 셀카로 찍는 걸 넘어 이젠 셀카로 사진을 찍고 있는 거울 속 자기 모습까지 찍는다! 엄마는 너무 짙게 화장을 하고 야하게 치장하는 딸이 신경에 거슬린다. 마음보다 겉모양에 지나치게 신경 쓰는 딸을

> 보며 서글퍼지기도 한다. 딸아이의 이야기를 들어보면, 외모에 대한 다른 사람(특히 남자아이들)의 평가를 얼마나 중요하게 생각하는지 알 수 있다. 자신은 못생겼고 살이 쪘다는 소리를 입에 달고 산다. 코가 밉다, 종아리가 너무 굵다, 가슴이 작다 등등 불평이 가득하다. 외모에 너무 집착하다 보니 외출할 때마다 초조해하고 별로 즐거워하지도 않는다.

한 발 물러서서 생각하고 이해하기가 쉽지 않다. 이 아이의 문제는 단순히 허영심만이 아니다(물론 아이에게 허영심이 있긴 하지만 거기서 끝나지 않는다). 외모에 너무 많은 시간과 돈을 투자하는 외모지상주의만의 문제도 아니다. 다른 사람을 너무 의식하는 것도, 아름다움에 대한 세속적인 관점을 수용하는 것도, 검소하고 단정치 못한 문제만도 아니다.

문제의 근원은 마음속에 있다. 마음속 무언가가 고장이 났다. 마음속 깊이 있는 문제를 반드시 이해해야만 아이가 변화될 수 있다.

사실 그 모든 문제는 예배와 관련되어 있다. 쉽게 말해 그 부분에서 고장이 난 것이다. 화장실 사용 시간을 제한하거나, 옷을 살 용돈을 줄인다거나, 불평을 못하게 한다거나, 패션 잡지를 뺏는다거나, 외출하기 전에 외모가 괜찮다고 말해주는 등의 행동은 별로 도움이 되지 않는다. 이런 수단과 방법을 다 써도 일단 당신의 통제에서 벗어나면 바로 예전처럼 외모에 집착하게 된다.

다시 말해 이 아이가 겪고 있는 어려움은 깊은 영적 문제다. 마음의 열정과 갈망이 어디에 있느냐의 문제다. 이 아이가 어디에서 인생의 만족과 정체성, 소속감, 의미와 목적, 내적 평화와 안정을 찾고 있는지, 또 어디에서 삶의 희망과 원동력을 얻고 있는지의 문제다. 이것은 아침에 눈을 떠 또 다른 하루를 살아갈 이유가 된다. 그녀의 마음속에 어떤 신을 모시고 있는지의 문제다. 불행하게도 이 아이는 자신을 구원할 수 없는 것에 자기의 정체성과 안녕을 맡기고 있다. 마음이 불안해지면 그녀는 더욱 거기에 집착하고 중독된다. 더 열심히 예쁘고 매력적인 여자가 되려고 애쓰며 주변의 남자를 유혹하려 든다. 이 아이에게는 단순히 선택과 행동을 통제하는 것이 아니라 더 깊은 문제를 도와줄 부모가 필요하다. 부모가 마음속 깊은 곳의 문제를 이해하고, 그녀의 마음을 변화시키는 도구가 되어야 한다. 그녀의 삶 속에서 격렬한 예배의 전쟁이 일어나고 있다. 안타깝게도 크리스천 부모들조차 이러한 문제를 잘 이해하지 못하는 경우가 많다.

모든 사람이 매일 예배한다

예배는 설명하기에 몹시 까다로운 단어다. 대부분의 사람들이 이 단어를 종교적 행사로 이해하고 있기 때문이다. '예배'라는 말을 들으면 사람들은 주일 아침에 함께 모여 찬양하고 설교 듣는 것을 연상한다. 하지만 예배는 단순한 종교 행사가 아니라 모든 인간의 인간됨을 위한 하나의 활동이다. 모든 사람이 매일 예배한다. 예배한다는 사실을 모르고 예배한다. 예배는 우리 삶 모든 영역에 영향을 미치기 때문에 우리의 일거수일투족 모두를 예배 행위라고 설명할 수 있다. 즉 예배하는 순간과 예배하지 않는 순간을 구분하는 것은 불가능하다.

예배는 모든 인간이 가지고 있는 감탄, 놀라움, 경외를 표현하는 내적 욕구고, 충족되어야 하는 갈망이다. 또 끊임없이 삶의 의미를 발견하는 과정이기도 하다. 존재의 의미와 목적에 대한 질문이고, 어떤 존재나 사물을 바라보며 우리의 정체성을 발견하고자 하는 결단이다. 내적 평화에 대한 보편적 목마름이자 하나님을 발견하려는 긴 여정이다. 사실상 우리는 늘 무언가를 섬기고 무언가의 지배를 받으며 살아가고 있다. 신을 믿지 않는 사람은 없다. 유일하신 하나님께 우리 마음을 헌신하거나 하나님을 대체하기 위해 만들어진 그 무언가를 믿으며 살아간다.

여기서 잠시 우리와 자녀의 마음속에 있는 예배와 우상 숭배에 관련된 성경말씀을 살펴보자.

> 너는 나 외에는 다른 신들을 네게 두지 말라(출 20:3).
>
> 너는 마음을 다하고 뜻을 다하고 힘을 다하여 네 하나님 여호와를 사랑하라(신 6:5).
>
> 너희는 스스로 삼가라 두렵건대 마음에 미혹하여 돌이켜 다른 신들을 섬기며 그것에게 절하므로(신 11:16).
>
> 네 하나님 여호와께서 네 마음과 네 자손의 마음에 할례를 베푸사 너로 마음을 다하며 뜻을 다하여 네 하나님 여호와를 사랑하게 하사 너로 생명을 얻게 하실 것이며(신 30:6).
>
> 돌아서서 유익하게도 못하며 구원하지도 못하는 헛된 것을 따르지 말라 그들은 헛되니라(삼상 12:21).
>
> 인생들아 어느 때까지 나의 영광을 바꾸어 욕되게 하며 헛된 일을 좋아하고 거짓을 구하려는가(시 4:2).
>
> 만국의 모든 신들은 우상들이지만 여호와께서는 하늘을 지으셨음이로다(시 96:5).

그들의 우상들은 은과 금이요, 사람이 손으로 만든 것이라 입이 있어도 말하지 못하며 눈이 있어도 보지 못하며 귀가 있어도 듣지 못하며 코가 있어도 냄새 맡지 못하며 손이 있어도 만지지 못하며 발이 있어도 걷지 못하며 목구멍이 있어도 작은 소리조차 내지 못하느니라 우상들을 만드는 자들과 그것을 의지하는 자들이 다 그와 같으리로다(시 115:4-8).

나는 여호와이니 이는 내 이름이라 나는 내 영광을 다른 자에게, 내 찬송을 우상에게 주지 아니하리라(사 42:8).

이스라엘의 왕인 여호와, 이스라엘의 구원자인 만군의 여호와가 이같이 말하노라 나는 처음이요 나는 마지막이라 나 외에 다른 신이 없느니라(사 44:6).

그런즉 너는 그들에게 말하여 이르라 나 주 여호와가 말하노라 이스라엘 족속 중에 그 우상을 마음에 들이며 죄악의 걸림돌을 자기 앞에 두고 선지자에게로 가는 모든 자에게 나 여호와가 그 우상의 수효대로 보응하리니(겔 14:4).

그런즉 내 사랑하는 자들아 우상 숭배하는 일을 피하라(고전 10:14).

이 세상이나 세상에 있는 것들을 사랑하지 말라 누구든지 세상을 사랑하면 아버지의 사랑이 그 안에 있지 아니하니(요일 2:15).

이 세상도, 그 정욕도 지나가되 오직 하나님의 뜻을 행하는 자는 영원히 거하느니라(요일 2:17).

성경에 있는 수많은 구절 중 몇 개만 나열해보았다. 예배가 왜 이토록 중요한 걸까? 우리를 창조하신 하나님은 우리와 자녀의 삶 모든 것이 예배를 통해 이루어진다는 사실을 아셨기 때문이다.

우리가 인식하든 그렇지 못하든 하나님은 우리의 삶이 매일 예배와의 전쟁이라는 사실을 알고 계신다. 인간이 가진 고유한 내적 갈망, 즉 삶, 평화, 정체성, 희망, 의미의 문제는 예배의 핵심 주제이며, 창조자이신 하나님께로 우리를 인도할 뿐 아니라 우리가 그분의 도우심을 간구하고 그분을 섬기며 살아가게 해준다.

하지만 죄로 인해 우리는 창조자 하나님을 예배하고 섬기는 대신 피조물을 예배하고 섬기게 되었다. 하나님께서 차지하셔야 할 마음의 자리를 다른 피조물이 점령하고 있다.

우리가 숭배하는 것은 하나님께서 창조하신 것만큼 다양하다. 당신의 자녀도 어려서부터 무언가를 예배하게 된다. 의도적으로, 혹은 의식하지 못한 채 무언가에 마음을 내어준다. 그리고 자녀의 마음과 행동은 그 무언가가 지시하는 것을 따르게 된다. 당신의 자녀가 물질을 소유함으로써 자신의 정체성을 찾으려 한다면 그의 생활방식은 물질에 매몰된다. 자녀가 어떤 사람에게 기대어 삶의 의미를 발견하려 한다면 그 사람을 기쁘게 하기 위해 종처럼 일하게 될 것이다. 자녀가 자기 뜻대로 삶을 결정하고 싶어 한다면 부모인 당신의 권위에 저항할 것이다. 하나님 자리에 자신을 올려놓으며 자기 권리를 강하게 주장하고, 명령하고, 불평하고, 기고만장할 것이다.

자녀의 삶에 존재하는 모든 행동장애, 불순종, 무례함, 반항은 부모의 양육을 힘들게 한다. 이런 것들의 밑바닥엔 예배의 문제가 자리하고 있다. 반대로 자발성, 규범준수, 존경, 책임감, 평화, 올바른 선택과 같이 당신을 기쁘게 하는 것들 또한 예배에 그 뿌리를 둔다.

하나님은 마음을 찾으신다

예배하는 마음이 자녀를 하나님께로 인도한다. 이 사실과 양육을 분리해서 생각할 수 없다. 양육은 그 어떤 것보다 급진적인 사실에 기초해야 한다. 당신의 자녀는 하나님을 위해 창조되었다. 좋은 교육, 직장, 집, 결혼, 시민의 권리를 위해 지어진 것이 아니다. 이 모두가 가치 있지만 그것을 목적으로 생명을 부여받고 살아가는 게 아니다. 따라서 당신도 그것을 양육의 목적으로 삼으면 안 된다. 자녀는 하나님 안에서 생명, 희망, 정체성, 의미를 발견해야 한다. 자신의 의지와 타고난 재능을 하나님께 올려드리는 삶을 살아야 한다. 하나님이 정하신 경계 안에서 기쁘게 살아가도록 창조되었다.

많은 부모들이 자신도 모르게 기독교를 일상생활과 분리해서 생각한다. 이렇게 분리된 삶 때문에 예배를 중요하지 않게 생각한다. 물론 자녀에게 신앙을 심어주고, 교회에 나가게 하고, 옳은 일을 행하게 하지만 대부분의 에너지를 공부 잘하고, 운동과 음악에 탁월한 능력을 발휘하는 데 쏟아붓는다. 이러한 목적 때문에 부모는 자녀의 모든 행동을 통제하려 한다. 결과적으로 자녀의 마음과 그 마음을 다스리고 있는 것에는 관심을 두지 않는다. 마음의 문제에 관심이 없기 때문에 부모는 놀라운 하나님의 은혜를 경험하지 못한다. 하나님께서 자녀의 마음을 보여주셨지만 자녀를 깨달음과 고백, 그리고 회개에 이르게 하는 도구로 사용되지 못한다. 마음의 문제를 다루지 않으면서 단순히 자녀가 옳은 일을 하도록 지도하는 것은 결국 예수님께서 이 세상에 구원자로 오신 이유를 이해하지 못하는 것이다.

자녀가 하나님을 예배할 수 있다는 사실이야말로 부모에게 가장 필요한 성경적 깨달음이다. 자녀에 대해 가장 신경 쓰이는 것이 무엇인가? 너무 자주 다투는가? 자신이 해야 하는 일에 몰두하기보다 어떻게 하면 회피할까 연구하는가? 학교 성적이 걱정되는가? 함께 어울리는 친구들이 못마땅한가? 매일 마주하게 될 성적인 유혹이 염려되는가? 어질러진 방, 이성교제, 사소한 말다툼, 물질 만능적인 사고방식이 걱정되는가?

끝없이 이어지는 전화통화, 페이스북, 지나친 다이어트, 과하게 몰입하는 방과 후 활동, 영적 문제에 대한 무관심 등 모든 것이 중요하다. 이것이 자녀의 마음을 사로잡고 있고, 자녀가 많은 시간을 소비하기 때문이다. 하지만 무엇보다 이러한 것들이 본연의 자아를 발견하고 사명을 감당하는 것을 방해하고 있다는 사실을 이해해야 한다. 이것은 단지 자녀에게 중요한 것이 무엇이고, 현재 그들의 마음을 사로잡고 있는 것이 무엇인지 보여주는 단서들이다.

부모로서 당신은 자녀가 예배자라는 사실을 직시해야 한다. 그래야만 자녀의 삶에 발생하는 모든 것을 이해할 수 있고 해결해갈 수 있다. 책임, 기회, 관계, 유혹과 같은 매우 일상적인 것들을 통해 하나님은 당신의 보호 아래 있는 예배자의 마음속에서 일어나고 있는 일들을 보여주실 것이다. 열정과 인내로 계속 반복적으로 말이다.

하나님은 당신이 전혀 느끼지도 보지도 못하는 순간에도 자녀의 마음을 찾고 계신다. 신실하신 하나님께서 당신이 자녀의 마음을 발견하도록 도와주실 것이다. 하나님을 대체하는 생각, 욕망, 느낌, 선택, 희망, 꿈, 갈망, 가치, 목적을 통제해가는 것이 무엇인지 보여주실 것이다. 하나님은 구원사역을 이루어가시며, 부모를 자녀의 삶 속 현장 책임자로 임명하셨다. 이보다 더 중대한 성경적 발견, 부모로서의 책임, 삶의 목적은 존재하지 않는다. 존경하는 신학자 중 한 분인 밥 다이랜(Bob Dylan)은 이렇게 말했다. "당신은 무언가를 섬기게 될 것이다."

당신의 자녀는 예배자다. 따라서 당신은 자녀가 그것을 발견하는 도구가 되도록 힘써야 한다.

죄는 자녀의 눈을 가로막아 자신의 마음을 보지 못하게 만든다. 죄는 거짓말로 속인다. 그러므로 자녀의 삶에서 당신이 그것을 발견하게 하는 도구가 될 기회를 매일 만들어가야 한다.

규칙과 처벌을 가르치는 것으로는 충분하지 않다. 생각날 때마다 가르치는 것, 혹은 자녀 스스로 어떻게 자신을 보호해야 하는지 빈틈없는 계획을 세우는 것만으로는 부족하다. 이 모든 것이 필요하지만, 그것으로는 결코 충분치 않다.

당신이 자녀의 마음속에 있는 잘못을 발견했다고 가정하자. 하지만 자녀는 그것을 인정하려 하지 않을 것이다. 그런 상황에서 자녀는 당신의 도움을 거부할 것이며 스스로 변화되지 않을 것이다. 왜 그럴까? 자신이 발견하지 못한 문제에 어떻게 마음 아파할 수 있겠는가? 애통하지 않은 것에 대해 어떻게 진실한 마음으로 고백할 수 있는가? 그런 상황에서는 고백도 회개도 할 수 없다.

예수님께서 어떻게 예언하셨는지 살펴보자. "내가 맹인들을 그들이 알지 못하는 길로 이끌며 그들이 알지 못하는 지름길로 인도하며 암흑이 그 앞에서 광명이 되게 하며 굽은 데를 곧게 할 것이라 내가 이 일을 행하여 그들을 버리지 아니하리니"(사 42:16).

당신이 자녀가 스스로를 발견하게 하고, 그들이 원해야 하는 것과 해야 할 일을 격려하는 것은 메시아 예수님의 사역을 감당하는 것이다. 양육은 자녀가 어떤 행동을 하도록 유도하는 것뿐 아니라 그들이 자신을 발견하도록 돕는 일이고, 자발적으로 자신의 일을 하게 하는 것이다.

당신은 매일 그들에게 빛이 되어야 한다. 그 빛은 자녀의 마음을 밝혀 줄 것이고 그 안에 있는 것을 고백하게 할 것이다. 자녀가 당신의 도움을 거부하는 이유는 눈이 멀어서 그것이 필요하지 않다고 여기기 때문이다. 자신을 제대로 볼 수 있게 도와주는 것이야말로 자녀의 삶에서 계속적인 변화가 일어나게 하는 필수적인 단계다.

수시로 자문해보라. '하나님께서 원하시는데 자녀가 그렇게 하지 못하고 있는 것이 무엇인가? 내가 어떻게 도와줄 수 있을까?' 이보다 더 중요한 문제는 아마도 존재하지 않을 것이다.

우리를 도우시는 분

당신의 자녀는 예배자다. 그들 스스로 고백하게 하는 것이 당신의 가장 중요한 양육 기술이다.

우리는 자녀에게 너무 쉽게 말한다. "네가 한 행동을 생각해봐. 이게 그 결과야!" 다음과 같은 협박도 쉽게 쏟아낸다. "다시는 이런 행동을 절대로 용납하지 않을 거야." 죄책감도 심어준다. "나한테 이런 행동을 하다니 믿어지지가 않는다." 욕도 서슴지 않는다. "버릇없는 자식!" 쉽게 정죄한다. "스스로 할 수 있는 일이 도대체 뭐가 있니!" 다른 자녀와 자꾸 비교한다. "누나만큼만 해봐라. 도무지 같은 집안에서 자랐다고 믿을 수가 없어!"

우리는 쉽게 목청을 높이고, 심한 말을 하고, 삿대질하고, 자녀 면전에서 과격한 행동을 일삼는다. 애석하게도 뺨을 때리거나 몸을 밀치기도 한다.

하지만 그 어떤 행동도 자녀의 마음을 열지 않는다. 그 어떤 행동도 자녀의 눈을 뜨게 하지 않는다. 자녀가 마음속에 있는 것을 고백하게 하지 않는다. 이 모든 행동은 오히려 자녀의 마음을 닫게 만든다. 자녀를 분노하게 하고, 방어적으로 만든다. 우리의 말을 듣지 않게 하고 도망가게 만든다. 그들 자신의 마음에 집중하지 못하게 하며, 부모의 눈치만 살피게 만든다. 결국 메시아이신 예수님이 자녀의 삶과 마음속에서 하시는 일을 방해하며, 당신이 그분의 도구로 사용되지 못하게 가로막는다.

자녀가 스스로 고백하게 한다는 것이 과연 무슨 뜻일까? 그것은 자녀를 이해하며 인내와 통찰을 가지고 부드럽게 대화하는 것이다. 이로써 자녀는 자신이 미처 깨닫지 못했던 것들을 뒤돌아보고 자신의 생각, 욕망, 선택에 책임감을 갖기 시작한다.

자녀의 잘못을 고발하고 정죄하고 처벌하기에 급급하면 결코 자녀의 고백을 유도할 수 없다. 자녀가 은혜로 가능한 구원과 변화의 능력을 경험하게 해야 한다. '이것을 하면 무엇을 얻을 것이다.'라는 식의 양육이 아니다. '도움이 필요하면 늘 함께하겠다'는 양육이다. 우리는 매일 다음과 같이 질문해야 한다. '자녀가 변명과 비방 없이 자신의 생각, 욕망, 선택, 행동에 책임을 질 수 있도록, 또 하나님께서 그들의 삶을 이끌어가게 하시는 데 내가 어떤 도움이 될 것인가?'

자녀가 예배자라는 것은 부모인 당신이 중대한 문제로부터 그들을 구원할 능력이 없다는 것을 뜻한다. 부모는 자녀를 가르칠 수 있다. 경고도 할 수 있다. 자녀를 보호하는 모든 노력을 할 수 있다. 안내하고 모범이 될 수 있다. 훈계할 수 있고, 잘못을 바로잡을 수도 있다. 하지만 그들의 마음을 차지하는 우상 숭배로부터 구원할 능력은 없다.

이렇게 자신의 무능을 인정하는 것은 부모의 양육권을 포기하는 것이 아니다. 오히려 이와 같이 겸손한 시인으로부터 효과적이고 그리스도 중심적인, 은혜에 뿌리를 둔, 희망을 불어넣고 마음을 변화시키는 양육을 시작할 수 있다.

당신의 무능을 인정한다는 것은 더 이상 큰 목소리, 상스러운 말투, 협박을 통해 자녀가 마음속 깊이 예배하는 것을 바꿀 수 없음을 믿는 것이다. 자녀에게 필요한 것은 하나님의 깨우침, 확신, 그리고 변화시키시는 능력을 통한 구원이다. 이것이 없다면 당신의 자녀는 자신에게 아무 문제도 없다고 생각할 것이고, 부모와 하나님의 도움도 필요 없다고 여기게 될 것이다.

자녀가 예배자이기 때문에 우리의 유일한 희망은 주 예수 그리스도의 은혜뿐이다. 이것은 앞에 설명한 내용과 연장선상에 있다. 자녀를 구원할 방법이 부모의 양육에 있지 않다면, 우리가 도움을 발견할 수 있는 곳은 오직 주 예수 그리스도의 인격과 사역뿐이다. 이 말은 우리가 아무 일도 하지 않아야 한다는 뜻이 아니다. 우리가 하는 모든 일이 하나님의 강력한 손 안에서 쓰임받는 좋은 도구가 되도록 노력해야 한다는 의미다.

자녀를 하나님의 높은 기준에 맞춰놓으면 된다. 사랑하는 마음으로 자녀의 잘못된 선택과 행동을 마주하되, 그들 마음에 깨달음을 주려고 노력하면 된다. 겸손하고 정직하게 우리 마음속에 있는 갈등을 인정해야 한다. 자녀에게 반복적으로 예수 그리스도 안에 있는 은혜를 설명해야 한다. 그리고 예수님의 인내와 용서를 보여주는 산 모범이 되어야 한다.

우리가 계속해서 이것을 실천할 수 있는 이유는 바로 구세주가 우리 안에 함께하심을 믿기 때문이다. 그렇게 우리 가정과 함께하시는 구세주께서 자녀를 도와주실 것을 믿는 마음으로 행하면 된다.

부모도 자녀와 다르지 않다. 이 마지막 포인트가 매우 중요하다. 자녀의 삶에서 하나님의 도구로 사용되려면, 자녀가 겪는 예배의 문제가 결국 당신의 문제라는 점을 기억해야 한다.

자녀들처럼 당신도 세상을 갈망하고 하나님을 사랑하지 않는다. 그들처럼 당신도 악한 마음에 현혹되어 선한 마음을 잃어버린다. 당신도 당신 마음 안에 있는 것을 발견하지 못할 수 있다. 자녀에게 하나님의 도움이 필요하듯이 당신에게도 그 도움이 필요하다.

이 사실을 인정할 때 당신은 독선적으로 자녀를 정죄하지 않고 오히려 측은지심을 갖게 된다. 더 이상 이렇게 말하지도 않을 것이다. "내가 네 나이 땐 이런 짓을 상상해본 적도 없어." "이런 짓을 저지를 생각을 하다니 도무지 믿어지지 않아." "어떻게 이럴 수 있니?"

진정으로 은혜의 필요성을 인정하는 사람만이 즐거이 은혜를 베풀 수 있다. 자녀에게 행하는 모든 일에 겸손과 은혜, 감사로 임할 수 있다면 얼마나 좋을까!

자녀양육은 매일 일어나는 예배의 전쟁에서 당신의 시간, 재능, 에너지, 자원을 사용하여 자녀의 삶에서 당신이 하나님의 도구로 사용되고자 하는 의지를 표현하는 것이다.

음식, 친구, 페이스북, 숙제, 취침시간, 옷, 규칙, 다툼에 관한 문제를 다루는 것 자체가 양육이 될 수는 없다. 이런 것은 자녀의 마음속에서 일어나는 더 깊은 전쟁 때문에 발생하는 표면적인 문제일 뿐이다. 은혜의 하나님께서 그 모든 문제를 기회로 바꾸어주셨다. 당신이 그 문제들을 깊이 있게 다룸으로써 자녀를 구원하고 변화시키시기 위함이다. 당신이 더 깊은 영역에 들어가 싸울 수 있도록, 하나님께서 당신에게 필요한 모든 도움을 아끼지 않으실 것이다.

12. 부모의 '통제'는 궁극적인 변화와 구원을 향해야 한다

"양육의 목적은
행동을 통제하는 것이 아니라
마음과 삶의 변화를 이끌어내는 것이다."

매년 9월마다 슬픈 일이 발생한다. 그것은 바로 수천 명의 크리스천 학생이 대학교 기숙사에 들어가서 신앙을 잃어버리는 과정을 겪는 것이다.

샤론은 자녀들을 위해 '보상 시스템'을 고안했다. 자녀가 하루를 잘 보내고 나면 부엌에 있는 투명한 유리병에 25센트 동전을 넣어주는 것이다. 병에 동전이 가득 차면 아이들은 맥도널드에 가서 가장 좋아하는 음식을 사먹을 수 있었다.

도시 외곽에 살고 있는 짐의 아들들은 집에서 가장 큰 방을 함께 사용했다. 하지만 사이좋게 지내지는 못했다. 이 문제를 해결하기 위해 짐은 은행에서 수십만 달러를 대출 받아 집을 확장보수하고 방을 더 만들었다. 아들들은 이제 각각 자기 방을 하나씩 갖게 되었다.

베키는 '토요일의 침묵 저녁식사'라는 규칙을 만들었다. 그래서 적어도 일주일 중 하루는 남편과 4명의 아들이 함께 모여 품위 있는 식사를 즐길 수 있게 되었다. 하지만 아들들은 토요일 저녁을 끔찍하게 두려워한다. 식사 도중 말을 한 마디도 할 수 없었기 때문이다.

프랜은 자녀들이 하는 모든 심부름에 가격을 매겼다. 그리고 자신의 아이패드에 '심부름 표'를 만들어서 그동안 아이들이 심부름을 통해 모은 돈을 모두 기록해 놓았다.

빌은 집 안에 조용한 공간을 하나 마련했다. 버릇없는 행동을 하거나 불순종할 때마다 아이들은 그곳에 가서 앉아 있어야 한다. 빌은 아이들이 그곳에 앉아서 잘못을 뉘우치는 것뿐 아니라 그곳에 보내겠다고 협박할 때 아이들이 두려워하길 바란다.

샘은 아들을 대학에 보내면서 용돈을 주지 않았다. 그래서 무엇이 필요할 때마다 아들은 집으로 전화를 해야 했다. 그러면 샘은 필요한 금액을 통장에 넘겨준다. 샘은 아들이 검소한 생활을 배우기 원하는 동시에 아들의 소비를 은밀히 통제하고 싶어 한다.

스미스의 자녀들은 모두 휴대전화를 가지고 있다. 사용한 만큼 이용료를 지불하는 방식의 전화기다. 이런 방식으로 부모는 아이들의 전화 사용을 쉽게 통제할 수 있다.

메리는 아이들이 초등학교에 다닐 때부터 '좋은 성적에 좋은 선물'이라는 제도를 마련했다. 좋은 성적을 받아올 때마다 돈으로 보상하고, 20달러가 모이면 자녀가 가장 좋아하는 쇼핑몰에 가서 물건을 구매할 수 있게 했다.

제니는 아이들이 TV를 시청할 때마다 리모컨을 차지하려고 싸우는 데 질려버렸다. 그래서 '리모컨 사용표'를 만들어서 누가 언제 그것을 사용할 수 있는지 스케줄을 정했다. 결국 가정의 조그만 평화를 만들 수 있었다.

> 제라드는 빨리 어른이 되어서 부모님의 끊임없는 통제와 규율에서 벗어나고 싶어 한다. 그러면 자신이 직접 모든 결정을 내릴 수 있기 때문이다.

> 리즈는 엄마가 자신의 옷 입는 방식을 통제하는 것이 못마땅하다. 그래서 집 밖에서 옷을 바꿔 입곤 한다.

> 신디는 오늘도 모든 수단을 동원해서 세 아들과 한 명의 딸아이를 통제하느라 완전히 방전되어 버렸다.

이 짧은 이야기들 속에는 하나의 주제가 있다. 이야기에 등장하는 부모들은 모두 다른 지역 출신이고, 다른 연령대의 자녀를 두고 있지만 동일한 행동을 한다. 그들의 행동이 모두 잘못됐다고 말할 수는 없지만 적절한 행동은 아니다.

자녀들을 통제하는 것이 필요할까? 물론이다! 하지만 자녀를 통제하는 것으로 양육의 목적이 충분히 달성됐다고 말할 수는 없다!

이번 장에서 이 책의 주제를 좀 더 자세히 설명해보려 한다. 그것은 바로 부모는 하나님께서 맡겨주신 자녀의 행동을 통제하는 것을 넘어 보다 근본적인 문제를 위해 부름받았다는 사실에 관한 것이다. 사실 앞에서도 수차례 이것을 설명했다. 하지만 이 장에서 한 번 더 이 문제를 자세히 살펴보려 한다.

자녀에게 필요한 것

다음과 같이 생각해보자. 자녀에게 정말 필요한 것이 무엇인지 파악하는 것은 부모인 우리가 해야 할 일을 결정한다. 부모의 역할이 세상적인 가치로 결정되어서는 안 된다. 당신이 양육된 방식에 근거하여 결정할 수도 없다. 당신이 자녀에게 바라는 욕심에 근거해도 안 된다. 당신의 감정 기복에 따라 자녀를 대면해도 안 된다. 자녀양육의 모든 결정은 하나님께서 말씀하신, 모든 인간에게 필요한 것에 근거해야 한다.

지금부터 나는 모든 인간에게 근본적으로 필요한 것의 목록을 제시할 것이다. 이 목록은 당신의 양육을 결정지을 뿐 아니라 하나님께서 모든 자녀에게 약속하시고 행하시는 것이기도 하다. 당신이 자녀의 삶에 하나님의 대리자로 설 때 필요한 모든 것을 아버지 하나님께서 알고 계신다. 또한 이 목록은 모든 부모가 자녀에게 사랑과 인내, 신실함으로 헌신하기 위해 매일 힘써야 하는 것들이다. 우리가 관심을 갖고, 시간을 사용하고, 에너지를 소비하는 그 어떤 것보다 본질적으로 훨씬 중요하다.

하나님께서 이러한 것을 약속하신 까닭은 당신의 필요를 아시기 때문이다. 당신 스스로의 힘으로는 이것을 자녀에게 제공할 수 없다. 따라서 하나님은 우리 자녀에게도 이것을 허락하신다. 다만 우리를 전달자로 부르셨다. 하나님은 우리로 하여금 자녀를 매일 통제하게 하셨다. 그러므로 당신은 다음의 목록을 자녀에게 늘 제공해야 한다.

당신은 자녀에게 하나님의 법과 그것을 일상생활에 적용시킨 가정의 규칙을 가르쳐야 한다. 무엇이 옳고, 어떻게 해야 바르게 살아갈 수 있는지 꾸준히 훈계해야 한다. 계속해서 자녀의 삶에 개입하여 자녀를 보호해야 한다. 상처 많은 세상에서 아이들이 잘 살아갈 수 있도록 준비시켜야 한다. 자녀의 일정을 잘 계획해주고 미래를 위해 그것을 효과적으로 사용하도록 해야 한다. 자녀에게 지혜로운 삶을 전수해주어야 한다. 잘못된 행동을 하면 꾸짖어야 한다. 그들이 반항하면 고치도록 훈계해야 한다. 이 모든 일을 감당하려면 먼저 당신 자신이 절제할 수 있어야 하며, 자녀를 신실한 마음으로 통제해야 한다. 하지만 당신이 이 모든 일을 신실하게 감당하더라도 여전히 부족함을 느낄 것이다.

다음의 목록과 그 설명을 주의 깊게 읽어보라.

지도

- 지략이 없으면 백성이 망하여도 지략이 많으면 평안을 누리느니라(잠 11:14).
- 주는 나의 반석과 산성이시니 그러므로 주의 이름을 생각하셔서 나를 인도하시고 지도하소서(시 31:3).

보호

- 새가 날개 치며 그 새끼를 보호함같이 나 만군의 여호와가 예루살렘을 보호할 것이라 그것을 호위하며 건지며 뛰어넘어 구원하리라 하셨느니라(사 31:5).
- 지존자의 은밀한 곳에 거주하며 전능자의 그늘 아래에 사는 자여(시 91:1).

가르침

- 여호와는 선하시고 정직하시니 그러므로 그의 도로 죄인들을 교훈하시리로다(시 25:8).

- 만군의 여호와 이스라엘의 하나님께서 이와 같이 말씀하시니라 너는 가서 유다 사람들과 예루살렘 주민에게 이르기를 너희가 내 말을 들으며 교훈을 받지 아니하겠느냐 여호와의 말씀이니라(렘 35:13).

지혜

- 너희 중에 누구든지 지혜가 부족하거든 모든 사람에게 후히 주시고 꾸짖지 아니하시는 하나님께 구하라 그리하면 주시리라(약 1:5).
- 너희는 하나님으로부터 나서 그리스도 예수 안에 있고 예수는 하나님으로부터 나와서 우리에게 지혜와 의로움과 거룩함과 구원함이 되셨으니(고전 1:30).

권위

- 각 사람은 위에 있는 권세들에게 복종하라 권세는 하나님으로부터 나지 않음이 없나니 모든 권세는 다 하나님께서 정하신 바라(롬 13:1).
- 예수께서 나아와 말씀하여 이르시되 하늘과 땅의 모든 권세를 내게 주셨으니(마 28:18).

규칙

- 여호와의 율법은 완전하여 영혼을 소성시키며 여호와의 증거는 확실하여 우둔한 자를 지혜롭게 하며(시 19:7).
- 여호와여 주께서 가까이 계시오니 주의 모든 계명들은 진리니이다(시 119:151).

계획

- 여호와의 말씀이니라 너희를 향한 나의 생각을 내가 아나니 평안이요 재앙이 아니니라 너희에게 미래와 희망을 주는 것이니라(렘 29:11).
- 여호와의 계획은 영원히 서고 그의 생각은 대대에 이르리로다(시 33:11).

준비

- 사람이 마음으로 자기의 길을 계획할지라도 그의 걸음을 인도하시는 이는 여호와시니라(잠 16:9).
- 그의 신기한 능력으로 생명과 경건에 속한 모든 것을 우리에게 주셨으니(벧후 1:3).

깨달음

- 내가 주의 증거들을 늘 읊조리므로 나의 명철함이 나의 모든 스승보다 나으며(시 119:99).
- 주의 말씀을 열면 빛이 비치어 우둔한 사람들을 깨닫게 하나이다(시 119:130).

꾸짖음

- 뭇 백성을 징벌하시는 이 곧 지식으로 사람을 교훈하시는 이가 징벌하지 아니하시랴(시 94:10).
- 오직 오늘이라 일컫는 동안에 매일 피차 권면하여 너희 중에 누구든지 죄의 유혹으로 완고하게 되지 않도록 하라(히 3:13).

훈계

- 너는 사람이 그 아들을 징계함같이 네 하나님 여호와께서 너를 징계하시는 줄 마음에 생각하고(신 8:5).
- 주께서 그 사랑하시는 자를 징계하시고 그가 받아들이시는 아들마다 채찍질하심이라 하였으니(히 12:6).

경고

- 그들에게 이르되 내가 오늘 너희에게 증언한 모든 말을 너희의 마음에 두고 너희의 자녀에게 명령하여 이 율법의 모든 말씀을 지켜 행하게 하라(신 32:46).
- 또 주의 종이 이것으로 경고를 받고 이것을 지킴으로 상이 크니이다(시 19:11).

사랑

- 여호와께서 그의 앞으로 지나시며 선포하시되 여호와라 여호와라 자비롭고 은혜롭고 노하기를 더디하고 인자와 진실이 많은 하나님이라(출 34:6).
- 하나님이 세상을 이처럼 사랑하사 독생자를 주셨으니(요 3:16).

용서

- 그러나 사유하심이 주께 있음은 주를 경외하게 하심이니이다(시 130:4).
- 누가 누구에게 불만이 있거든 서로 용납하여 피차 용서하되 주께서 너희를 용서하신 것같이 너희도 그리하고(골 3:13).

안전

- 하나님은 그에게 평안을 주시며 지탱해주시나 그들의 길을 살피시도다(욥 24:23).
- 여호와여 그들을 지키사 이 세대로부터 영원까지 보존하시리이다(시 12:7).

목록에 혹시 빠진 것이 없는지 살펴보라. 이 목록은 모든 사람에게 필요한 것을 잘 설명하고 있다. 당신의 자녀가 이것들을 가지고 있다면 매우 잘된 일이다. 하지만 이 목록도 완벽한 것은 아니다. 하나님은 이 모든 것을 약속하셨지만 당신이 이 모든 것을 가졌다 해도 그분은 그것으로 만족하시지 않는다. 자녀들을 통제하여 이 모든 것을 제공할 수 있다 해도, 그래서 그들의 행동을 발달시킬 수 있다 해도 충분하지 않다. 물론 그 사역을 위해 당신을 부르셨지만 하나님은 그 이상을 약속하신다.

사실 이 모든 것보다 더 근본적으로 필요한 것이 있다. 하나님은 당신을 단순히 통제를 위한 전쟁터로 부르신 게 아니다. 그 이상의 것, 전쟁 중에서도 가장 중요한 전쟁을 위해 당신을 부르셨다. 그 전쟁은 바로 구원의 드라마이며 하나님 말씀의 핵심 주제이기도 하다.

하나님은 당신을 최전방에 세우신다. 자녀양육의 목적은 당신이 자녀에게 제공하는 좋은 것들과 필요가 아니다. 그것은 단지 더 큰 목적을 위한 수단이라는 사실을 깨달아야 한다. 하나님은 당신이 근본적인 것에 더 많은 열정을 쏟아붓기 원하신다. 몇 가지 필요가 만족되었다고 해서 마치 모든 것이 성취된 것처럼 양육을 소홀히 하지 않아야 한다.

하나님은 당신에게 가장 중대한 일을 맡기셨다. 그분은 당신과 그 일을 함께하실 것이며, 당신에게 필요한 모든 것을 제공하실 것이다. 하나님은 당신이 신실하게 자녀를 통제하도록 임명하셨다. 하지만 당신이 그 일을 완수했다 해도 결코 그것으로 만족해서는 안 된다. 당신이 사랑하는 자녀는 부모의 통제가 필요하지만 그것으로 하나님이 계획하신 모든 것을 주었다고 할 수는 없다.

시편 51편의 지침

당신이 부모로서 감당하려는 것들에 대한 생각을 잠시 멈추고 주의 깊게 자녀를 관찰해보라. 그들에게 정말로 필요한 것은 부모의 세심한 통제가 아닌 그들 내면에 있는 문제 해결이라는 점을 발견하게 될 것이다.

단순히 그들이 어리석은 결정을 한다는 사실이 문제가 아니다. 부모와 자꾸 말다툼을 하는 것도 아니다. 다른 사람을 괴롭히거나, 자기 권리를 주장하고, 요구사항이 너무 많아지는 것만의 문제가 아니다. 지혜롭지 않으면서 그런 척하는 것의 문제도 아니다. 당신의 권위에 대항하는 문제 그 이상이다. 습관적으로 "싫어요!"라고 말하는 것의 문제도 아니다. 걱정스러울 정도로 세상에 빠져가는 것의 문제도 아니다. 주님의 일을 소홀히 하는 것도, 자기 뜻대로 이루어지지 않을 때 심술이 나서 삐쳐있고, 자신이 원하는 걸 얻을 때까지 불행을 자처하는 것의 문제도 아니다.

이 모든 것은 자녀가 태어나면서부터 가지고 있는, 지속적이고 피할 수 없는 내면의 깊은 문제가 순간순간 겉으로 드러나는 현상일 뿐이다. 따라서 당신이 아무리 성공적으로 자녀의 선택과 행동을 통제해도, 그 깊은 심연의 결핍에서 자녀를 자유롭게 할 수 없다. 이러한 내적 필요와 그것이 양육에 미칠 영향을 이해하기 위해 시편 51편을 묵상해보자.

하나님이여 주의 인자를 따라 내게 은혜를 베푸시며

주의 많은 긍휼을 따라 내 죄악을 지워 주소서

나의 죄악을 말갛게 씻으시며 나의 죄를 깨끗이 제하소서

무릇 나는 내 죄과를 아오니 내 죄가 항상 내 앞에 있나이다

내가 주께만 범죄하여 주의 목전에 악을 행하였사오니

주께서 말씀하실 때에 의로우시다 하고

주께서 심판하실 때에 순전하시다 하리이다

내가 죄악 중에서 출생하였음이여

어머니가 죄 중에서 나를 잉태하였나이다

보소서 주께서는 중심이 진실함을 원하시오니

내게 지혜를 은밀히 가르치시리이다

우슬초로 나를 정결하게 하소서 내가 정하리이다

나의 죄를 씻어 주소서 내가 눈보다 희리이다

내게 즐겁고 기쁜 소리를 들려 주시사

주께서 꺾으신 **뼈**들도 즐거워하게 하소서

주의 얼굴을 내 죄에서 돌이키시고 내 모든 죄악을 지워 주소서

하나님이여 내 속에 정한 마음을 창조하시고

내 안에 정직한 영을 새롭게 하소서

나를 주 앞에서 쫓아내지 마시며 주의 성령을 내게서 거두지 마소서

주의 구원의 즐거움을 내게 회복시켜 주시고

자원하는 심령을 주사 나를 붙드소서

그리하면 내가 범죄자에게 주의 도를 가르치리니

죄인들이 주께 돌아오리이다

하나님이여 나의 구원의 하나님이여 피 흘린 죄에서 나를 건지소서

내 혀가 주의 의를 높이 노래하리이다

주여 내 입술을 열어 주소서 내 입이 주를 찬송하여 전파하리이다

주께서는 제사를 기뻐하지 아니하시나니

그렇지 아니하면 내가 드렸을 것이라

주는 번제를 기뻐하지 아니하시나이다

하나님께서 구하시는 제사는 상한 심령이라

하나님이여 상하고 통회하는 마음을 주께서 멸시하지 아니하시리이다

주의 은택으로 시온에 선을 행하시고 예루살렘 성을 쌓으소서

그때에 주께서 의로운 제사와 번제와 온전한 번제를 기뻐하시리니

그때에 그들이 수소를 주의 제단에 드리리이다

시편 51편은 당신의 자녀가 겪고 있는 내면 깊은 곳의 결핍을 이해하는 데 많은 도움이 된다. 시편 51편만으로 자녀양육에 대한 책을 한 권 쓸 수 있을 정도다. 다윗이 고백하고 애통하는 것을 살펴보면 하나님께서 무슨 목적으로 우리를 자녀의 삶 가운데로 부르셨는지 이해하게 된다. 본문에서 양육의 목적을 살필 때 다윗의 고백의 핵심이 어디에 있는지 눈여겨보라. 다윗은 이렇게 말하지 않았다. "제가 일을 망쳤습니다. 죄송합니다." 그는 자신이 저지른 행동이 표면적인 잘못 이상의 문제라는 것을 마음속 깊이 깨닫고 있었다. 세세하고 구체적인 다윗의 고백 속에는 더욱 깊은 내면의 문제를 가지고 하나님께 도움을 청하는 모습이 있다. 시편 51편을 통해 본 양육의 여섯 가지 지침은 다음과 같다.

첫째, 자녀가 자신 안에 있는 죄를 발견해야 한다. 그래야 하나님의 자

비를 간구하게 된다. 시편 51편은 모든 사람이 해야 하는 간구로 시작한다. 그러나 애석하게도 많은 사람이 이러한 간구를 하지 않는다. 당신이 당신 내면에 존재하는 커다란 위험을 인지할 때, 그래서 하나님의 도우심과 그분이 허락하신 조력자가 꼭 필요하다는 사실을 알게 될 때 이와 같은 간구를 하게 된다.

자녀가 하나님의 자비를 간구하도록 사랑과 인내로 이끌어주는 것보다 더 중요한 부모의 임무는 없다. 하나님의 자비를 구하는 것은 오직 스스로 해방될 수 없는 내면의 죄를 인정할 때만 가능하다. 자신의 죄를 스스로 겸손하게 인정할 수 있는 자녀는 하나님의 도우심을 구하며 그분께 다가갈 뿐 아니라 당신의 도움, 지도, 충고, 가르침을 저항하지 않고 받아들인다. 당신이 자녀의 행동을 성공적으로 관리하고 통제한다 해도 그들이 자기 마음속에 있는 죄를 인정하지 않고 하나님의 도우심을 간절히 구하지 않은 채 집을 떠나게 된다면 정말로 애통한 일이 아니겠는가.

자녀가 좋은 교육을 받고, 좋은 직장을 찾아서 모든 사람이 부러워하는 행복하고 성공적인 삶을 살게 되었다 해도 자신의 죄를 인정할 줄도 모르고 하나님의 자비를 구하지 않는다면 어떨까?

하나님의 도우심을 간절하게 구하는 다윗의 간구가 크리스천 부모들에게 도전하는 것은 아마도 우리가 자녀양육의 기준을 너무 높게 잡은 것이 아니라 반대로 너무 낮게 잡아서 다른 사람과 비교하고 성공하는 데만 집중한다는 사실일 것이다. 하나님은 우리를 통해 자녀의 마음과 삶을 완전히 변화시키기 원하시는데 말이다.

둘째, **자녀가 죄의 본질을 이해해야 한다. 그래야 죄의 위험을 간과하지 않는다.** 자녀들에게 그들의 죄에 대해 이야기하는 것은 부정적이고 정죄하는 행동이 아니다. 자녀를 사랑하는 모든 부모는 자녀 주변에 위험한 물건이 있으면 그것을 인지하게 하고 피하라고 경고한다. 아이를 사랑하고, 그들이 다치지 않도록 보호하기 위해서다. 자녀의 삶에서 그들의 죄보다 더 위험한 것은 존재하지 않는다. 죄의 존재와 그 파괴력을 이해하도록 돕는 것은 사랑에서 비롯된 올바른 행동이다. 자녀는 태어날 때부터 자신의 죄를 발견하지 못하고 죄의 힘을 인지하지 못한다. 그것을 인지하게 하는 것이 바로 부모의 몫이다.

다시 본문으로 돌아가보자. 시편 51편에서 다윗이 사용하는 3개의 단어가 이것을 이해하는 데 도움이 된다. 그 단어들이 **죄**가 어떻게 삶을 파괴하는지 적나라하게 묘사해주기 때문이다.

마음속 가장 깊은 곳의 문제를 설명하기 위해 다윗이 사용한 기초적인 단어는 **죄**(sin)다. 죄란 당신의 자녀가 그 어떤 재능, 능력, 노력을 사용해도 결국 하나님의 기준에 미칠 수 없다는 걸 의미한다.

활과 화살의 예를 들어보자. 당신의 자녀는 하나님이 세우신 과녁에 정조준해서 화살을 겨눌 수 있다. 즉 그들은 화살을 조준하고, 활을 당기고, 과녁을 향해 쏠 수 있다. 하지만 모든 화살이 과녁에 미치지 못한다. 과녁의 가장 바깥 원도 맞히지 못한다. 모든 화살이 하나님이 세우신 과녁에 도달하지 못하고 떨어진다. 이와 같이 죄는 인간이 자신의 힘으로 하나님께서 명하신 삶을 살아갈 수 없다는 것을 의미한다. 따라서 그 어떤 부모의 통제로도, 아무리 좋은 교육을 받아도, 개인적인 성공을 이루어도, 자녀에게는 하나님의 명령대로 살아갈 수 있는 능력이 없다. 하나님의 도우심이 필요하다.

다윗이 사용하는 두 번째 단어는 **죄악**(iniquity)이다. 죄악은 도덕적으로 깨끗하지 못하다는 의미다. 우리 자녀가 태어날 때부터 내면이 더럽다고 설명하는 것은 마음 아프지만 성경적으로는 진실이다.

도덕적으로 깨끗하지 못하다는 것은 하나님께서 옳지 않다 하시는 것에 자연스럽게 유혹받는 본성을 갖고 있다는 뜻이다. 그러므로 자녀는 매일 마주치는 수많은 유혹에 넘어가기 쉽다. 우리 자녀들이 가진 문제는 완벽하지 않은 부모를 만난 것이 아니고, 이기적인 형제자매를 만난 것도 아니고, 비열한 친구들과 함께 삐뚤어진 세상에서 살게 된 것도 아니다. 문제는 이보다 더욱 깊다. 옳지 못한 것에 쉽게 유혹되는 본성을 소유한 채 이 모든 상황을 마주하는 것이 문제다. 주의 깊게 살펴보면, 당신의 자녀가 매일 이러한 유혹과 씨름하고 있는 것을 발견할 수 있다.

다윗이 사용하는 마지막 단어는 **범죄**(transgression)다.

죄는 단순히 자녀를 본성적으로 무능력하게 하고, 잘못된 것으로 유혹하는 것을 의미하지 않는다. 죄는 자녀가 하나님의 법을 범하고 반항하게 한다. 범죄란 의식적으로, 그리고 의도적으로 하나님이 정하신 경계를 넘어서는 것을 말한다. '주차 금지' 표시를 보고도 그냥 그곳에 주차하는 것과 같다. '접근 금지' 문구를 보고도 그냥 울타리를 넘어서 지나가는 것과 같다. 앞에서 설명했듯이 자녀는 본성적으로 (하나님과 부모의) 권위에 대항한다. 그들은 본성적으로 그들 앞에 놓여 있는 경계선을 넘어가고 싶어 한다. 조금씩 조금씩 경계선에 가까이 다가가다가 결국 한순간에 그 선을 뛰어넘는다. 자녀의 문제는 그들이 무지해서 배워야 한다는 사실이 아니다. 하나님께서 원하시는 삶을 살아가기 위해 필요한 것이 오직 훌륭한 지침뿐이라면 (거듭 말하지만) 예수님의 삶, 죽음, 부활이 필요하지 않았을 것이다. 자녀는 하나님의 도우심이 필요하다. 본성적으로 그들은 자신 이외의 모든 권위에 반항하게 되어 있기 때문이다. 앞에서 언급한, 엄마에게 "알았어요."보다 "싫어!"라고 대답하는 아이와 무언가 부탁하면 무조건 말싸움을 하려는 청소년의 예를 통해 충분히 설명이 되었으리라 생각한다. 그러므로 자녀가 자기 안에 있는 죄를 두려워하고 하나님과 부모의 도움을 찾게 하려면 먼저 죄의 파괴력을 이해시켜야 한다. 지금까지 설명한 3개의 단어는 죄의 위험성과 자녀의 마음속에 있는 죄를 인지하는 것이 얼마나 중요한지 잘 설명해준다.

셋째, 자녀는 자신의 문제가 하나님과의 관계에서 비롯되었다는 것을 이해해야 한다. 간통과 살인을 저지른 한 남자가 오직 하나님께만 죄를 지은 것이라 말한다면 정말 이상하지 않겠는가? 그러나 다윗이 이렇게 말한 것은 그가 저지른 행동의 엄중함뿐 아니라 그 행동을 하게 된 자기 마음의 심각성을 이해하고 있음을 보여준다.

우리 자녀들도 이것을 이해해야 한다. 모든 죄는 수직적이다. 모든 죄는 하나님의 얼굴에 주먹을 휘두르는 것이다. 모든 죄는 하나님을 그분의 왕좌에서 끌어내리고 자기가 그 자리를 차지하는 행위다. 죄를 지을 때마다 당신의 자녀는 자기가 하나님보다 더 똑똑하고, 자기가 따라야 할 법은 스스로 만들 수 있다고 말하는 것과 같다. 그들이 짓는 모든 죄는 하나님으로부터 독립을 주장하는 것이다. 죄는 당신의 자녀를 세상의 중심에 서게 하고, 삶의 모든 것을 자신에게 고정시킨다.

알다시피 당신의 자녀는 하나님을 위해 살도록, 하나님을 위해 그들의 삶을 드리도록 창조되었다. 그러므로 자원하는 마음으로 하나님이 정하신 경계 안에 머물며 그분의 영광을 위해 살아야 한다.

그러나 죄는 하나님의 영광을 위해 살기를 거부하게 한다. 죄는 자녀들을 그들의 필요와 느낌, 행복에만 몰입하게 만든다. 단순히 수평적인 죄는 존재하지 않는다.

자녀가 당신을 존경하지 않는 것은 하나님을 경외하지 않는 것이다. 하나님께서 자녀에게 부모를 존경하라고 명령하셨기 때문이다. 또한 자녀가 서로 싸우는 것은 하나님과 싸우는 것이다. 하나님께서 형제자매와 화목하라고 명하셨기 때문이다. 10대 청소년 남자아이가 여자아이를 임신시키는 것은 하나님을 대항하여 도덕적 위법을 행하는 것이다. 하나님께서 다른 사람의 몸을 이기적인 쾌락의 목적으로 사용하지 말라고 명령하셨기 때문이다. 이와 같이 부모인 당신이 기억해야 할 것은 자녀가 저지르는 모든 잘못은 수직적이라는 것, 그래서 단지 당신과 관련된 것만이 아니라는 점이다. 당신은 자녀가 이것을 이해하도록 도와야 한다. 그들이 하나님을 위해 창조되었고, 하나님을 위해 살도록 지어졌기에 모든 잘못된 행동은 하나님을 대적하는 것임을 말이다.

넷째, 자녀가 죄는 본성의 문제고 그것이 잘못된 행동을 야기한다는 것을 이해해야 한다. 다윗은 "내가 죄악 중에서 출생하였음이여 어머니가 죄 중에서 나를 잉태하였나이다"(시 51:5)라고 말한다. 그의 말은 자신의 근본적인 문제는 상황이 아니며, 지정학적인 문제도, 관계적인 것도 아니라 바로 자신의 본성이라는 뜻이다.

자녀와 부모 모두 '나는 태어나면서부터 죄인이다. 나는 죄인으로 세상에 태어났다'는 것을 이해해야 한다. 당신의 자녀가 '죄짓고 있다'고 설명하는 것은 적절하지 않다. 우리 자녀는 이미 **죄인**이다. 죄는 처음으로 드러난 나쁜 행동이 아니다. 나쁜 행동을 야기한 마음의 본질이다. 죄인은 단순히 "내일은 더 이상 죄를 짓지 말아야지." 하는 식으로 죄를 떼어버릴 수 없다. 때로는 잘못을 저지를 수 있다는 사실을 고백하는 것으로 충분치 않다는 것을 자녀가 이해하도록 도와야 한다. 나아가 그릇된 삶은 그들 내면에서 기인한다는 사실을 고백하게 해야 한다. 그러기 위해 하나님의 도우심과 용서, 변화와 구원의 은혜가 꼭 필요하다는 것을 자녀가 깨달아야 한다.

다섯째, **죄는 마음의 문제이므로 유일한 해결책은 새 마음을 갖는 것임을 이해해야 한다.** 죄가 무엇이고, 그것을 해결하기 위해 어떤 도움이 필요한지 이해해야만 새 마음을 구하는 기도를 드릴 수 있다. 자녀의 마음을 갉아먹는 '죄'라는 질병은 하나님의 심장을 이식하는 수술로만 치료될 수 있다. 때문에 예수님이 기꺼이 세상에 오셔서 자신을 복종시키시고, 잔혹한 십자가 처형을 감당하시고, 죽음에서 부활하시어 우리와 우리 자녀에게 가장 필요한 것, 즉 **새 마음**을 주신 것이다.

우리 자녀들은 행동 관리를 넘어 구원을 받아야 한다. 가르침을 넘어 하나님의 수술이 필요하다. 당신이 그 사실을 알고 있는 것만으로는 충분하지 않다. 당신의 자녀도 그 사실을 깨달아야 한다. 그렇지 않으면 당신의 자녀는 계속해서 당신의 도움을 거부할 것이고, 하나님의 도우심이 필요하다는 것을 인정하지 않을 것이다.

여섯째, **유일한 희망, 즉 용서하시는 하나님의 은혜 앞에 나아가도록 가르쳐야 한다.** 앞에서 이미 설명했지만 다시 한 번 이야기하겠다. 희망으로 나아가는 첫 관문은 바로 절망이다.

당신의 자녀가 자신의 지혜와 능력, 의를 내려놓기 전까지는 하나님의 자비를 간구하며 울부짖지 않을 것이다. 당신과 하나님의 도움 없이도 살아갈 수 있다고 생각하는 한, 자기 안에 있는 죄를 부인하며 자신의 능력으로 인생을 살아가려 할 것이다. 용서를 구하는 사람은 자신이 해결사가 아니라는 사실을 인정한다. 자기가 인생의 주인이 아니라는 것, 자기가 하나님이 정하신 경계선을 넘어섰다는 것, 그래서 스스로의 힘으로는 하나님의 은총을 회복할 방법이 없다는 것을 인정한다. 그러한 절망에 던져졌을 때 자녀는 유일한 희망 앞으로 나아간다. 바로 구원자 하나님의 용서와 회복하시는 품속이다.

자녀양육이란 위험한 죄의 무덤에서 헤매는 자녀가 전인적인 마음의 변화를 경험하도록 이끌어가시는 하나님의 사역에 동참하는 것이다. 자녀양육은 부족함과 잘못을 정죄하고 꾸짖는 것이 아니다. 인내와 사랑으로 돕는 일이다. 자녀를 돕는 그 사역에 동참하지 않겠는가?

자녀가 자기 안에 존재하는 심각한 죄의 위험성을 깨닫게 하기 위해 당신은 하나님께서 허락하시는 모든 기회를 사용해야 한다. 신경질적으로, 혹은 성급하게 이 사명에 임하지 말아야 한다. 자녀와 마찬가지로 당신도 하나님의 은혜가 필요한 존재임을 인식하고 은혜로 대해야 한다. 독선적으로 잘못을 지적하는 것은 아무 효과가 없다. 모욕적이고 거들먹거리는 행동은 결국 자녀의 마음을 닫아버릴 것이다.

먼저 하나님께 은혜를 구하라. 자녀가 자신의 죄를 깨닫도록 가르칠 때, 그들 안에 있는 죄보다 당신 안에 있는 죄 때문에 더욱 애통하는 부모가 될 수 있도록 말이다. 그렇게 할 때 하나님은 당신의 부드럽고 겸손한 마음을 사용하셔서 자녀의 마음속에서 당신이 이룰 수 없는 것들을 성취해가실 것이다.

13. 자녀의 주인이신 하나님을 기억할 때 '안식'할 수 있다

"하나님의 임재와 은혜 속에서
진정한 안식을 찾을 수 있다.
그것이 당신을 기쁨이 넘치고
인내심 많은 부모가 되게 한다."

자녀를 양육하면서 인내심을 갖기 어렵고 즐거움을 찾을 수 없거나 아이를 대하는 것이 두렵게 느껴진다면, 자녀에게 사랑과 애정을 쏟는 당신의 열심은 사실상 무거운 압박과 부담감에 뿌리내리고 있는 것이다.

자녀의 삶 속에서 하나님의 은혜의 도구로 사용되고 싶다 말하면서 하나님이 모든 자녀에게 놀라운 은혜를 선물하신다는 사실을 잊어버린 것은 아닌가? 어쩌면 당신은 자녀에게 하나님의 지혜와 은혜 속에 거하는 것이 무엇인지를 가르치는 데 몰두하다가 당신 자신이 그분 안에서 평안을 누리는 방법을 잊게 되었는지 모른다.

양육에 대해 강연하느라 전 세계를 돌아다니다 보면 에너지가 모두 소진되고 낙담한 부모들을 자주 만나게 된다.

많은 부모들이 강연장에 오는 발걸음이 가볍지 않다고 고백한다. 그곳에선 종종 부모들이 절대로 실행할 수 없는 방법을 제시하고, 그러면 괜한 패배감과 죄책감으로 또 한 주를 보내게 된다고 토로했다. 로프 끝에 매달린 사람처럼 한계에 다다른 것 같다고 고백하는 어머니들도 참 많이 만났다. 아버지들은 주로 분노를 어떻게 조절해야 하는지 묻는다. 많은 부모들이 본인의 행동과 말이 잘못된 것을 알지만 어떻게 멈춰야 하는지 모른다고 고백한다.

리디아는 이렇게 말했다. "하루를 시작하면서 저 자신에게 '오늘은 좀 더 잘할 수 있을 거야.'라고 말해보지만 결국에는 또다시 아이들에게 소리를 지르며 하루를 마감합니다."

제이슨은 "10대에 접어든 아들놈의 변명을 듣고 있노라면 화를 참을 수가 없어요."라고 고백했다.

말지는 이런 이야기를 했다. "시중에 나와 있는 웬만한 자녀양육서는 모조리 다 읽어본 것 같아요. 하지만 딱히 도움 되는 책은 없었어요."

수는 이렇게 고백했다. "어떻게 세 살짜리 꼬마가 저를 미치도록 화나게 할 수 있는 거죠?"

지니는 "완전히 소진된 채로 잠들고 또 힘없이 아침을 맞이합니다. 인생에 기쁨이 없어요."라고 말했다.

프랭크는 이렇게 하소연했다. "지난 주말에 우리 부부는 집을 탈출해야만 했어요. 4명의 아들 녀석이 저희의 인내심을 시험했거든요."

샘은 이렇게 말했다. "우리 부부는 자녀를 가진다는 사실이 무척 설렜어요. 하지만 그 설렘은 오래가지 않았어요."

샤론은 "항상 느끼지만, 저에게는 부모로서 당연히 해야 할 일을 감당할 만한 능력이 없는 것 같아요."라고 말했다.

쥬디는 이렇게 고백했다. "저에겐 쉼이 필요해요. 하지만 그럴 겨를이 없어요."

부모들의 이야기 속에서 압박감과 부담감, 좌절과 피로감을 엿볼 수 있다. 생각보다 많은 크리스천 부모들도 아마 이런 상태일 것이다. 이렇게 탈진하여 절망에 빠져 있는 것은 양육에 아무 도움이 안 될 뿐 아니라 부모로 하여금 나중에 후회하게 될 말과 행동을 하게 한다. 때때로 부모인 우리의 행동을 돌아보면 '절대 저런 사람은 되지 말아야지.' 다짐했던 모습으로 변해가고 있고, '절대 저런 짓은 하지 말아야지.' 했던 행동을 하고 있는 것을 발견하게 된다.

책의 막바지에 이른 시점에서 희소식을 하나 전하겠다. 이 소식이 당신 어깨의 무거운 짐을 가볍게 할 뿐 아니라 하나님께서 당신을 부모로 부르셨다는 것이 무슨 의미인지 명확히 이해하는 기회가 되기를 바란다. 하나님께서 원하시는 것은 부모로서 시시각각 맞이하게 되는 양육의 사투를 부정하라는 것이 아니다. 이 완악한 세상에서 하나님을 두려워하고, 사랑하고, 섬기는 아이들로 성장시키는 어려운 임무를 아무것도 아닌 것으로 치부하라는 뜻도 아니다. 당신의 양육이 올바르게 가지 못하는 순간에 마치 모든 게 잘되고 있는 척하라고 요구하시는 게 아니다. 자녀가 반항하거나 문제를 일으킬 때 올바른 방법으로 대처하고 있는지 분석하라고 부르신 것도 아니다. 성경에 근거한 믿음은 결코 당신에게 현실을 부정하라고 가르치지 않는다. 오히려 당신의 삶 속에서 힘든 현실을 직시하되, 구세주의 놀라운 은혜와 영광의 관점으로 해석하라고 요구한다. 당신이 일상의 문제들을 제대로 이해하고, 그 문제를 정확히 들여다보는 것은 매우 중요하다. 그 순간 당신에게 사명을 주신 분의 위대함을 떠올리는 것은 부모가 해야 할 가장 중요한 일이다.

자녀가 맞이한 현실과 당신이 부모로서 갖는 어려움을 그대로 직시해야겠지만, 당신을 보내신 하나님의 무한한 영광을 기억하지 않는다면 당신은 양육에서 부담감과 좌절, 피로감을 느끼게 될 것이다. 크리스천 부모로서 현실을 부정하면 안 된다. 그렇다고 해서 현실적인 문제에 빠져 당신의 정신적·영적 시간을 소비하면서 주님을 묵상하는 시간을 잊어버린다면 지칠 수밖에 없다. 하나님을 잊고 있을 때, 우리는 우리가 짊어질 필요 없는 것을 어깨에 얹으려 한다. 걱정하고 두려워하며 죄책감으로 움츠러든다. 자녀를 위해 뭔가를 하려고 애쓰기보다 당신 자신을 위해 무언가를 하는 것이 자녀에게 더 좋은 일일지 모른다. 무슨 뜻일까? 당신이 자녀를 위해 해야 할 가장 중요한 일은 당신을 보내신 분을 기억하는 것이고, 그분에 대한 기억으로 마음의 안식을 찾는 것이다. 위에 계신 하나님을 기억하고 그분에게서 안식을 찾는 것은 당신의 양육이 건강하고, 선해지고, 변화를 이끌게 하는 좋은 토양이 되기 때문이다.

자녀를 여럿 키우다보면 정신이 없기 마련이다. 말 그대로 정신이 나갔다는 뜻이 아니라 너무도 바쁜 나머지 당신이 누구인지, 하나님이 어떤 분인지, 당신에게 주어진 사명이 무엇인지 쉽게 놓쳐버린다는 뜻이다. 그것을 잊기 때문에 당신이 굳이 짊어질 필요도 없고 결국 당신을 패배감에 젖게 할 불필요한 부담을 어깨에 올려놓게 되는 것이다.

어느 늦은 밤 아들에게 해선 안 될 말들을 쏟아냈던 참혹한 대화를 마치고 어두운 방 침대에 걸터앉아 있었던 내 모습이 떠오른다. 그 순간 나는 외로웠고, 패배감에 압도되어 있었다. 하나님께 혼잣말로 이렇게 중얼거렸다. "더 이상 못하겠어요. 이건 저에게 너무 어려운 일이에요." 그때 나를 스치고 지나간 생각은 하나님께서 내가 할 수 없는 일을 하라고 부르신 게 아니라는 사실이었다. 부모의 사명은 내가 선천적으로 가진 능력과 성품, 지혜와 힘, 재능으로 감당할 수 없는 일이다. 하지만 하나님은 그 일을 혼자 하라고 하시지 않는다. 외로움은 매 순간 우리로 하여금 패배감에 젖게 만드는 허상일 뿐이다.

하나님을 기억하고 그분에게서 안식을 찾으라. 마음의 안식은 하나님이 당신을 부모로 부르신 일들을 하게 하는 원동력이 된다.

양육에 도움이 되는 성경구절

당신에게 만약 현실적으로 양육에 가장 많은 도움이 되는 성경구절이 무엇이냐고 묻는다면 어떻게 답하겠는가? 성경을 잘 아는 대부분의 크리스천 부모들은 아마도 '에베소서 6장 1-4절'을 이야기할 것 같다. 그 구절은 정말 많은 도움이 된다. 하지만 내가 제시하는 구절이 조금 더 근본적인 도움이 되지 않을까 싶다. 의외의 구절이라 좀 놀랄 수 있다. 그리고 당신이 왜 놀라는지도 잘 안다.

구구절절 이런 얘기를 할 필요가 없다고 생각할지 모르지만 하겠다. 성경은 주제별로 나누어져 있지 않다. 어떤 사람들은 거기에 불만이 많다. 성경이 주제별로 정리되어 있고 우리의 필요와 관심사에 따라 한 번에 찾아볼 수 있도록 색인이 되어있기를 바라는 사람도 있을 것이다. 그러나 성경은 그렇게 구성되어 있지 않다. 하나님의 편집적인 실수가 아니다. 오히려 하나님의 신성한 의도대로 배치되어 있다. 성경은 본질적으로 거대한 구원사 이야기다. 좀 더 정확히 말해 성경은 매우 신중하게 신학적 주석을 달아 놓은 구원 이야기, 즉 하나님의 핵심 설명이 첨부된 구원사다. 이 말은 성경을 당신이 원하는 주제와 얻고자 하는 정보에 따라 접근할 수 없다는 뜻이다. 그런 의도로 계획된 책이 아니기 때문이다.

예를 들어 자녀양육을 이해하기 위해 그것을 언급하는, 혹은 그런 단어가 등장하는 구절만 읽는다면 당신은 성경 전체가 전하는 의미를 놓치고 만다. 오히려 성경은 이렇게 구성되어 있다고 봐야 한다. (정도의 차이는 있겠지만) 모든 구절이 하나님과 인간을 이야기하고, 죄의 처참함과 완악한 세상 속에서의 삶의 의미, 당신에게 주신 사명, 은혜가 어떻게 작동하는지에 관하여, 그리고 당신의 삶 모든 측면에 대해 이야기하고 있다.

따라서 나는 성경의 거의 모든 구절이 양육에 대해 이야기한다고 생각한다. 즉 성경에는 성스럽고, 선하고, 오래 참는 부모가 되는 토대가 되어줄 안식과 용기를 체험하는 데 필요한 모든 것이 담겨 있다.

많이 알려져 있지만 양육에 결정적인 도움이 되리라고는 생각하지 못했던 성경구절을 소개하겠다. 그것은 바로 예수님이 제자들에게 마지막으로 남기신 말씀이다. 소위 '지상명령'으로 알려져 있어서 교회의 전도 사명을 강조할 때 자주 인용된다. 그러나 나는 이 구절이 선교의 명령, 그 이상을 이야기한다고 믿는다. 왜냐면 이 구절은 모든 크리스천 부모에게 실체적인 희망과 도움이 되기 때문이다. 이 구절은 하나님께서 무엇을 위해 당신을 부르셨고, 이 엄청나게 중요한 소명을 감당하기 위해 당신에게 어떤 것들을 약속하셨는지 명확하게 짚어준다. 책 후반부에 다다른 이 시점에 이 구절에 담긴 의미와 권고를 숙고해보는 것이 당신의 자녀양육에 많은 도움이 되리라 믿는다.

> 예수께서 나아와 말씀하여 이르시되 하늘과 땅의 모든 권세를 내게 주셨으니 그러므로 너희는 가서 모든 민족을 제자로 삼아 아버지와 아들과 성령의 이름으로 세례를 베풀고 내가 너희에게 분부한 모든 것을 가르쳐 지키게 하라 볼지어다 내가 세상 끝날까지 너희와 항상 함께 있으리라 하시니라(마 28:18-20).

나는 예수님께서 이보다 더 확실하고 직접적으로 크리스천 부모의 소명에 대해 이야기하신 구절은 없다고 생각한다.

누군가 당신에게 부모의 궁극적 역할이 무엇이냐고 묻는다면 무어라 답하겠는가?

여기 그 답이 있다. 당신의 능력 안에서 구원자의 도구로 쓰임받는 것이다. 즉 자녀로 하여금 기꺼이, 기쁜 마음으로 주 예수의 제자가 되는 삶을 살도록 격려하고, 소명을 주고, 훈련하는 것이다. 이것이 자녀들이 학교에서 얼마나 공부를 잘하는지, 집안의 명예를 드높이고 있는지, 미래의 직업을 위해 준비를 잘하는지, 스포츠와 미술을 잘하는지, 주변 어른들과 또래들로부터 사랑받고 있는지보다 훨씬 중요한 일이다.

물론 이런 것이 중요하지 않다는 말은 아니다. 이런 것이 가장 중요한 소명보다 우선이 되면 안 된다는 이야기다. 자녀들은 어릴 때부터 자신에게 생명과 호흡이 주어진 것이 하나님의 영광을 위함임을 깨달아야 한다. 자신에게 스스로 세운 규율과 법을 따를 권리가 없다는 것을 배워야 한다. 그들이 원하는 대로가 아니라 하나님의 선택에 의해 삶이 형성된다는 사실을 인정하게 해야 한다. 어릴 때부터 예배할 수 있는 능력을 창조하신 그분께 마땅히 예배드리도록 배워야 한다.

따라서 부모의 핵심 미션은 삶의 모든 일을 예수님의 제자로서 대처하는 사람으로 성장시키는 것이다. 솔직히 이런 삶의 방식은 우리에게 자연스럽지 않다. 자녀들에게 (그리고 우리에게도) 자신이 삶의 주인인 방식이 훨씬 더 쉽고 자연스럽다. 이 사실을 부정할 필요는 없다. 다만 자녀들에게 하나님의 구원, 용서, 능력이 필요하다는 것을 인정해야 한다.

당신이 만약 아이들을 자발적인 예수님의 제자로 길러내고 싶다면, 인내심을 가지고 하나님의 놀라운 은혜에 대한 이야기를 반복적으로 들려줘야 한다. 알다시피 율법은 당신의 자녀를 예수님의 제자로 만들 수 없다. 그 일은 오직 하나님의 은혜로만 가능하다. **당신은 지금 자녀를 제자로 기르시는 하나님의 사역에 쓰임받고 있는가?**

이를 위해 예수님의 부르심에 관한 두 번째 단락을 살펴보자. 부모로서 당신은 자녀들이 예수님의 모든 명령에 순종하도록 가르치라는 소명을 받았다. 하나님의 뜻이 아이들의 삶 모든 측면에 이른다는 것을 생각하면 놀라지 않을 수 없다. 그분은 아이들의 생각과 욕망, 선택과 결정, 언어, 몸을 사용하는 법, 돈 쓰는 방식, 예배하는 대상, 시간 활용, 인간관계, 소유물의 관리, 마음과 정신을 채우는 것에 대한 모든 계획을 가지고 계신다.

자녀들은 그들을 창조하신 분의 계획과 의지대로 삶을 재조명하는 방법을 배워야 한다. 다시 말해 포괄적인 성경적 시각으로 삶을 바라보게 하여 자기의 인생이 하나님 중심이 되어야 한다는 사실을 깨닫도록 도와주어야 한다. 이것은 우리에게 매우 낯선 일이다. 하지만 앞으로 당신의 자녀에게 꽤 그럴 듯해 보이는 세상의 많은 세계관이 쏟아진다는 사실을 생각하라. 그들은 계속해서 자기 정체성과 삶의 목적에 대한 다른 시각에 부딪히게 될 것이다. 하나님을 믿지 않고 신앙인을 비웃는 자들로부터 도전을 받을 것이다.

따라서 자녀에게 무엇을 하고, 무엇을 하지 말아야 하는지 규칙만 가르치는 것으로는 부족하다. 예수님의 지상명령은 모든 부모에게 양육의 심오한 목적을 이야기해준다. 당신은 자녀들이 분명하게 하나님 중심적인 관점으로 모든 것을 이해하도록 가르쳐야 한다. 하나님 중심으로 자신과 삶을 이해하면, 보다 큰 하나님의 지혜와 권위에 자발적으로 순종하게 된다.

다시 말하지만 이것은 자녀뿐 아니라 우리에게도 결코 쉬운 일이 아니다. 항상 자기 자신이 옳고 자신에 대해 잘 알고 있다고 생각하는 것이 자녀들에게 훨씬 자연스럽다. 더 큰 지혜가 있고 거기에 순종해야 한다는 것에 그들이 거부감을 나타내는 것은 지극히 당연하다.

두 가지 약속

여기서 우리는 또다시 우리의 현실과 직면한다. 우리는 자녀를 예수 그리스도의 제자로 살게 하고 그러한 생각을 갖게 할 힘과 능력이 없다. 그들은 오직 하나님의 은혜로만 예수의 제자가 될 수 있다.

부모로서 우리가 해야 하는 일은 그럼에도 이 불가능한 일에 성실히 참여하는 것이다. 우리가 그 불가능한 일을 해낼 힘이 없다는 슬픈 생각에만 빠져 있으면 결론은 언제나 형편없는 일을 도모하는 우리 자신의 모습으로 끝날 것이다. 그래서 앞에서 언급한 성경구절이 우리에게 힘이 된다.

누군가 "어떻게 매일 하는 일이 불가능하다는 걸 알면서 좌절하지도, 지치지도 않을 수 있나요?"라고 반문할지 모르겠다. 하지만 그 답 역시 성경에 있다.

본문은 매우 명쾌하게 증언한다. 예수님께서 당신에게 엄청난 부모의 사명을 주실 때 그분의 기막힌 약속과 축복도 함께 주셨다. 그분의 약속을 깊이 이해한다면, 당신의 마음이 걱정과 좌절로 만신창이가 되지 않으면서도 이 불가능한 일에 도구로 참여할 수 있다. 선하고, 사랑스럽고, 신실하고, 은혜가 넘치는 부모는 마음의 안식이라는 토양에서 성장한다.

예수님의 약속은 정치인들이 마구 던지는 공약 같은 것이 아니라 하나님 자녀의 변할 수 없는 정체성을 상기시켜 주는 것이다. 여기에 언급된 두 가지 약속은 위대한 하늘 아버지께서 당신을 위해 하신 일을 깨닫게 한다. 그 약속은 하나님의 정체성을 나타낼 뿐 아니라 그분의 자녀인 당신이 어떤 존재인지 말해준다.

부모인 당신은 당신이 하고 있는 일이나 자녀의 성공에서 안식을 찾을 수 없다. 물론 정도의 차이가 있지만 거기에는 항상 힘겨움과 연약함, 실패가 도사리고 있기 때문이다.

당신을 보내신 분 안에서, 또 그분을 대리하는 자를 향한 계획 안에 안식이 있다. 당신이 수평적 관계에서 안식을 찾으려 하면 결국 실망으로 끝날 수밖에 없다. 자녀들을 위해 한 일에서 보람을 느끼는 날도 있겠지만 당신이 이룬 것들이 아무것도 아닌 것처럼 느껴지는 날도 있을 것이다. 그래서 지금부터 살펴보려는 말씀이 굉장히 중요하다.

예수님의 명령은 단지 우리에게 무언가를 시키는 행위가 아니라 위로를 전한다. "나는 하늘과 땅의 모든 권세를 받았다." 와우! 이 진리의 말씀을 오랫동안 곱씹어보자. 이 말씀은 왕이신 예수님께서 인도하시지 않는 어떤 상황도, 장소도, 환경도, 관계도, 시간도 없다는 의미다.

그렇다면 이것이 우리의 양육에 어떤 영향을 줄까?

우리를 부모의 자리로 보내신 지혜롭고, 섬세하고, 강력하신 하나님의 인도하심 아래 있지 않은 그 어떤 순간도, 장소도, 상황도 없다는 위로를 준다. 물론 당신이 이성을 잃어버리는 순간도, 모든 게 엉망이 된 것 같은 순간도 있을 것이다. 하지만 당신의 양육이 하나님의 통제에서 벗어날 일은 결코 없을 것이다.

따라서 도무지 무슨 일이 벌어지고 있는지 이해할 수 없는 순간에도 당신은 안식을 찾을 수 있다. 왜냐면 당신을 보내신 분은 혼동하지도, 당황하지도 않으시기 때문이다. 당신이 양육의 딜레마에 빠져 있을 때도 안식할 수 있다. 당신이 대리하는 분이 모든 것을 알고 계시기 때문이다. 당신의 권위가 약해져도 안도할 수 있다. 당신이 섬기는 분의 권위는 약해지지도, 패하지도 않기 때문이다.

그분이 우리에게 이렇게 말씀하시는 이유는 하나님의 소명을 감당하는 당신의 임무 완수를 위해 당신이 그분의 권위를 사용하고 있다는 것을 알려주시기 위해서다. 그러므로 부모로서의 성공은 당신이 아니라 그분의 어깨에 달려 있다. 부모로서의 사역의 열매는 당신의 권위가 아닌 그분의 권위에 달려 있다. 이 엄청난 사명을 위해 당신을 부르실 때, 주님은 그분의 권능과 영광, 변화시키는 능력으로 당신을 축복하셨다. 이제부터는 당신이 정한 규칙이 힘을 잃어버리더라도 당신을 위한 그분의 법은 결코 약해지지 않는다는 사실에 의지하라.

이것이 다가 아니다. 예수님은 다음과 같이 지상명령을 끝맺으셨다. "볼지어다, 내가 세상 끝날까지 너희와 항상 함께 있으리라." 잠시 책을 덮고 이 놀라운 말씀에 빠져보라. 당신을 보내신 분은 은혜의 팔로 자녀들을 안아주시며 당신과 항상 함께하신다. 그분은 결코 우리를 홀로 보내신 적이 없다. 우리가 어디에 가든, 무슨 일을 하든, 어떤 어려움을 겪든 상관없이 멀찍이 서서 차가운 시선을 보내는 분이 아니다. 하나님은 인간이 할 수 있는 가장 어렵고, 힘들고, 복잡하고, 오래 걸리고, 중요한 결정을 내리는 우리 옆에서 한가하게 노시는 분이 아니다. 아버지께서 당신에게 사명을 주실 때, 언제나 당신과 함께하신다.

당신이 자녀양육에 임하는 모든 순간은 사실상 아버지 하나님께서 당신을 양육하시는 순간이기도 하다. 즉 자녀에게 은혜를 베풀라는 명령을 받는 순간에 당신은 하나님께 은혜를 받고 있다.

자녀를 보호하고 구출하라는 소명을 받을 때 당신은 그분으로부터 보호받고 구출받고 있다. 당신이 외로움을 느끼는 순간에도 결코 혼자가 아니다. 그분이 당신과 항상 동행하시기 때문이다. 당신의 양육이 하나님의 현존을 떠나 있는 순간은 없다. 그분은 결코 당신을 잊어버리거나 등을 돌리지 않으신다. 잠시도 당신을 떠나지 않으신다. 누군가를 당신보다 더 사랑하거나, 화를 내거나, 냉소적인 눈길을 보내거나, 함께 있기를 거부하지 않으신다. 그분은 결코 포기하지도, 그만두지도 않으신다. 다정하게, 끈기 있게, 신실하게, 그리고 영원히 당신과 함께하신다.

그러므로 그분의 보호하심에 의지하라. 하나님의 임재 안에서 안식을 누리라.

부모로서 당신이 가질 희망은 당신의 힘과 지혜, 성품과 경험, 성공이 아니라 주 하나님의 함께하심이다. 창조자이자 구원자이시며 전능하신 왕이 당신과 함께하신다. 그러니 이제 마음을 놓으라. 자녀양육이라는 엄청난 일 앞에서 당신은 결코 혼자가 아니다. 당신의 연약함보다 잠재력이 훨씬 더 크다. 당신과 함께하시는 분은 연약함이 없으시기 때문이다. 그분은 오히려 자신의 연약함을 인정하고 그 연약함 가운데서 하나님의 부르심에 귀 기울이는 자들을 통해 큰 사역을 이루어 가신다.

지상명령은 당신이 받은 부모의 사명을 요약해준다. 그리고 당신의 도움과 희망이 어디에 있는지 상기시킨다. 지상명령의 두 가지 구원(약속)이 당신이 매일 자녀들과 함께하는 일상에서 현실적인 도움이 될 것이다.

현실적인 위로

당신의 실패는 심판받지 않는다

당신은 부모로서 실패를 맛볼 것이다. 아이들에게 늘 지혜롭게 반응하고 옳은 일을 하지는 않을 것이다. 항상 최선의 선택을 하지도 않을 것이다. 당신에게 소명을 주신 분은 단순히 당신을 보낸 분이 아니라 구원자라는 점을 명심해야 한다. 그의 십자가는 더 이상 당신의 부끄러운 실수를 감출 필요가 없고, 죄책감 때문에 당신의 마음이 혼돈스러울 필요가 없다는 것을 보여준다. 이것을 기억하는 것이 중요하다. 예수님께서 당신이 부모로서 저지르는 실수와 실패에 대한 모든 값을 지불하셨기 때문이다. 그러므로 실패하는 순간에 하나님이 진노하실까봐 두려워할 필요가 없다. 오히려 용서받고 도움을 구하기 위해 그분께 달려가야 한다. 하나님께서 주시는 용서의 위로를 통해 하나님 앞에서뿐 아니라 당신의 자녀 앞에서도 당신의 연약함을 인정하고 고백할 수 있어야 한다.

은혜가 당신을 새로운 시작으로 초대한다

구세주는 당신과 항상 함께하신다. 그분의 은혜도 마찬가지다. 이것은 당신이 뭔가 잘못했을 때 후회 속에서 살지 않아도 된다는 의미다. 당신의 실패를 하나님께 고백하고 그분의 용서가 주는 자유와 기쁨으로 나아갈 수 있다. 그분의 용서는 새로운 시작을 약속하신다. 하나님께서 당신이 지은 죄의 형벌을 거두셨다. 때문에 당신은 용서와 도움을 받기 위해 그분께 달려갈 수 있다. 하나님이 도우신다는 약속은 당신을 성장·발전시키고 변화시킬 것이다. 그분의 은혜는 당신이 어제의 모습에서 벗어나 새롭고 더 나은 오늘에 헌신하게 한다. 당신을 용서하신 그분이 당신을 성장시키고 가르치신다. 우리 앞에 더 나은 양육의 길이 펼쳐진 것은 변화시키시는 그분의 은혜 덕분이다.

당신의 연약함과 한계를 하나님께서 채우신다

나도 그 심정을 안다. 나 역시 그렇게 생각했던 적이 있다. 아이들을 키우다 보면 당신에게 아무 지혜도 없고, 모든 힘을 잃어버린 것 같은 기분이 드는 날이 있다. 뭘 해야 할지 모를 때도 있다. 뭘 해야 하는지 알아도 그것을 실행할 내적 의지와 외적인 힘이 없는 날도 있다. 가끔은 하루를 시작하기도 전에 이미 진이 다 빠질 때도 있고, 다음 날에 대한 아무 기대 없이 낙담한 마음으로 잠자리에 들기도 한다. 어떤 날은 아이들이 부모인 당신을 늘 이기려는 것처럼 느껴지고, 또 어떤 날은 부모로서 부끄러움에 빠지기도 한다.

이처럼 당신의 연약함이 너무도 명백해 보이는 순간에 당신에게 주어진 의로움, 지혜, 힘이 제한되지 않았다는 것을 깨닫는 것이 중요하다. 하나님은 당신이 자녀양육을 감당할 때 정확히 어떤 것들이 필요한지 아신다. 그래서 당신과 항상 함께하기로 하셨다.

하나님이 함께하시기에 그의 권능이 당신을 일하게 하고, 그의 지혜가 방향을 잡아주고, 그의 성품이 당신의 기질을 다듬어주신다. 하나님은 자신이 창조하신 피조물을 잘 아신다. 그래서 피조물이 감당할 수 있는 일을 그들과 함께, 그들을 통해 이루어 가신다. 그러므로 당신이 지닌 부모로서의 잠재력은 당신의 개인적인 능력보다 훨씬 더 크다.

지금 이곳에 하나님께서 말씀의 지혜를 내려주신다

하나님은 당신에게 참지혜와 삶의 희망, 일상의 실천적 지침이 담긴 전서를 주셨다. 그것이 어디에 있을까? 바로 당신의 성경책, 하나님의 말씀에 있다.

말씀을 깊이 이해하기 위해 유념해야 할 것이 있다. 성경은 당신에게 구원 이야기를 들려준다. 이는 하나님의 구원사역의 긴 설명서이기도 하다. 하나님은 그분의 은혜로 당신과 당신의 자녀를 이 거대한 구원 이야기 속에 포함시키셨다. 따라서 당신과 당신의 자녀를 제대로 이해하려면 이 구원 이야기를 알아야 한다. 언제나 하나님의 구원사적 관점으로 삶의 목적과 정체성을 세워야 하기 때문에 자녀들을 그분의 계획과 섭리에 따라 생각하고, 행동하고, 소망하는 사람으로 키워야 한다. 기독교 양육이란 자녀가 '하나님의 구원 이야기'라는 관점으로 삶을 바라보고 살아가도록 기르는 것이다. 하나님이 당신에게 주신 숙제는 자녀들에게 하나님의 말씀은 항상 옳고 우리는 틀리다는 것을 알게 하는 데 그치지 않는다. 성경적 관점으로 생각하게 하고 살게 하는 데까지 나아가야 한다. 그들이 성경적 관점으로 사고하는 법을 가르치는 것이 하나님께서 당신에게 주신 핵심 소명이다.

당신에게 말씀이 주는 놀라운 선물이 주어졌다. 앞에서 '거대한 설명서'라고 한 것 때문에 성경이 모든 것을 시시콜콜 설명한다거나 '주일 예배 때 무언가를 가득 실은 대형 트럭이 들어오는 건가?'라고 오해할 사람은 없길 바란다. 성경은 당신이 인생에서 마주하게 되는 모든 문제에 포괄적인 지혜를 준다. 부모로서 말씀의 선물을 누리고 그 깊은 지혜에 파고드는 가장 좋은 방법은 매일 그 말씀에 물드는 시간을 갖는 것이다.

짊어질 필요 없는 부담감으로 하루를 시작하지 말라

이 사실을 매일 머릿속에 떠올리라. 자녀의 안녕은 당신 어깨에 달린 것이 아니라 당신을 보내신 그분의 어깨에 달렸다. 당신에게는 불가능한 일이 그분께는 가능하다. 그분은 지치지도 약해지지도 않으신다. 좌절과 분노 때문에 자제력을 잃는 분이 아니다. 그분은 우리와 달라서 자신이 한 일을 후회하거나 지나간 일에 미련을 두지 않으신다. 그분은 항상 정의롭고, 선하며, 지혜롭고, 온유하며, 의로우며, 사랑과 은혜가 넘치신다. 그분은 우리보다 훨씬 더 깊이 우리 자녀들을 사랑하신다. 그래서 십자가에서 돌아가셨다. 그래서 우리 자녀들이 존재와 삶을 위해 필요한 모든 것을 공급받고 살아갈 수 있게 되었다. 감사하게도 하나님 아버지의 어깨는 한없이 넓어서 우리의 연약하고 좁은 어깨가 감당할 수 없는 것들을 짊어지기에 부족함이 없다. 그분은 우리가 도저히 감당할 수 없는 벅차고 힘겨운 짐을 기꺼이 메어주셨다.

하나님은 당신의 울부짖음에 귀 기울이신다

시편 34편 15절은 다음과 같이 기록한다. "여호와의 눈은 의인을 향하시고 그의 귀는 그들의 부르짖음에 귀 기울이시는도다." 베드로전서 5장 7절은 "너희 염려를 다 주께 맡기라. 이는 그가 너희를 돌보심이라."라고 권면한다. 그리고 예수님은 이렇게 말씀하신다. "수고하고 무거운 짐 진 자들아 다 내게로 오라 내가 너희를 쉬게 하리라 나는 마음이 온유하고 겸손하니 나의 멍에를 메고 내게 배우라 그리하면 너희 마음이 쉼을 얻으리니 이는 내 멍에는 쉽고 내 짐은 가벼움이라 하시니라"(마 11:28-30).

자녀양육은 결코 쉬운 일이 아니다. 당신의 약점을 노출시키고 신앙을 흔들 수도 있다. 당신이 자녀에게 한 말과 행동 때문에 괴로운 날들도 많을 것이다. 아이들을 위해 기울여온 노력들이 도움은커녕 헛된 일처럼 느껴지는 날도 많을 것이다.

하지만 복음의 기쁜 소식은 당신의 그런 어려움들을 감출 필요가 없다고 말한다. 실제의 당신보다 훨씬 잘하는 것처럼 포장할 필요가 없다고 말한다. 하나님께 도움을 구하러 달려와 엉엉 울어도 된다. 하나님 아버지께서 그런 당신을 결코 거절하지 않으실 뿐 아니라 당신의 울부짖음을 더 가까이에서 듣겠다고 말씀하신다. "여호와는 마음이 상한 자를 가까이하시고 충심으로 통회하는 자를 구원하시는도다"(시 34:18).

연약함은 저주가 아니라 축복이다

우리는 여전히 하나님 없이 홀로 완벽하고 강력한 사람이기를 바란다. 우리 자신이 약해지는 것을 싫어한다. 준비나 각오가 안 된 일을 꺼린다. 이후에 어떤 일이 일어날지 모르는 불확실성을 좋아하지 않는다. 우리가 뭘 잘못했는지 스스로 발견하는 일은 정말 어렵다. 절망 끝에 매달려 있다고 고백하는 것을 두려워한다. 수영에 자신이 없으면 깊은 물에 들어가기가 쉽지 않은 것과 같다. 그러나 하나님의 자녀는 연약함 때문에 겁먹을 필요가 없다. 우리가 안심해도 되는 근거는 하나님 아버지의 권능이다. 당신의 부적절한 행동이나 말 앞에서 공포와 수치심을 느끼지 않을 수 있는 것은 당신에게 능력 주시는 하나님의 은혜 때문이다.

또 다른 이유가 있다. 하나님은 양육에 임하는 당신의 연약함을 드러내신다. 그래야 당신이 그분께 달려와 도움을 구할 것이고, 그분의 현존과 권능, 공급을 신뢰하며 성장해가기 때문이다. 바울은 이것을 다음과 같이 표현다. "나에게 이르시기를 내 은혜가 네게 족하도다 이는 내 능력이 약한 데서 온전하여짐이라 하신지라 그러므로 도리어 크게 기뻐함으로 나의 여러 약한 것들에 대하여 자랑하리니 이는 그리스도의 능력이 내게 머물게 하려 함이라"(고후 12:9).

그러므로 당신의 연약함을 두려워하면 안 된다. 오히려 당신이 능력 있다고 믿는 것이 위험하다. 그것은 착각이고 망상이다. 자신이 힘을 가졌다고 착각하는 것은 저주다. 그 망상과 착각이 당신이 실제로 가지고 있지 않은 힘을 가졌다고 믿게 하기 때문이다. 우리의 진정한 능력은 우리를 자녀들의 삶 속에 대리인으로 부르신 그분의 은혜에 의지하는 것이다. 거기서만 진정한 안식을 누릴 수 있다.

성공은 결과가 아니라 신실함이다

당신이 만들어낸 결과로 하나님께 심판받지 않을까 염려하지 말라. 당신은 트로피를 만들어내는 공장이 아니다. 앞에서 살펴본 것처럼 당신에게는 자녀의 정체성과 본성을 바꿀 능력이 없다. 하나님이 맡겨주신 자녀들 앞에서 당신이 얼마나 의롭게 행동하는지와 별개로 하나님과의 교류가 없으면 아이들이 하나님의 뜻대로 살아갈 수 없다.

당신은 자녀가 어떤 것을 믿게 하고, 사랑하게 하고, 굴복하게 하고, 존경하게 하고, 고백하게 하고, 용서하게 하고, 섬기게 하고, 진리를 말하게 하고, 순전한 마음을 갖게 하고, 하나님을 예배하게 만들 수 없다. 오직 하나님만 그 일을 하실 수 있다. 하나님은 당신이 할 수 없는 그 일들을 하라고 당신을 부르신 게 아니다. 그저 당신이 신실하기를, 날마다 자녀들에게 선을 행하기를 원하신다. 모든 결과는 하나님의 무한한 권능에 달려 있다는 것을 깨닫게 하시려고 당신에게 이 소명을 주셨다.

좋은 양육은 '안식'이라는 토양에서 건강하게 자란다. 당신은 평안한가? 하나님에 대한 신뢰에서 자녀양육의 에너지를 얻고 있는가? 아니면 걱정과 근심에 쫓기며 양육하는가?

우리에겐 안식해야 할 충분한 이유가 있다. 우리는 그저 파송을 받았을 뿐, 보내신 이가 사람과 장소를 결정하셨다. 우리는 그저 보냄을 받았을 뿐, 보내신 이가 필요한 짐을 가지고 우리에게 오셨다. 따라서 우리는 하나님이 주신 소명을 감당하기 위해 필요한 모든 것을 가지고 있다. 당신에게 너무 벅찬 일이라는 생각과 싸우라. 당신이 혼자라는 감정과 싸우라. 그분의 함께하심과 권능을 묵상하고 기뻐하라. 그리고 용기와 희망을 가지고 당신에게 주어진 일을 하라.

14. 자녀양육은 하나님의 '자비'를 나누는 평생의 사역이다

"하나님의 자비를
절실히 구하는 부모만이
자녀에게 한없는 자비를 베풀 수 있다."

크리스천 부모들의 가장 큰 문제 중 하나는 하나님께서 매일 우리에게 엄청난 은혜를 베풀어주신다는 사실을 잊고 사는 것이다. 그 사실을 잊기 때문에 양육의 현장에서 아이들에게 자비를 베풀지 못한다. '은혜'는 어려움에 처한 사람에게 전하는 측은지심과 따뜻한 배려다. 그 은혜가 우리 자녀들에게 필요하다. 그들을 보호해주고 이끌어줄 은혜가 절실히 필요하다. 더불어 구원과 도움의 손길, 지혜와 가르침, 따끔한 충고와 규율, 인내와 품위, 사랑과 애정, 지지와 지원이 필요하다. 무엇보다 하나님을 알고 자신을 정확하게 볼 수 있는 마음의 눈이 필요하다. 자녀들에게 부모의 자비가 필요하지 않은 순간은 없다. 때문에 부모의 사명에서 가장 중요한 일은 옳고 그름을 판단하는 재판관의 역할이 아니라 시시각각 하나님의 은혜를 전달하는 대사로서의 임무다.

당신이 이 사실을 인지하든 그렇지 않든, 하나님의 은혜는 모든 인류의 필요이자 희망이다. 그것은 하나님 자녀의 안식처다. 당신은 매일 하나님의 은혜 속에서 살고 있다. 다음 구절들을 살펴보자.

> 내 평생에 선하심과 인자하심이 반드시 나를 따르리니 내가 여호와의 집에 영원히 살리로다(시 23:6).
>
> 여호와를 찬송함이여 내 간구하는 소리를 들으심이로다(시 28:6).

여호와여 주의 긍휼을 내게서 거두지 마시고 주의 인자와 진리로 나를 항상 보호하소서(시 40:11).

네 생명을 파멸에서 속량하시고 인자와 긍휼로 관을 씌우시며(시 103:4).

여호와께서는 모든 것을 선대하시며 그 지으신 모든 것에 긍휼을 베푸시는 도다(시 145:9).

그러나 여호와께서 기다리시나니 이는 너희에게 은혜를 베풀려 하심이요 일어나시리니 이는 너희를 긍휼히 여기려 하심이라 대저 여호와는 정의의 하나님이심이라 그를 기다리는 자마다 복이 있도다(사 30:18).

긍휼이 풍성하신 하나님이 우리를 사랑하신 그 큰 사랑을 인하여(엡 2:4).

그러므로 우리는 긍휼하심을 받고 때를 따라 돕는 은혜를 얻기 위하여 은혜의 보좌 앞에 담대히 나아갈 것이니라(히 4:16).

이 구절들은 우리가 처음에 이야기했던 부모의 역할을 상기시켜 준다. 부모는 자녀들의 삶에서 하나님의 대사 역할을 감당하는 사람이다. 부모는 아이들에게 하나님의 메시지와 교육방법, 성품까지 성실하게 전달하는 임무를 맡았다. 부모를 통해서 자녀들이 하나님의 보이지 않는 자비와 은혜를 경험하고 볼 수 있게 하는 것이다.

히브리서 4장 14-16절은 이것을 잘 설명해준다. 예수님은 이 타락한 세상에서 친히 모든 고초를 당하시고 인간처럼 시험도 당하셨다. 그렇게 대제사장이신 예수 그리스도는 우리의 연약함을 이해하고 동정하셨다. 15절에 나오는 **연약함**이라는 단어는 다양한 의미를 지니고 있다. 예수님께서는 인간의 숙명적인 조건, 즉 나약함을 동정하신다는 것으로 해석될 수 있다. 때문에 하나님께서 꼭 필요한 순간에 우리에게 딱 맞는 은혜를 베풀어주신다는 사실을 믿어야 한다. 이것이 우리가 따라야 할 자녀양육 모델이다. 우리에게 하나님의 은혜가 이토록 절실히 필요하듯 자녀에게도 한없는 은혜와 자비가 필요하다는 사실을 생각하다 보면 당신의 마음속에 그들을 향한 연민이 생겨날 것이다.

물론 자비를 미온적인 태도와 혼동해선 안 된다. 자비는 잣대를 낮추는 것이 아니다. 아이들이 잘못을 했을 때 그냥 넘어가라는 뜻이 아니다. 훈육과 교정의 기회를 포기하거나 자녀에게서 하나님의 법을 거두라는 뜻은 더더욱 아니다. 아직 어린 자녀들에게 모든 결정권을 맡기고 부모의 통제 밖으로 나가게 하는 것은 하나님의 자비가 아니다. 자녀의 말을 무조건 따라주는 부모가 되라는 이야기가 아니다.

자비는 따뜻한 마음이다. 자녀의 고군분투를 측은한 마음으로 바라보되 그들의 실패를 부모의 실패로 간주하지 않는 것을 의미한다. 인내하며 기다려주는 것, 야단칠 때 많이 고민하는 것처럼 칭찬할 때도 주의를 기울이는 것을 의미한다. 그것은 부드러운 훈육과 따뜻한 교정이다. 타협 없는 단호함을 지니되 사랑이 전제된 양육이다. 화나고 짜증나는 것을 그대로 쏟아내는 것은 자비의 양육이 아니다. 험악한 말로 자녀를 정죄하는 것 또한 자비 넘치는 양육이 아니다. 부모는 옳고 자녀는 틀렸다는 식으로 비교하며 부모인 당신이 우월하다는 것을 과시하는 것도 자비의 양육이 아니다. 자비는 당신의 마음을 차갑고 매섭게 만들지 않는다. 자비로운 부모는 용서하기 좋아하고 어제의 잘못을 오늘 다시 묻지 않는다. 자녀가 사랑받기에 충분한 자격을 갖추지 않은 순간에도 기꺼이 사랑을 베푸는 것이 자비의 양육이다. 자녀에게 티를 내거나 생색을 내지 않으면서 계속 반복되는 양육의 임무를 묵묵히 해내는 것이다. 자녀를 창피하게 만들거나 겁을 주어서 원하는 행동양식을 만들려고도 하지 않는다. 자비의 양육이란 한마디로 부모의 모든 행동과 반응이 따뜻함과 이해, 연민과 사랑으로 결정되는 것이다. 자녀양육은 겸손하고 기쁜 마음으로 하나님의 자비를 기꺼이 나누는 평생의 사역이기 때문이다.

자비의 선물

나에겐 자비를 베푸는 일이 결코 쉽지 않다. 오히려 냉정함이 더 자연스럽다. 나는 참을성이 부족하고 요구사항이 많은 사람이다. 했던 일을 또 해야 할 때 짜증을 많이 내는 편이다. 나의 잘못보다 다른 사람의 잘못에 더 크게 화를 낸다. 편하고 예측 가능한 인생을 원하고, 뭔가 변수가 생겼을 땐 분노하는 스타일이다. 내 생각에 동의하는 사람들과 어울리기 좋아하고 반대하거나 논쟁하는 사람들을 멀리한다. 동정심이 많은 편도 아니다. 따뜻한 마음을 항상 표현하는 것도 아니다. 아이들을 마냥 사랑으로 대하고 언제나 품위 있게 대화를 이끄는 것도 아니다. 여러모로 나는 하나님의 자비를 대변하기에 부족한 사람이다. 이런 고민을 나만 하는 것은 아닐 거라 생각한다.

당신은 어떠한가? 최근에 일어난 일들을 생각해보라. 아이들을 대할 때 하나님의 자비를 얼마나 잘 대변했는가?

나는 하나님의 도움이 필요하다. 당신도 그러하리라 믿는다. 부모가 아이들의 죄와 연약함, 실패로부터 해방되어야 한다고 생각할 필요 없다. 그들의 죄와 연약함, 실패 때문에 우리가 하나님으로부터 부름받은 것이다. 자녀의 어리석음과 실패는 하나님 아버지께서 왜 우리를 부모로 부르셨는지 자각하게 하는 중요한 순간이다. 내가 부모로서 하는 고민은 내적 전쟁에 관한 것이다. 하나님께 이미 아무 조건 없이 받은 한없는 은혜를 그대로 돌려주는 것이 그토록 어려운 것은 아직 나 자신을 깨지 못했다는 증거이기 때문이다. 이 또한 나만의 고민은 아닐 것이다. 당신도 나와 비슷한 생각과 고민을 하리라 여긴다.

자녀들의 어리석음과 미성숙함, 반항심과 실패 앞에서 인자한 미소를 짓는 것은 정말 힘든 일이다. 그런 상황에서 부모인 우리에게 도움이 되는 것은 하나님께서 우리의 실패를 보실 때 어떤 표정을 지으실까 상상해보는 것이다. 아마도 하나님은 우리에게 저주의 눈빛을 보내는 대신 자비의 웃음을 지어보이실 것이다. 그분의 자비가 우리의 희망이다. 우리 자녀들에게도 그런 자비를 베풀 수 있는 희망이다.

우리가 매일 기억해야 할 것은 지금 이 순간에도 우리는 하나님께 엄청난 은혜를 받고 있다는 사실과 그렇기 때문에 우리의 마음을 부드럽게 만들어야 한다는 것이다. 그래야 하나님 아버지께로부터 받은 것을 우리 자녀들에게 줄 수 있다. 당신이 누구인지, 당신에게 무엇이 필요한지 잊지 않아야 자비를 베푸는 부모가 될 수 있다. 하나님의 계획이 얼마나 놀라운가. 그분은 자녀의 필요를 통해 부모인 우리에게 무엇이 필요한지 보여주시고, 그로 인해 우리가 자녀를 더 잘 이해하고 공감하게 하신다. 그렇게 하나님은 자녀를 통해 당신을 준비시키신다. 그리고 당신을 통해 자녀를 향한 계획을 실행하신다.

내가 평생 잊지 못할 일이 있다. 그날은 아들이 하루 종일 떼를 쓰고 말을 잘 듣지 않았다. 아이가 하는 짓이 모두 못마땅한 하루였다. 나에게 떼를 쓰고 덤비는 것도 모자라 박박 우기기까지 했다. 나의 평온한 하루는 그 녀석 때문에 박살나기 시작했다. 그야말로 열심히 정성스럽게 쌓아온 모든 노력이 한순간에 무용지물이 되어버리는 것 같았다. 시간이 흐를수록 점점 더 화가 치밀어 올랐지만 나는 그것을 인지하지 못했다. 결국 저녁 식사 시간에 올 것이 오고 말았다. 아들 녀석이 여동생과 별 것도 아닌 일로 토닥거리기 시작하면서 저녁 시간이 완전히 엉망이 되어버렸다. 나는 아이에게 방으로 들어가서 조용히 자라고 했다. 조금밖에 남지 않은 저녁 시간마저 빼앗길 수 없었기 때문이다.

그런데 하루 종일 벼르던 일을 막 하려던 순간 위층에서 아들 녀석이 떠드는 소리가 들렸다. 잠을 자지 않고 별로 중요하지 않은 일로 남동생과 싸우는 소리였다. 나는 의자를 박차고 일어나 위층으로 올라갔다. 의식하지 못하는 사이에 쌓인 분노와 짜증이 폭발했다. 방으로 들어가 불도 켜지 않고 따지기 시작했다. 그가 내 하루를 어떻게 망쳤는지 말했다. 매우 큰 소리로 비난했고 그의 자존심을 건드렸다. 내가 부모로서 아들을 위해 얼마나 애썼는지 말하고, 반면에 아들은 나를 위해 별로 한 것이 없다는 것을 말해주었다. 그런 잔소리를 늘어놓는 동안 아이는 침대에 누운 채 엉엉 울었다. 나는 마치 화가 덜 풀린 사람마냥 씩씩대며 아이에게 빨리 자는 게 좋을 거라 말하고 문을 닫으며 나왔다.

복도를 지나면서 이번 일은 화낼 만했다고 정당화하려 했지만 그럴 수 없었다. 아들 녀석이 혼날 만한 일이었다고 아무리 생각하려 해도 내 행동이 도저히 납득이 안됐다. 아이들은 가끔 따끔하게 혼나야 한다고 믿지만, 그것도 마음에 와 닿지 않았다. 하나님께서 내 행동에 담긴 마음을 보여주셨기 때문이다. 나는 그때 하나님의 쓰라린 가르침을 받았다. 다시 책상으로 돌아와 일을 하려 했지만 죄책감 때문에 일이 손에 잡히지 않았다. 아무것도 할 수 없었다. 패배감이 온몸을 휘감았다. 내가 감정적으로 크게 폭발했다는 사실과 더불어 아이의 마음에 큰 상처를 냈다는 사실을 믿을 수가 없었다. 통제 불능이었던 내 모습이 몹시 실망스러웠다. 아무것도 할 수 없다는 생각이 들었고, 마음이 약해졌다.

하지만 하나님께서 이것을 선하게 바꾸어주고 계셨다. 그것이 바로 하나님의 자비다. 우리는 주님의 십자가를 통해 이것을 배웠다. 예수 그리스도의 십자가, 즉 메시아를 죽이는 끔찍한 사건은 세상에서 가장 선하고 좋은 일이 되었다. 이것으로 우리의 모든 죄가 사함을 받았으니까 말이다.

하나님께서 나로 하여금 부끄러움과 죄책감, 아픔을 느끼게 하셨다. 하지만 그것은 비난이 아닌 자비의 선물이 되었다. 지금은 끔찍했던 그날이 감사하다. 아들에게 소리를 지르고 한바탕 난리를 쳐서가 아니라 그날 밤 하나님께서 내 마음이 어떠한지를 분명하게 보여주셨기 때문이다. 내가 아버지로서 어떤 소양이 필요한지 그날 밤 확실히 알게 되었다. 내 성격이 얼마나 까다롭고 예민한지 정확히 파악할 수 있었다.

그날 밤 한 번도 해보지 않았던 일, 겸손히 하나님의 도움을 구하는 일을 했다. 하나님의 은혜로 그날은 내 인생의 중요한 터닝 포인트가 되었다. 물론 그날부터 내 성격이 좋아진 것은 아니다. 하지만 나의 약점이 무엇인지 알게 되었고, 그것 때문에 시간을 정해서 하나님께 엎드려 도움을 구하는 기도를 할 수 있게 되었다. 그날 밤 하나님은 아들을 통해 나에게 역사하셨고, 그것을 통해 아들을 향한 선한 일을 이루어가셨다.

하던 일을 잠시 내려놓고 당신이 부모로서 얼마나 많은 자비가 필요한지 고백하는 것은 어떨까?

하나님의 자비는 당신이 하나님의 자녀이기에 누릴 수 있는 특권이다. 그러므로 이를 기념하고 축하하는 건 어떨까? 또 하나님의 보이지 않는 자비를 자녀에게 증거할 여러 방법을 찾아보는 건 어떨까?

자비에 응답하라

하나님께서 우리를 부르신 이유 중 하나는 바로 당신이 자녀의 삶에서 첫 응답자가 되는 것이다.

뜨거운 불길이 타오르는 건물 안으로 기꺼이 뛰어들어가는 소방관이나 심장마비로 쓰러진 사람을 구하기 위해 계단을 오르는 구조대원 모두 이런 자비의 소명을 감당하는 사람들이다. 첫 응답자가 된다는 것은 어떤 도움이 필요한지 항상 주의를 기울이면서 필요한 상황에 적극적으로 뛰어들어 자비를 베푸는 것을 의미한다.

당신은 하나님으로부터 소명을 받은 첫 응답자다. 당신의 자녀가 타오르는 욕구와 엄청난 유혹의 공격으로 위험에 빠졌을 때 기꺼이 뛰어들어 구조를 펼치는 사람으로 부름받았다. 일장 연설을 늘어놓거나 심판을 내리고 정죄하는 자리가 아니라 혼자 힘으로 도저히 해결할 수 없는 상황에 놓인 자녀에게 도움을 주는 역할이다.

자비의 소명을 감당하는 첫 응답자는 자기의 시간과 에너지를 도움이 필요한 사람에게 기꺼이 쓰는 사람이다. 하나님께서는 우리가 이런 첫 응답자의 마음을 가진 부모가 되기 원하신다. 어려운 상황에 기꺼이 뛰어들어 아이들을 돕고 구조하며, 보호하고 회복시키는 자가 되기를 바라신다. 거듭 말하지만 하나님은 당신을 구경꾼이나 비평가가 아니라 구조

요원으로 부르셨다. 첫 응답자는 사람들의 구조 요청을 사사로운 것으로 받아들이지 않으며, 그것 때문에 개인적인 일과에 지장이 생기더라도 화내지 않는다. 필요할 때마다 자신이 훈련받은 대로 그것을 실행할 의지와 준비가 되어 있는 사람이다.

부모에게도 이런 마음가짐이 필요하다. 자녀와 함께 매일 매일이 자비의 사명을 수행할 새로운 기회라고 생각해야 한다. 당신은 자녀가 스스로 충족할 수 없는 필요를 채워주는 사람으로 부름받았다. 알다시피 양육이야말로 평생 동안 계속될 자비의 선교 사역이다. 이것이 어떻게 실행되는지 좀 더 구체적으로 짚어보자.

자녀에게 은혜를 베풀 수 있는 모든 기회를 찾으라

하나님의 율법은 자녀의 마음에 있는 죄를 드러내고 일상생활의 훌륭한 지침서가 되지만, 그것이 자녀의 잘못을 고치고 환골탈태케 하는 것이 아님을 기억해야 한다. 부모로서 당신은 오직 은혜만이 할 수 있는 일을 율법에 기대지 않도록 매일 애써야 한다. 그래야 자녀들에게 율법을 가르칠 수 있고, 나아가 그들의 인생에서 하나님 은혜의 지속적인 표본으로 부름받은 부모의 역할을 충실히 수행할 수 있다.

자녀들에게 따뜻하고 부드러운 은혜, 용납과 사랑의 은혜를 쏟아부으라. 지혜와 사랑, 친절한 교훈, 온화한 훈계와 인내, 그리고 새로운 시작과 기회를 주라. 그렇게 할 때 잘못을 참으라 부르는 것이 은혜가 아님을 명심해야 한다. 그것은 은혜가 필요한 순간이 아니다. 은혜는 잘못을 바로잡을 때 필요한 것이지 비난하기 위함이 아니다. 은혜는 구원하고, 회복시키고, 돕고, 용서하는 것이다.

자녀가 자신의 행동 이면을 볼 수 있도록 도우라

부모가 받은 자비의 사명은 자녀의 특정 행동을 고치는 것만 목표로 하는 것이 아니라 그 행동이 형성된 원인, 즉 마음을 향한 것임을 잊지 말아야 한다. 언제든지 자기 마음을 직시하고 자신에게 무엇이 필요한지 알게 해야 하나님의 자비를 경험할 수 있다. 자녀가 그것을 생각하고 느끼도록 물어보고, 진짜 원하는 것이 무엇인지, 또 성취하고자 하는 것이 무엇인지를 짧은 순간이라도 생각하게 하여 자신의 마음을 스스로 점검하게 해야 한다.

이것을 매일 반복하다 보면 자신의 마음을 읽어낼 수 있는 능력이 생긴다. 그리고 이렇게 성장한 마음은 자신의 잘못을 인정하고 도움과 변화에 대한 열망을 품게 하는 성령님의 역사를 받아들인다.

인내하며 모든 양육 과정에 동참하라

하나님께서 당신에게 맡기신 자비의 사명은 하나의 사건으로 끝나는 것이 아니라 과정이라는 사실을 잊지 말라. 당신이 대화를 나누자마자 곧바로 자녀가 "엄마, 완전히 이해했어요. 마음의 죄가 저를 지배하고 있었기 때문에 이런 일이 벌어진 거예요. 저에겐 구원과 용서가 필요해요. 어디서 저의 구원자를 찾을 수 있을까요?"라고 말하지는 않을 것이다.

하나님께서는 수없이 많은 순간의 통찰이 작은 변화를 일으키는 과정으로 당신을 부르셨다. 그러므로 똑같은 이야기라 할지라도 인내심을 가지고 반복해서 자녀의 마음에 관한 대화를 이어가야 한다. 당신이 할 수 없는 일을 하나님께서 자녀의 마음속에서 역사하시길 기도하는 심정으로 임해야 한다.

일상에서 예수님을 바라보도록 도우라

자녀의 유일하고도 진정한 희망과 도움은 구세주 예수 그리스도의 인격과 사역, 현존하심과 은혜에 있다. 따라서 되도록 이른 시기에 예수님이 누구인지 소개하고, 매일 그분의 지혜와 위엄, 은혜와 사랑에 대해 이야기 나눌 수 있는 기회를 만들어야 한다. 예수께서 왜 이 땅에 오셨고 죽으셨는지, 어떻게 죽음을 이기고 부활하셨는지에 관해 이야기하라. 인간 스스로의 힘으로는 죄에서 해방될 수 없고 하나님께 받아들여질 수 없기에 예수께서 자신의 죽음으로 인간을 구원하고 구속하셨다는 이야기를 자녀들에게 들려주라. 또 자녀들이 예수님께 도움을 청하면 결코 그들을 저버리지 않으신다는 사실과 매일의 삶 속에서 예수님의 은혜가 우리에게 얼마나 절실히 필요한지도 설명하라.

자녀를 훈육하거나 교정할 때마다 영적 필요와 충족에 대해 이야기하고, 그것은 오직 예수 그리스도의 인격과 사역으로만 채워진다는 사실을 가르치라. 다양한 방식으로 매일 예수 그리스도의 아름다운 복음의 진리를 들려주라. 부모로서 받은 자비의 사명의 핵심은 복음이다. 예수 그리스도의 복음은 궁극적으로 구원의 사역이기 때문이다.

당신의 한계를 겸손히 고백하라

당신이 매일 여러 가지 유혹에 대항해서 싸워 이겨야만 오직 하나님께서만 하실 수 있는 일을 그분과 함께 감당해낼 수 있다. 그 유혹은 다음과 같은 것들이다. 즉 목소리를 높이고, 아이를 제압하고, 협박하고, 죄책감을 심어주고, 아이를 조정하려 들고, 분노하고, 비난하며 가혹한 표정을 짓고, 치밀하고 광범위하게 처벌하고, 창피를 주고, 험담을 하고….

부모가 가져야 할 신앙이란 매일 하나님의 임재와 권세에 의지하는 것을 뜻한다. 그렇게 되면 당신은 당신의 한계로 인한 좌절감을 느끼지 않아도 된다. 하나님은 당신이 그분의 강력한 손에서 도구로 사용되는 것 이상을 요구하시지 않는다. 따라서 당신이 자녀를 변화시켜야 한다는 부담과 책임을 가질 필요가 없다. 부모인 당신이 자녀들로 하여금 무엇이 옳은지 생각하게 하고 또 그것을 갈망하도록 만들지 않아도 된다. 당신은 그저 무엇이 나쁜지, 또 무엇이 선한 것인지 보여주고, 해악에서 자신을 건져줄 구원자에 대해 이야기해주면 된다. 당신의 어깨에 짊어질 수 없는 것을 계속 얹지 말고, 당신과 함께하시며 당신이 도저히 할 수 없는 일들을 감당하시는 예수님을 찬양하면 된다.

매일 하늘에 계신 아버지의 권능에 의지하라

대부분의 부모는 안심하고 기다리기보다 자녀에 대해 많은 걱정을 한다. 우리에겐 하나님을 신뢰하기보다 '…하면 어쩌지?' 하는 생각으로 양육 방침을 다시 한 번 세우는 것이 더 자연스럽다. 하나님께서 역사하실 것을 믿기보다 미래의 일을 두려워하며 뭔가 준비를 해두는 것이 더 안심이 된다. 왠지 남의 집 자식은 잘 크는 것 같고, 다른 집 부모는 힘들지 않게 자녀를 양육하는 것 같아 보인다. 자녀와 한바탕 전쟁을 치렀는데도 아이에게 변화가 없으면 그들의 삶이 최악의 상황으로 치달을지 모른다는 생각에 빠지게 된다. 그러다보니 믿음보다는 두려움에 이끌려 양육을 하는 경우가 많다.

우리는 하나님의 헤아릴 수 없는 영광과 놀라운 능력, 무한한 사랑과 은혜를 기억하며 하루를 시작해야 한다. 그리고 하나님의 영광은 단지 그분이 누구이신지를 나타내는 도구가 아니라 우리가 그분의 자녀임을 드러내는 것임을 매일 머릿속에 각인시켜야 한다. 은혜로 말미암아 당신은 하나님의 영광의 소나기를 맞는다. 매일 양육에 임할 때 영광의 하나님께서 당신과 함께하시는 은혜를 베푸신다는 사실을 기억하라. 이것을 잠시 묵상한 후 희망과 용기가 가득 찬 마음으로 양육에 임하라. 양육이 쉽거나 잘되어서가 아니라 하나님께서 우리 아버지시며 그분의 영광을 우리에게 한없이 내려주고 계시기 때문이다.

잘못을 기꺼이 고백하라

자녀뿐 아니라 당신 자신도 변화의 긴 과정 중에 있다는 사실을 잊지 말라. 당신 역시 하나님의 은혜 없이는 살 수 없는 존재다. 하나님의 구원과 용서 없이는 일상을 영위할 수 없다. 때문에 당신은 가끔 나쁜 상상을 하고, 잘못된 것을 원하기도 하고, 좌절감과 조바심, 분노를 느낀다. 갈 길을 잃어버리는 순간과도 마주하게 된다. 몹시 운이 나쁜 날도 있을 것이다. 그런 날은 은혜보다 분노 가득한 말과 행동을 하게 된다. 이런 모습은 당신뿐 아니라 자녀들에게도 적합하지 않다. 그러나 좋은 양육이 곧 좋은 모범을 뜻하는 것은 아니다. 때로는 겸허하게 잘못을 고백하는 것도 좋은 양육이 될 수 있다.

당신이 만약 잘못을 저질렀다면 그것을 부정하고 감추기 위해 자신을 변호하지 말라. 그럴 필요가 없다. 예수님이 삶과 죽음으로 하나님 앞에서 당신을 완벽하게 변호해주셨다. 그러므로 당신은 솔직하고 겸손하게 잘못을 고백해도 된다. 하나님께 거부당할까봐 두려워하며 떨 필요가 없다. 하나님께서 당신의 고백을 기꺼이 받아주실 것이다.

자녀들에게도 당신의 고백을 들려줄 필요가 있다. 머지않아 아이들도 엄마 아빠가 완벽하지 않다는 것을 알게 된다. 당신이 분노와 좌절을 쏟아낼 때 그것을 이미 느끼고 있다. 당신의 거친 말 속에서 고통을 경험하고 있다.

때문에 자녀들에게는 항상 잘못을 고백하고 용서를 구해야 한다고 이야기하면서 정작 당신은 그렇게 하지 않는다면 자녀들 마음에 불만이 쌓이고 완악해질 것이다. 겸손한 고백은 잘못된 상황을 은혜의 길로 인도한다. 자녀는 당신의 겸손한 마음을 배운다. 그리고 그것이 결국 자녀들로 하여금 온화한 성품을 갖게 하고 잘못을 고백할 줄 아는 사람으로 만드는 은혜의 길이 된다.

자녀는 당신이 완벽하다는 망상 속에서 살지 않을 것이며, 이것이 당신에게도 더 좋은 일이다. 그러므로 당신이 완벽하다는 허상을 보여주지 말고 자신의 부족함을 인정하며 하나님의 도우심을 구하는 모습을 보여줌으로써 자녀도 하나님의 도움을 구하는 삶을 살도록 격려하라.

당신의 모든 요구와 행동과 말은 성경에 근거해야 한다

부모로서 당신이 할 일은 자녀가 당신이 좋아하는 것을 똑같이 좋아하게 만들고, 당신처럼 입히고, 먹이고, 비슷한 음악을 즐기게 하고, 심미적 취향을 공유하게 하고, 같은 정치 신념을 갖게 하는 것이 아니다. 당신의 일은 자녀의 삶 속에서 하나님의 형상을 만들어가는 도구가 되는 것이다. 그리고 성경은 그 작업을 위한 중요한 도구가 된다.

당신의 양육 목표는 자녀가 하나님의 경계 안에 머물러 있게 할 뿐 아니라 하나님의 관점으로 모든 삶을 판단하게 하는 것이다. 성경을 통해 자녀들은 하나님이 누구신지, 자신이 누구이고, 삶의 의미와 목적이 무엇인지 배우게 된다. 또한 죄의 위험성과 하나님의 은혜로 구원받는 것에 대해 배우고, 유혹과 싸워 이겨내는 법을 배우며, 무엇이 옳고 그른지를 배운다. 뿐만 아니라 자신의 몸과 마음, 인간관계, 돈과 소유, 성별, 권력과의 관계 등에 대한 하나님의 계획 또한 배우게 된다. 무엇보다도 스스로 구원받을 수 없는 인간을 위해 아들을 보내어 구원해주신 영광스러운 하나님의 전폭적인 사랑을 가장 많이 배우게 될 것이다.

자녀가 하나님의 말씀을 배울 수 있는 유일한 곳이 주일학교라고 생각하지 말라. 자녀와 어떻게 관계를 맺어야 할지, 어떤 말을 하고, 어떤 충고를 해야 할지 결정하는 근거는 하나님의 말씀과 그 속의 진리다.

당신이 하나님의 말씀에 얼마나 감사하는지 자녀들에게 말하라. 또 그것이 당신을 구원했을 뿐 아니라 모든 것을 새로운 방식으로 이해하도록 눈뜨게 해주었다는 사실을 이야기하라.

매일 가족이 함께 둘러앉아서 하나님의 말씀을 배우는 시간을 만들고, 하루를 시작하기 전에 성경 속 진리에 대해 이야기하라. 자동차를 타고 이동하는 중에, 거실에서 아이들과 시간을 보낼 때, 잠자리에 들기 전에도 시간과 장소를 가리지 말고 기회 있을 때마다 하나님의 말씀에 대해 이야기하라(신 6:4-9, 20-25 참조).

하나님의 말씀을 구원이 아닌 다른 사람을 비난하는 데 더 많이 사용하거나 독선적이고 분노 가득 찬 연설을 하라는 뜻이 아니다. 성경에 대한 당신의 사랑과 그로 인해 생겨난 지혜가 당신과 자녀의 상호관계를 아름답게 채색할 것이라는 의미다. 당신이 말씀 위에 바로 서 있으면 당신의 자녀도 하나님의 말씀을 사랑하는 자가 될 것이다.

기회를 장애물로 여기지 말라

모든 부모가 공감하겠지만, 자녀 마음의 문제는 부모인 당신이 준비되었을 때 일어나지 않는다. 즉 당신이 예상하지도 계획하지도 않은 순간에 갑자기 그런 일들이 벌어지기 일쑤다. 자동차를 타고 이동하는 중에, 아이들을 재우려고 애쓰는 중에, 저녁 식탁에서 시작된 열띤 논쟁에서, 선생님의 예기치 않은 전화에서, 끝나지 않은 숙제로 대화를 나누다가, 아이들의 방에서 발견한 물건에서, 자녀의 휴대전화 문자에서, 늦은 밤 아이가 떼를 쓰는 순간에 자녀 마음의 문제를 다뤄야 할 때가 있다. 이런 순간에 짜증을 내며 그냥 포기해버리고 부모로서 해서는 안 될 말과 행동을 하기 쉽다. 하지만 당신이 지금까지 읽은 이 책의 주제가 무엇인지 곰곰이 되짚어보기 바란다. 당신이 자녀의 죄와 약점, 실패를 두 눈으로 보고 듣는 것은 결코 번거롭고 귀찮은 방해물이나 돌발적 사고가 아니다. 그것은 언제나 하나님의 은혜다. 하나님께서 당신의 자녀를 사랑하셔서 믿음의 가정을 허락하셨다. 그리고 그들 마음에 어떤 문제가 생길 때마다 항상 당신에게 그것을 밝히 보여주셨다. 그래야 당신이 자녀를 향한 하나님의 구원과 변화의 도구로 사용될 수 있기 때문이다. 따라서 당신이 이런 순간을 은혜의 기회로 포착하고, 분노가 아닌 사역의 순간으로 삼는 것이 매우 중요하다.

빠르게 용서하고 더디게 분노하라

자녀양육에서 자신의 분노를 다스리고 그것에 굴복하지 않기 위해 하나님께 도움을 구하는 것보다 중요한 일은 없을 것이다. 분노로 가득 찬 말과 행동은 언제나 후회를 안겨준다. 나도 아이들의 기억 속에서 완전히 제거하고픈 흑역사가 있다. 하지만 자녀들을 향한 분노와 짜증, 불만을 어떻게 처리할 것인지보다는 은혜의 필요성을 인식하는 것이 부모에게 더 시급한 문제인 것 같다.

먼저 하나님께 도움을 구하고 분노를 제어하는 노력을 해야 한다. 아이들 방에서 잠깐 나와 분을 삭이고 기도하는 것도 좋고, 너무 화가 나서 상황을 제대로 처리할 수 없을 때는 다른 좋은 기회를 포착해서 타이르는 것도 좋다. 혹은 자녀에게 화가 났다는 사실을 고백해도 좋다. 물론 그것이 하나님께서 당신의 자녀를 위해 마련한 좋은 기회지만 말이다.

매일 하루를 시작하기 전, 전날에 품었던 당신의 분노를 고백하기 바란다. 그렇게 하나님의 은혜를 구하는 시간을 가져야 분노로 가득 찬 정죄가 아닌, 용서와 구원으로 아이들에게 응답할 수 있을 것이다.

기도의 끈을 놓지 말라

자녀양육의 시작과 끝은 기도다. 아이가 태어나기 훨씬 전부터 장성하여 집을 떠날 때까지 기도의 끈을 놓지 말라. 양육은 당신과 자녀를 위해 하나님의 은혜를 구하는 기도의 연속이다.

아침에 눈을 떴을 때, 아침밥을 먹일 때, 하루 종일 아이와 시간을 보낼 때, 학교에 보낼 때 모두 당신과 자녀를 위한 기도의 시간이다. 방과 후에 간식을 먹이고 아이와 하루를 마감하는 대화를 나누는 것도, 아이를 훈육하고 가르치는 순간도 모두 그들을 위한 기도의 시간이다. 이처럼 양육은 자녀가 그들을 위한 부모의 기도 소리를 들을 수 있는 시간이다. 또한 자녀에게 기도를 가르치는 기회이기도 하다.

당신이 기도의 끈을 놓지 말아야 하는 세 가지 이유가 있다. 첫째, 하나님의 하나님 되심을 기억하고, 둘째, 우리의 연약함을 인정하고, 셋째, 하나님의 계획에 우리의 삶을 온전히 맡기는 일이 기도를 통해 이루어지기 때문이다.

양육에서 "이만하면 충분히 기도했지."라는 말은 있을 수 없다. 더 많이 기도할수록, 당신의 한계를 인정할수록, 하나님의 권능에 더 많이 의지할수록 당신이 자녀를 좌지우지할 수 있다는 유혹에서 벗어날 수 있고, 자녀의 삶에서 오직 하나님만 하실 수 있는 역사가 일어날 것이다.

이 모든 것을 반복하라

자녀양육은 이 모든 일을 장기적이고 의도적으로 반복하겠다는 의지의 표현이다. 하나님께서는 당신을 참고 견디는 인내의 삶으로 부르셨다. 그리고 이 일을 계속 반복해줄 것을 부탁하셨다. 아이들을 천천히 적응시켜서 오직 하나님만이 하실 수 있는 일이 점진적으로 아이들의 삶에 일어나도록 요구하신다.

언제나 하나님의 계획과 타이밍이 옳다는 사실을 믿어야 한다. 하나님은 당신이 불완전한 것을 기꺼이 받아들이고 새로운 단계에 접어드는 것을 감사하기 바라신다. 당신이 매일 자녀들의 삶에서 은혜의 과정에 참여할 기회를 포착하기 원하신다.

요컨대 하나님께서 당신을 부모로 부르신 목적은 자녀를 기르는 것뿐 아니라 자녀를 위해 당신의 삶을 내려놓게 하기 위함이다. 그분은 당신 자녀의 안녕을 위해 당신 인생의 주요한 시간과 에너지를 사용하도록 부르셨다. 당신을 하나님의 은혜의 도구로 사용하기 위해 부르셨다. 따라서 양육이야말로 거룩한 삶의 반복이라 할 수 있다.

이 책이 세밀하게 다루는 하나의 주제가 있다. 하나님께서 당신에게 주신 사명은 자녀들을 구원하는 하나님의 사역에서 당신이 본질적인 역할을 감당해야 한다는 것이다. 여기서 중요한 것은 하나님께서 단순히 임무 수행을 위해 당신을 보냈다기보다 그분이 당신과 함께 동행하신다는 점이다. 하나님은 당신이 도저히 할 수 없는 일을 요구하시지 않는다. 하나님만이 하실 수 있는 일을 기꺼이 감당하신다. 또한 그분의 임재와 능력, 지혜와 은혜로 당신을 축복하신다. 뿐만 아니라 당신을 신실하게 양육하신다. 그 신실함 때문에 당신도 당신의 자녀를 신실하게 양육할 수 있다.

당신이 자녀를 양육하는 모든 순간에 지혜가 풍성하신 하나님 아버지께서 당신과 함께 사역하신다. 당신은 가장 중요한 사역을 맡았고, 하나님의 은혜가 함께하는 축복을 받았다. 따라서 당신이 양육에 임하는 매일은 우주를 바꾸는 가장 강력한 힘, 즉 은혜에 물드는 시간이다.

사명선언문

너희가 흠이 없고 순전하여……세상에서 그들 가운데 빛들로
나타내며 생명의 말씀을 밝혀 _ 빌 2:15-16

1. 생명을 담겠습니다
만드는 책에 주님 주신 생명을 담겠습니다.
그 책으로 복음을 선포하겠습니다.

2. 말씀을 밝히겠습니다
생명의 근본은 말씀입니다.
말씀을 밝혀 성도와 교회의 성장을 돕겠습니다.

3. 빛이 되겠습니다
시대와 영혼의 어두움을 밝혀 주님 앞으로 이끄는
빛이 되는 책을 만들겠습니다.

4. 순전히 행하겠습니다
책을 만들고 전하는 일과 경영하는 일에 부끄러움이 없는
정직함으로 행하겠습니다.

5. 끝까지 전파하겠습니다
모든 사람에게, 땅 끝까지, 주님 오시는 그날까지
복음을 전하는 사명을 다하겠습니다.

서점 안내

광화문점 서울시 종로구 새문안로 69 구세군회관 1층
02)737-2288 / 02)737-4623(F)

강남점 서울시 서초구 신반포로 177 반포쇼핑타운 3동 2층
02)595-1211 / 02)595-3549(F)

구로점 서울시 동작구 시흥대로 602, 3층 302호
02)858-8744 / 02)838-0653(F)

노원점 서울시 노원구 동일로 1366 삼봉빌딩 지하 1층
02)938-7979 / 02)3391-6169(F)

일산점 경기도 고양시 일산서구 중앙로 1391 레이크타운 지하 1층
031)916-8787 / 031)916-8788(F)

의정부점 경기도 의정부시 청사로47번길 12 성산타워 3층
031)845-0600 / 031)852-6930(F)

인터넷서점 www.lifebook.co.kr